大学院文化科学研究科

リスク社会における市民参加

八木絵香

三上直之

生活健康科学プログラム

リスク社会における市民参加（'21）

©2021　八木絵香・三上直之

装丁・ブックデザイン：畑中　猛

o-40

まえがき

　1990年代以降，科学技術をめぐる社会的に重要な課題について，一般の市民が多様な形で集い，議論し，自分たちの意見を表明し，その結果を政策決定に用いようとする取り組みが盛んとなってきました。欧米を中心に始まったそれらの試みは，1990年代後半になって日本にも導入され，2000年代以降に急速な発展を遂げました。

　本書では，この科学技術をめぐる市民参加の実践と研究が，日本社会の政治状況や価値観の変遷を踏まえた具体的な文脈の中で発展してきた経緯について，丹念に紹介しています。特に「科学技術」と「市民参加」の境界領域で展開された実践事例については，主催者がその実践に至った経緯，テーマとなる科学技術や社会状況に対する立ち位置，具体的な内容や，その理論的背景について，細やかに描写することを意識しました。これは，私たちがこの20年にわたり，さまざまな理論に支えられつつ市民参加の実践的研究に取り組んできた中で，具体的な事例の細部にその思想は宿り，それを共有することなしに，実践の発展も，またそれに基づいた理論の発展もなしえないということを，痛感してきたからでもあります。

　またタイトルが指し示すように本書の特徴は，科学技術という要素を可能な限り広く解釈し，市民参加という要素に力点を置くことによって，リスク社会をめぐる多様な取り組みの紹介を目指した点にもあります。取り扱われるテーマは，科学技術という言葉を想起させるものが少なくありませんが，第1章でも詳述するように本書の狙いは，さまざまな科学的知識を用い，多様な価値に目を配りつつ，降りかかる厄災の損害や被害を自らの決定の帰結として捉え対処する，そのようなリスク社会への処方箋を描き出すことにあります。

　そして本書の中で「これまで」の取り組みの詳細を描いたことは，「これから」について考えるためのたくさんの素材を，皆さんと共有したいと考えたからでもあります。本書のすべての原稿が出そろった2020年2

4

月末，COVID-19 による脅威は顕在化しつつありましたが，それから半年余の間で，このような形で社会のあり様が変貌を遂げていることまでは，私たちも予想することができませんでした。世界が晒される厄災を目の当たりにしつつ原稿を改訂していく中で，本書の内容が，このリスク社会を象徴する状況に寄与できることはあるのだろうか，という想いに至ったことも事実です。一方でそれでもなお，だからこそ，これまでの蓄積を丁寧に記述し，その限界を含めて分析し，次につなげていくことこそが，重要であるとも考えました。

　最終章に示したように，リスク社会における市民参加は，リニューアルの必要性に迫られています。そして，そこには「正解」はありません。アフターコロナという新しい社会状況の中で，むしろその解をどのようにつくるのかも含めて，「多様な関与の場が互いに絡み合う生態系（エコシステム）」として，リスク社会における市民参加を捉えなおすことが求められているのです。

　これからのリスク社会において市民参加の取り組みに関わろうと考える人々にとって，また自らの生活の中でさまざまなリスクに対処しなければならない人々にとって，本書が理論的・実践的課題を示し，そして少しでもその課題を乗り越えるときの手がかりとなることを願っています。

2020 年 9 月 30 日

八木　絵香

三上　直之

目次

1 | リスク社会と科学技術への市民参加

三上直之

科学技術に関わる社会的に重要な課題についての議論を，多様な利害関係者や一般の人々に幅広く開き，意思決定への参加の機会を広げる「科学技術への市民参加」への取り組みが，1990年代半ば頃から日本を含む世界各地で広がってきています。本章では，リスク社会としての現代社会という視座を提示した上で，なぜ科学技術への市民参加が求められるようになっているのかを考えます。また，市民参加の取り組みを分類，把握するための主な観点についても学びます。

《キーワード》 科学技術への市民参加，リスク社会，トランス・サイエンス的問題，利害関係者，熟議民主主義

1. はじめに

科学技術に関わる社会的に重要な課題について，幅広い人々が参加して議論し，その結果を政策決定などに用いる取り組みが，1990年代半ば頃から，世界各地で広がってきています。日本でも同様の動きがあり，政府の科学技術基本計画においても，さまざまな関係者（ステークホルダー）が「双方向で対話・協働し，それらを政策形成や知識創造へと結び付ける「共創」を推進する」ため，政府が「大学，公的研究機関及び科学館等と共に，より効果的な対話を生み出す機能を充実させ，多様なステークホルダーを巻き込んだ円卓会議，科学技術に係る各種市民参画型会議など対話・協働の場を設ける」[1]といった方針が示されるようになっています。

本書では，こうした取り組み全般を「科学技術への市民参加」と捉え

---

1 第5期科学技術基本計画（2016年1月策定）による。

て，その考え方と実社会における展開について学びます。科学技術への市民参加は，比較的新しい概念であり確定的な定義にはなじみませんが，ここでは，科学技術に関わる社会的に重要な課題についての議論を，多様な利害関係者や一般の人々に幅広く開き，意思決定への参加の機会を広げるべきであるという考え方や，そのためのしくみ，取り組みを指すものとして用います。本書では，科学技術への市民参加について，さまざまな具体例を取り上げて解説し，読者の皆さんが，各々の興味関心や研究対象などに沿って，これからの市民参加のあり方や，社会の中での科学技術のあるべき姿を考える手がかりを提供します。

2.「リスク社会」という視座

（1）「リスク社会」としての現代

　本書は題名が示すとおり，今日の社会を「リスク社会」として捉えて話を進めます。では，リスク社会とはどのような社会でしょうか。

　リスクという語は場面によって定義や用法が異なりますが，実務上，国際的に広く流通している包括的な定義として「目的に対する不確かさの影響」[2]というものがあります。すなわち，リスクは，組織や個人の目的の実現に影響を与える将来の不確定な事象に関して，その発生の確からしさ（頻度や確率）と，影響の大きさという2つの要素の組み合わせとして表現されます。発生の確からしさと影響の大きさを，それぞれ何らかの尺度で定量化できれば，例えば両者の積としてリスクの大きさを求め，異なるリスク同士を比較し，対応の重要度や優先順位の判断に生かすことなども可能です。私たちは仕事や家庭生活において，日々，さまざまなリスクに対処しながら暮らしています。

　現代社会はリスク社会である，というのは今日では一般的に使われる言い回しです。そのため，リスク社会という言葉が，今さら新たな視座

2　リスクマネジメントに関する国際標準規格（ISO31000）におけるリスクの定義。この定義には，好ましくない影響だけでなく好ましい影響も含まれるのですが，以下の記述では，本書の趣旨に沿って説明を分かりやすくするため，主に好ましくない影響（損害や災難）を対象として話を進めます。

を与えてくれるとは感じられないかもしれません。ドイツの社会学者，U. ベックが，1986 年に著した同名の書物（Beck, 1986 = 1998）において，人々の危機感に訴える筆致で「リスク社会」の到来を指摘したことから，この言葉が人口に膾炙したことを知っている人もいるでしょう。

　しかし，ここで注意したいのは，リスク社会とは単に人間に危害を及ぼすリスクが満ちあふれた社会，過去と比べて格段に危険な社会，といった意味ではないということです。人類は古来，さまざまな危害にさらされながら暮らしてきました。日常的な栄養・衛生面での状態や，災害，野生動物からの危害といった点で考えれば，現代の生活はむしろ安全になってきている面も少なくありません。

　それにもかかわらず，現代社会がリスク社会であると言われるのはなぜでしょうか。ベックは，現代社会には，従来とは決定的に異なる性格があると述べています。それは，私たちを不安に陥れるリスクが人間社会の外部からくるのではなく，「人間が歴史的に獲得した能力」，言いかえれば「地上の生命体の再生産の基盤を人間が勝手に変えたり，つくり上げたり，破壊することができるようになったことから発生する」ということです（Beck, 1986 = 1998：376）。科学技術と産業社会が展開する中で人類が獲得した，自然環境や，ヒト自身も含む生命を改変する能力こそがリスクの原因だとされているのです。

（2）決定の帰結としてのリスク

　この点に関連して，同じドイツの社会学者，N. ルーマンが，リスクを「危険」と対比させることによって，興味深い指摘をしています。それは，未来の損害に関して不確かさがある状況において，損害が「外部からもたらされたと見なされる，つまり環境に帰属される場合」，危険と呼ばれ，「決定の帰結と見なされ，したがって，決定に帰属される」場合，リスクと呼ばれる，というものです（Luhmann, 1991 = 2014：38，下線は引用者）。ここでリスクとは，単なる損害やその可能性ではなく，私たちが何らかの決定を下した結果として生じる損害を意味します。

　損害の可能性が想定されるとき，多くの場合，それと表裏一体の形で，

12

何らかの利益を得られる可能性が存在するはずです。よく「リスクを冒す」という言い方をすることがありますが，それは，損害の可能性を冒し，何らかの利益を求めて行動することを指します。この意味でも，決定に帰属されると見なされる損害がリスクである，という捉え方は理にかなっています。

この捉え方に沿って考えると，ある損害（の可能性）が危険であるか，リスクであるかは，それがどのように「見なされる」かによって決まります。例えば，現代の私たちの多くは，水害をリスクとして捉えています。台風や大雨などの気象は人間が直接決定できるものではありませんが，その結果生じる被害がどのようなものになるかは，普段の備えや，緊急時の対応の適切さによって決まると考える人が多いでしょう。ダムや堤防，護岸の整備や，家屋の構造の工夫，避難訓練，生活必需品の備蓄，精度の高い気象予報，時宜を得た的確な避難などは，どれも私たち人間社会の決定に属する事柄です。ただ，備えに使えるお金にも限界がありますし，手厚すぎる対策が生活を不便にしてしまうこともあります。災害への備えの内容は，想定される被害の程度と，備えに必要な費用や受け入れられる不便さをはかりにかけて決められることが多いはずです。水害を，こうした決定の積み重ねの結果であると見なすとき，私たちはそれをリスクとして受け止めているわけです。

さらに最近では，水害の元となる台風や大雨自体が，人為的要因による気候変動の影響としての異常気象ではないかという見方も広がりつつあります。こうした異常気象の頻発を回避するために温室効果ガスの排出削減に努めなければならないと考えるとき，私たちは，元になる異常気象も含めて，水害をリスクと捉えていることになります。

これに対して，土木工事や気象予報による備えの余地が限られていた近代以前の人々にとって，水害は多くの場合，外部からもたらされる危険という性格を色濃く帯びるものであったと考えられます。

（3）本書におけるリスク社会の捉え方
以上の話から示唆されるのは，リスクとは，損害や災難そのものを指

すのではなく，その損害や災難を捉え，対処する上での1つの様式である，ということです。

　歴史的に見ると，諸々の損害や災難の可能性を，例えば神のような超自然的な存在による定めとして受け止め，祈ることによって対処する，といった様式や，原因や対処方法については権威者が熟知していると考え，そうした人たちに対応を委ねて安全を保障してもらう，といった様式の方が，一般的であったかもしれません。これら宗教や呪術，権威による対処においては，先ほどのルーマンの「リスク／危険」の区分で言えば，損害や災難は外部からくる危険として捉えられていると言えます。

　これらとは対照的にリスクは，不確実な未来に対して，確からしさに関する定量的な把握（確率など）を基盤とした予測も用いつつ，望ましい結果をもたらすべく自ら意思決定することによって向き合うという，きわめて近代的な様式です。本書では，このように諸々の損害や災難を自らの決定の帰結として捉え，対処する様式が世の中の隅々にまで行き渡るようになる社会を，先ほどのベックの規定も踏まえて，「リスク社会」と捉えたいと思います。

　例えば，かつては運の悪さや自然のなりゆきで引き起こされたと見なされた災害も，リスク社会化が進む今日では，ますます人間の側での備えや対応が原因だと考えられるようになっています。そこでは，個人や家庭単位での備えを充実させようとする意識が強く働くだけでなく，自治体や国レベルでの対策，政策がどのように決められているのか，また被害を受ける可能性がある自分自身にとって納得のいく中身になっているのかといったことに，多くの人が関心を抱くようになります。

3.　なぜ市民参加なのか

　以上のようなリスク社会の性格を考えれば，意思決定への市民参加の可能性が模索，追求されるようになるのは必然的な流れのようにも思えます。しかし，そこで争点となる重要な問題の多くに科学技術を含むさまざまな専門知が深く関わっており，そうした問題は専門家に委ねるほうがよいという見方も根強くあります。それにもかかわらず，こうした

リスクをめぐる社会的な問題に関する意思決定において市民参加が求められる背景には，どのような要因があるのでしょうか。

（1）問題の性格と科学の変化

　第1の背景として，科学技術の高度化や，グローバル化の進展により，社会で起こる諸問題が複雑化し，不確実性が高まっていることが挙げられます。地球環境問題にせよ，新たな科学技術のリスクにせよ，各分野の第一線の専門家ですら，「こうすれば必ず安全になる」とか，「この方法を選択すれば安心である」などと請け合うことができず，専門家の間でも意見が対立し，判断が分かれる問題が次々と現れています。

　例えば日本では，東京電力福島第一原子力発電所の事故を契機として，原子力発電への依存度をいかにして低下させるかが，大きな課題となっています。その一方，諸外国と比べて再生可能エネルギーの普及が遅れている日本において，発電時に二酸化炭素を排出しない原子力発電は，温室効果ガスの排出削減の有力な手段として期待されてきた経緯があります。原子力事故のリスクや，将来にわたる使用済み燃料の処分の問題，さらには気候変動対策も考慮に入れて，今後いつごろまで，どのように原子力発電を利用していくべきか——これはもはや科学だけで答えを導けるものではなく，将来世代にどのような社会を引き継ぐべきかも含めた，私たちの価値判断と不可分の問題です。こうした問題は，科学に深く関わる問題ではありますが，科学だけでは答えを出すことができないという意味で，「トランス・サイエンス的（trans-scientific）問題」と言われます（Weinberg, 1972；小林，2007）。

　20世紀の半ば頃まで，科学は，理想的には人々の価値判断や利害から自由に，普遍的で確実な知識を提供するものだと考えられてきました（Merton, 1949＝1961）。これに対して1970年代頃から，例えば環境問題が典型的ですが，不確実性が高く，しかも社会的な対立を含みながらも，迅速な意思決定が求められる問題に，科学が深く関わるようになります。こうした状況下での科学のあり方は，「ポストノーマル・サイエンス（post-normal science）」（Funtowicz and Ravetz, 1993）と呼ばれること

もあります。伝統的な科学は，同じ専門分野の仲間（ピア）同士による相互批判を通じた品質保証により営まれてきましたが，ポストノーマル・サイエンスでは，専門家のほかにも，問題に関わるさまざまな人を含む，「拡大されたピア共同体（extended peer community）」の評価にもさらされることになります。

（2）利害関係者の拡大

　市民参加が求められる第2の背景は，まさにこの点に関わります。それは，問題によって影響を受ける利害関係者の拡大です。

　気候変動のような地球規模の環境問題は，住んでいる地域や生活状況によって差はあるにせよ，あらゆる人に影響が及びます。気候変動を緩和するため温室効果ガスの排出を削減する努力も世界全体で行う必要がありますので，これも究極的にはすべての人に関わります。

　別の例として，1990年代半ばから一部の国で栽培が広がってきた遺伝子組換え（GM）作物に関しては，日本を含む世界各地で，安全性に対する不安や，農業，食への影響をめぐって社会的論争が生じてきました。それは，この技術が一旦導入されると，特定の生産現場だけではなく世界中の食卓や環境に影響を及ぼす可能性があると考えられたためです。

　問題の影響を受ける当事者が，最善の選択が何であるかを熟知しているとは限らず，専門家の方が，手がかりとなる情報を豊富に持っている場合が多いかもしれません。しかしその専門家も，何が「正解」であるかを知っているわけではないのです。そんな状況の中で，当事者の声を十分に聞かないまま，例えば一部の専門家の意見に基づいて政治家が結論を出してしまい，人々に多大な被害を与える結果を引き起こした場合，どうなるでしょうか。被害を受けた人たちは，なぜ初めから自分たちに相談してくれなかったのかと憤り，専門家や政府の信頼は地に堕ちるでしょう。第2章で触れるように，1980年代から90年代にかけて英国で起こったBSE（牛海綿状脳症）をめぐる危機は，その典型的な事例でした。英国政府は，限られた専門家の意見に基づいて牛肉の安全性を広報しつづけましたが，後にBSEが拡大し，感染牛を食べた人が感染して死

亡する事態が明るみに出て，専門家や政府への信頼は損なわれました。英国ではこの反省に立って，1990年代半ば以降，科学技術への市民参加の取り組みが進められるようになったのです。

　このBSEの問題で，当初から科学技術への市民参加のしくみがあったら，後の被害を防ぐような慎重な結論が出されていたかは分かりません。ここで重要なのは，得られる結論がより「正しいもの」「良いもの」になるかどうかは別にしても，影響を受けそうな人たちが直接的あるいは間接的に決定に参加できる状態を作っておくことです。

（3）民主主義の原理の拡張

　市民参加を追求する動きの第3の背景として，自分たちのことを自分たちで決めるという民主主義の原理を，社会のあらゆる領域に拡張させようとする流れを見てとることができます。今日では多くの国で普通選挙が行われるようになり，それが各国で真に公正に機能しているかという問題はあるにせよ，政府の代表を自ら選ぶという次元では，民主主義がある程度，実現されてきました。政策の立案や実行を現実に担うのは各分野の行政官たちですが，行政官を指揮して問題解決の舵取りを担うのは政治家の役割です。そして，その政治家を国民が選ぶという形で，自分たちのことを自分たちで決めるという民主主義の原理を具現化しているのが，日本を含む多くの国での現在の代表制民主主義です。

　ところが，本書で取り上げようとしている食をめぐるリスクやエネルギー，環境問題，ITセキュリティ，災害などの諸課題は，社会全体に関わる問題ではあるものの，従来の代表制民主主義のコントロールをすり抜ける部分が少なくありません。1つには，問題が高度になり専門化が進みすぎた結果，形式的には議会で制定された法律に基づいて規制がなされているものの，実質的な中身は，関連する分野の行政官が一部の利害関係者を含む専門家の意見を聞きつつ決定しているという実態があります。企業や業界団体など民間で独自に作られるルールなどが，そうした規制に先行して実質的な力を持つ場合もあります。これらの領域には，間接民主制のコントロールは及びにくくなります。加えて，多国籍企業

はもちろんのこと，国際機関など国際関係の領域にも，欧州連合（EU）加盟国の市民の直接投票で選ばれる欧州議会のような例を除けば，基本的に民主主義のコントロールは及びません。

　こうした高度な専門性が支配する領域，企業が主なアクターとなる経済の分野，さらには個別の国家を越えた国際機関，国際関係の舞台においてこそ，現代社会の鍵を握る決定が日々なされています。1990 年代以降，さまざまな分野でガバナンス（統治）という言葉が広く用いられるようになっているのは，政策の決定や実行の過程を，ガバメント（政府）だけに焦点を定めて考えるのではなく，その他の主体も関わる広い意味での統治として捉えようとする認識の転換の表れと言えます。本書で学んでいく市民参加の模索と追求の動きは，自分たちのことを自分たちで決めるという民主主義の原理を，従来の代表制民主主義が及びにくい領域にも押し広げ，開かれたガバナンスを実現しようとする流れの一環として捉えられます。

　同時に注目すべきは，この潮流が，民主主義の及ぶ範囲を広げるばかりでなく，民主主義のあり方を刷新し，深化させようとする方向にも向かってきたことです。それは，選挙で選んだ代表者やそのスタッフに政策の立案や決定，執行を委ねるだけの民主主義でなく，参加する市民自身がより深く課題を理解し，自ら考え，話し合うというところまでを含む参加のあり方です。こうした考え方を表すキーワードとして，民主主義に関する近年の議論では，投票や多数決による決定よりも人々の話し合いを中心に据えた，熟議民主主義（deliberative democracy）という，民主主義の新たな捉え方も打ち出されています（章末のコラム参照）。

（4）実質的，道具的，規範的な理由づけ

　なぜ市民参加が必要であるかを考えるとき，そこには大きく分けて，「実質的（substantive）」「手段的（instrumental）」「規範的（normative）」という 3 種類の理由づけがあるはずだと言われています（Fiorino, 1990）。上に見た 3 つの背景の中にも，これらの要素が含まれています。

　実質的な理由づけとは，幅広い市民が参加することにより議論の中身

が改善されるということです。専門家だけで検討しているのでは見落としがちな生活者や住民の視点が取り入れられ，市民参加を行わない時に比べて，得られる結論の内容が実質的に良いものになるはずだ，といった議論はこのタイプに当てはまります。前述の1番目，2番目の背景は，とくにこの実質的な理由づけに深く関わっています。科学に深く関わりながらも，科学だけでは答えを出せない問題が増え，科学のあり方も変化せざるをえなくなっているという状況では，専門家よりも現場に近い当事者こそが，問題解決の参考になる情報や知識を持っている場合が少なくありません。意思決定の質を高めるためには，そうした当事者，利害関係者の声を丁寧に掘り起こすための市民参加が必要とされます。

　手段的な理由づけとは，参加の手続きを踏むことによって，得られる結論が受け入れられやすくなる，つまり意思決定の正統性が高まるということです。結論の中身の実質的な良し悪しは別にしても，市民参加を行うことで関係者の納得が得やすくなる，といった理由づけは，こちらのタイプに分類され，これも先に見た1番目，2番目の背景に深く関わります。不確実性の極めて高い状況における意思決定では，倫理的・社会的な論点を避けて通ることはできません。その際に，拡大する利害関係者の価値観や利害を，議論の中で明らかにしつつ意思決定に生かしていくといった発想は，この手段的な理由づけに対応しています。

　規範的な理由づけというのは，自分たちのことを自分で決めるのは私たちの権利であって，それを保障する意味で市民参加は必要であるとするものです。これは結果の良し悪しや，関係者の納得とも別の次元からの理由づけです。先に見た3つの背景の中では，とくに3番目の民主主義の原理の拡張という流れに対応するものと言えます。

4. 市民参加の取り組みを捉える観点

　次章以降で，多岐にわたる市民参加の取り組みを学ぶのに先立って，個別の事例を分類し，理解する助けとなる主な観点を見ておきましょう。そのような観点の設定には，科学コミュニケーションやリスクガバナンスなどの分野で用いられてきた分類枠組み（図1-1，図1-2）が参考にな

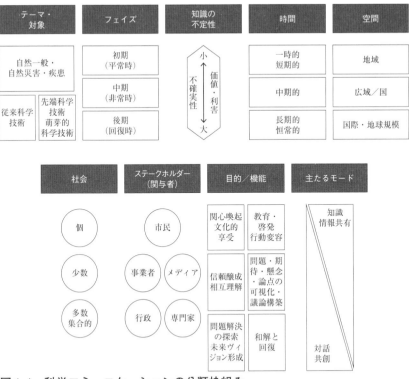

図1-1　科学コミュニケーションの分類枠組み
出典：科学コミュニケーションセンター（2015）に基づき作成。

ります。それらを参考にしつつ，ここではごく大づかみに，問題とその
基本的性格，参加者，参加の目的という3つの観点を挙げておきます。

（1）問題とその基本的性格

　本書では，食をめぐるリスクや，エネルギー，気候変動，IT セキュリ
ティ，災害，公共事業など，さまざまなテーマを対象とした市民参加の
取り組みを紹介します。**図1-1**は，科学コミュニケーションの取り組み
を分類するために作られた枠組みの例ですが，この図では「テーマ・対
象」が，災害のように主に自然現象に起因するリスクと，科学技術の開
発や利用自体が問題の焦点になるものとに分けられ，さらに後者は従来

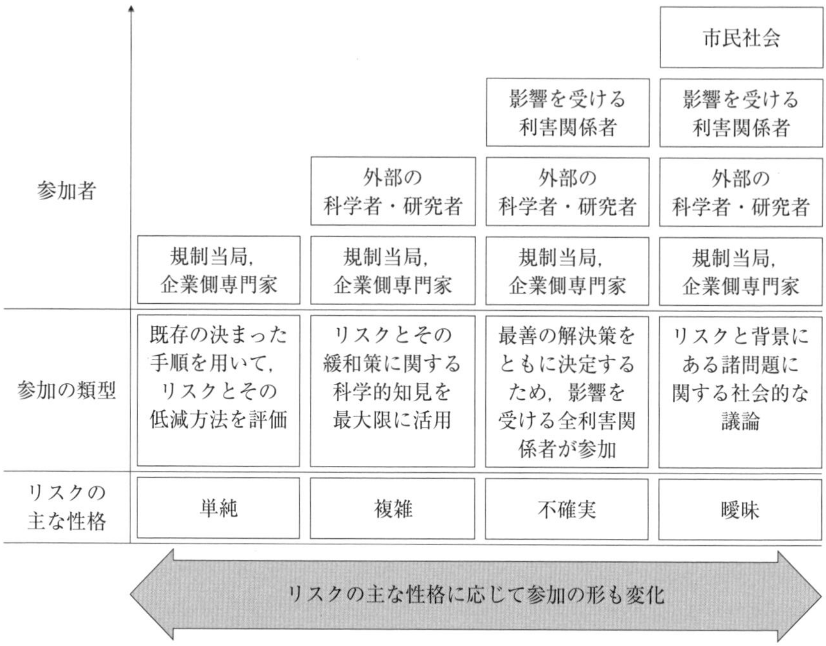

参加者				市民社会
			影響を受ける 利害関係者	影響を受ける 利害関係者
		外部の 科学者・研究者	外部の 科学者・研究者	外部の 科学者・研究者
	規制当局, 企業側専門家	規制当局, 企業側専門家	規制当局, 企業側専門家	規制当局, 企業側専門家
参加の類型	既存の決まった 手順を用いて, リスクとその 低減方法を評価	リスクとその 緩和策に関する 科学的知見を 最大限に活用	最善の解決策を ともに決定する ため,影響を 受ける全利害関 係者が参加	リスクと背景に ある諸問題に 関する社会的な 議論
リスクの 主な性格	単純	複雑	不確実	曖昧

リスクの主な性格に応じて参加の形も変化

図1-2　リスクに関する参加の「エスカレーター」
出典：IRGC（2017）より翻訳。

型の科学技術と，先端的・萌芽的科学技術とに分類されています。

　どのような市民参加の取り組みが求められるかを考える上で重要なのは，これら対象とするテーマが帯びている，問題の基本的性格です。1つの例として，**図1-2**は，比較的単純で扱いやすい問題から，より複雑性や不確実性の高い問題まで4段階に分けて，参加のあり方を類型化しています。ここで「単純」とされているのは，必ずしも深刻ではないという意味ではありませんが，自動車事故や，よく知られた食品衛生上のリスクなど，既存の知識で予測や管理が行いやすい問題です。次の「複雑」なリスクとは，悪影響の原因を特定して定量的に把握したり，しくみを理解したりすることが困難な問題ではありながら，依然として専門家中心の対処が可能な問題です。送配電網やインターネットのような複雑なインフラの不具合などがこれに当たるとされます。

　市民参加が特に求められるのは3番目の「不確実」なリスクからです。

ここで不確実性とは，さまざまな理由により，科学的なデータが得られなかったり，不足していたりする状況を指します。例えば，原子力発電所の過酷事故のリスクなどは，一旦発生すればその影響は甚大ですが件数が少なく，また実験などでその確率を求めることも難しく，不確実性が高い問題と言えます。さらに，「曖昧」なリスクとは，社会的・倫理的な課題を含めて，さまざまな観点が絡む問題であって，こうしたテーマに関する意思決定には，一般の市民を含めた，最も幅広い関係者の参加が求められます。以上の4分類は，**図1-1**の枠組みでは，より簡潔に「知識の不定性」の大小として表現されています。

　問題の性格を捉える上では，**図1-1**にあるように，「フェイズ」や，「時間」「空間」「社会」の各側面でのスケールといった観点も役立ちます。

　フェイズとは問題の局面のことであり，同じテーマに対しても，段階別に分けて，どのような市民参加が求められるかを検討する必要性を示唆するものです。例えば，ある先端技術の開発や利用をめぐる意思決定であれば，研究開発段階（「初期」），実用化間近の段階（「中期」），そして実用化後の段階（「後期」）といった局面が考えられます。他方，同じフェイズの項目に「平常時」「非常時」「回復時」とあるのは，事故や災害，感染症の流行といった問題に対処する際に参考になる枠組みです。

　また，年単位の比較的短い時間から，数年～10年程度の中期，さらには数十年以上の長期に至るまで，どのような期間を対象として問題を捉えるのかという時間的スケールの問題があります。空間的スケールとしては，地域コミュニティや市区町村などの範囲から，より広域の地方や国全体，さらには多国間，地球規模に至るまで，さまざまな段階が考えられます。社会的なスケールに関しても，個人単位から多数が関わる集合的な問題までの幅がありえますが，市民参加が必要とされる問題は，主に多数が関わる集合的なものが中心になるでしょう。同じテーマを扱うにも，いかなるスケールを主な対象とするかによって，上述した問題の基本的な性格や，必要な参加者の範囲も異なってきます。

（2）参加者

　次は，市民参加のプロセスにだれが参加すべきであるかという観点です。図1-2はあくまでも模式的なものですが，問題の不確実性，曖昧性が増すほどに，参加すべき人の範囲が広がることが分かります。

　ここでは参加者について，市民参加のプロセスにおける役割と，その選び方という2つの角度からの分類を考えてみましょう。

　まず，参加者の「役割」に注目すると，何らかの利害や立場を代表する参加者と，そのような背景を持たない，いわゆる一般の人々からなる参加者の区別が重要です。ここでは前者をステークホルダー（利害関係者），後者を一般市民と呼んで区別しておきましょう。

　利害関係者としては，例えば，対象となるテーマに関して明確な主張を持って活動しているNPO／NGOや市民活動団体，産業界など諸団体の関係者，地域的なテーマであれば関係地域の住民団体（自治会など）の代表者といった人たちが挙げられます。それに対して一般市民とは，テーマとの関係でそうした立場を持たないその他すべての人たちです。両者の区別は，とくに地域的なテーマでは相対的ですが，参加者がどのような役割を果たすのかを明確にするため，両者を概念的に区別しておくことは有益です。

　さらに，科学技術への市民参加の取り組みでは，ほとんどの場合，テーマに関連する分野の専門家の参加が欠かせませんが，専門家の位置づけには主に2つの方向性がありえます。1つは，利害関係者や一般市民としての参加者が議論をする上で必要な情報を，独立した立場から提供するというものです。もう1つ，とくに社会的な対立の鋭いテーマでは，専門家も，所属する専門分野や業界の利害を背景として，各々の価値観や主張を持っていることが少なくないことから，利害関係者と同列に扱うという考え方もあります。本書に登場するような論争的なテーマをめぐる市民参加では，純粋に前者の考え方をとることは現実的ではありません。両者に区別を設ける場合でも，専門家集団にも，異なる立場や利害を持つ人をバランスよく集めることが必要です。

　参加者を見る際のもう1つの観点である「選び方」については，大き

く分けて3つの方法があります。

第1は自薦です。主催者の募集に応じて，参加したい人が自ら手を挙げる方法で，市民会議や公聴会などに参加する利害関係者や一般市民を公募する場合などはこれにあたります。

第2はある地域や集団を代表するような形で選ぶ方法です。例えば，市民会議に参加する一般市民の参加者を，対象となる地域の縮図になるよう無作為抽出などを使って選ぶ方法があります。また，テーマに関する利害を持つ団体や組織などについて主催者の側で事前によく調査した上で，こうした異なるグループがそれぞれ代表されるように複数の利害関係者や専門家を選出するような方法もあります。

第3に，とくに専門家の人選などでは，特定の条件を満たす個人を選ぶという方法も用いられます。市民参加のプロセスにおいて必要とされる知識や情報を提供する専門家は，団体や組織などを代表する利害関係者として選ばれる場合もありますが，多くの場合，必要な専門性を有した特定の個人を選ぶ方法がとられます。

（3）参加の目的

3つ目の観点は，何を目指して市民参加を行うかという目的についてです。図1-1には，多様な利害関係者や一般市民が参加するコミュニケーションの目的・機能として，「教育・啓発，行動変容」や「信頼醸成，相互理解」「問題・期待・懸念・論点の可視化・議論構築」「問題解決の探索，未来ヴィジョン形成」など，6つの類型が挙げられています。

より具体的に，ある課題をめぐる政策決定への市民参加を取り上げて，その実質化の度合いがどの程度かという観点で，市民参加の目的を分類したものもあります。かつて米国のS. R. アーンスタインが提唱した「市民参加の梯子」（Arnstein, 1969＝図10-1参照）が有名ですが，同じ趣旨のより簡略化された分類として，図1-3があります。ひとくちに「市民参加」と言っても，意思決定への実質的な影響力という面で，その内実に大きな違いのある取り組みが含まれます。

「情報提供」の段階では，情報の流れは政策決定者から市民に向けた一

情報提供	意見聴取	決定への関与	協働	権限委譲
市民が，問題やその解決策などを理解できるようバランスのとれた客観的情報を提供する	決定や，そのための選択肢，分析などについて，市民から意見を聞く	市民の懸念や要望を把握し考慮するため，決定過程の各段階で直接的な関与を得る	選択肢の設定や，より良い解決策の明確化を含めて，意思決定の各段階で市民と協働する	市民に最終的な決定を委ねる

小　　　　　　　　　　　決定への影響力　　　　　　　　　　　大

図1-3　市民参加の実質化の度合いとその目的
出典：International Association for Public Participation の「市民参加のスペクトラム」
　　（Spectrum of Public Participation）から一部を抜粋して翻訳。

方通行にとどまります。各種の広報や，新しい政策や計画に関する説明会などは，おおむねこのレベルのものです。次の「意見聴取」の段階では，一方通行の情報提供からは脱却して，市民の意見を聞く機会が設けられますが，その意見が実質的に決定に生かされるとは限りません。日本でも，行政機関が政令や重要な計画などを決める際に行う意見公募（パブリックコメント）の制度がありますが，これはこのレベルでの市民参加の典型的なしくみです。政策や計画の案が固まってから行われる公聴会なども，参加の度合いとしては，このレベルに位置づけられます。

　実質的な市民参加と言えるのは，3番目の「決定への関与」以上の段階でしょう。ここで初めて，市民が表明する懸念や要望が決定において具体的に考慮されます。早い段階で意見募集を行ったり，政策形成の途中で市民会議を開いて議論したりといった取り組みは，このレベルに対応します。ただ，出される意見が決定に影響力を持つかどうかは，このレベルにおいても必ずしも明らかではありません。

　より実質化の度合いが高まるのが，「協働」の段階以降です。行政機関の政策立案であれば，決定の鍵を握る選択肢や解決策の案を練り上げる作業に市民が参加することで，影響力がより実質的なものになります。5番目の「権限委譲」は，市民に最終的な決定が委ねられるレベルです。

　科学技術への市民参加の取り組みでは，情報提供や意見聴取，決定への関与の段階にとどまるものが少なくなく，協働や権限委譲のレベルに

まで至るものは，まだ限られています。

　なお，これら5つのレベルは，各々，それ以下の段階にある要素も含んでいると考えられます。意見聴取を行うためにはその前提として情報提供が必要ですし，市民会議を開いて議論を行うなどの形で決定への関与を行う過程には，必然的に意見聴取や情報提供の要素が含まれます。

（4）制度化された参加と制度化されていない参加

　参加の目的に関連して押さえておきたいのは，制度化された参加と，制度化されていない参加の区別です。本書では科学技術への市民参加を，科学技術に関わる社会的に重要な課題についての議論を幅広く人々に開き，意思決定への参加の機会を広げるための取り組みとして捉えています。こうした取り組みの中には，一方で，政府や自治体における政策決定のしくみと結びつく形で，議論の枠組みや論点があらかじめ明確化され，往々にして定式化された手法に沿って行われるタイプのものがあります。それらは多くの場合，政府や自治体によって主催され，参加者の立場から見ると，いわば「招かれた」（invited）参加ということになります。こうしたタイプは，制度化された参加と捉えられます。

　これに対して，制度化されていない市民参加の取り組みもあります。政府や自治体の政策決定のしくみと制度的な結びつきを持たず，ときにはそれらと根本的に対立しうる論点や議題を提起することにより，意思決定に影響を与えようとするタイプです。特定のテーマに関して活動するNPO／NGOや市民活動団体による運動は，この意味での市民参加としての性格を帯びています。制度化された市民参加の取り組みとは違い，定式化された手法に沿って進められるとは限りませんが，社会的に重要な課題についての議論を起こすことで，意思決定への参加の機会を広げようとする取り組みだと考えられます。参加者は政府機関などの招きに応じて参加するのではなく，場合によってはその意に反して声を上げることになりますので，このタイプは「招かれた」参加に対応して，「招かれざる」（uninvited）参加とも呼ばれます（Wynne, 2007）。

　制度化された参加と，制度化されていない参加の区別は，二項対立的

なものではありません。政府や自治体の政策決定と結びついて行われる
タイプでも，その制度化の度合いは多様ですし，制度化されていない運
動の中から，新たな参加の制度が生まれることもあります。

　本書では，市民参加に非制度的な運動の側面があることを十分意識し
つつ，ある程度以上，制度化された（もしくは制度化を志向した）市民
参加の取り組みを主に取り上げていきます。なお，科学技術への市民参
加に関する議論では，制度化された取り組みを中心に市民参加を見てい
くことの限界についても，最近，批判的に検討されるようになっていま
す（第12章および第15章参照）。

5. 本書の構成と学び方

（1）本書の構成

　本書の第1章から第4章では，科学技術への市民参加の基本的な考え
方と，諸外国も含めたその歴史的経緯，日本における代表的な実践につ
いて解説します。まず，本書全体の枠組みを提示する第1章に続き，欧
州での歴史的背景と展開について学びます（第2章）。その上で，国内で
行われてきた取り組みに関して，用いられてきた多様な手法に注目して
概観し（第3章），中でも日本における科学技術への市民参加の到達点と
課題を典型的に示していると考えられる，福島第一原子力発電所事故後
のエネルギー政策をめぐる市民参加（いわゆる「国民的議論」）について
詳しく解説します（第4章）。

　第5章から第11章では，さらにさまざまなトピックを取り上げて，実
社会での科学技術への市民参加の具体例を紹介します。GM作物を始め
とする食をめぐるリスクの問題（第5章），原子力発電所から出る高レベ
ル放射性廃棄物の処分問題（第6章），情報通信技術の発達とビッグデー
タの活用を通じて目指される「超スマート社会」における倫理的・社会
的・法的な問題（第7章），災害リスクの問題（第8章・第9章），都市
再開発やリゾート施設の誘致，工場立地に伴う環境問題（第10章・第11
章）といったテーマを取り上げます。これら各トピックについて，目的
や参加者に応じた，色々な手法が取り入れられています。このうち，第

8・9章では市民参加による調査研究の取り組みを重点的に取り上げ，第10・11章では交渉や合意形成という観点から市民参加について考えます。これら各章を読むことで，さまざまなトピックに関しての異なる手法を用いた取り組みについて知ることができるでしょう。

　第12章から第15章では，これからの科学技術への市民参加のあり方を考えます。そのためにまず，欧州における最近の実践や研究の動向も参照しつつ，市民参加の実践の新たな広がりや，その意義をより深く読み解く方法について学びます（第12章）。その上で第13・14章では，地球規模の取り組みが求められている気候変動問題に関する市民参加を取り上げます。世界各地で同時に一般市民が議論する市民会議を開き，その結果を国連の会議などに届ける「世界市民会議（World Wide Views）」の取り組みを紹介し，その意義や課題を考えます（第13章）。そして，この世界市民会議の実践から見えてきた課題を踏まえて，筆者らが実験的に行った，気候変動対策と生活の質に関する市民会議を事例として，科学技術が絡む地球規模課題に関する市民参加のあり方について検討します（第14章）。最後に，これまでの科学技術への市民参加の考え方や取り組みの意義や課題についてまとめつつ，次世代の市民参加のあり方について展望します（第15章）。

（2）既存の学問分野との関係と，学び方

　科学技術への市民参加は，特定の学問分野の枠に収まらない学際的なテーマです。本書の執筆者の専門分野からも分かるように，社会学や社会心理学，政治学など既存の社会科学系の諸分野や，科学（技術）コミュニケーション論，交渉学といったコミュニケーションや合意形成に関する実践的な専門領域からもアプローチが可能です。本書の各章の中に，自分の専門に近い分野からのアプローチや題材が取り上げられている人は，そこを入り口に学習を進めるのもよいでしょう。

　こうした諸分野の接点にあって，科学技術への市民参加に最も関わりの深い分野の1つとして，科学技術社会論（STS）があります。科学技術社会論は，社会の中での科学技術のあり方を，哲学や倫理学，歴史学，

人類学，心理学，社会学といった，主に人文社会系のアプローチを用い
て明らかにしようとする学際的な領域です。編著者の八木と三上を始め，
本書の複数の執筆者が，科学技術社会論を自らの専門分野の1つとし，
科学技術への市民参加の研究や実践に取り組んできています。本書の
テーマについて学習を広げ深める場合，科学技術社会論に関する教科書
やその他の書籍も参考になることでしょう。

　科学技術に関するリスクや，リスクコミュニケーション，リスクガバ
ナンスといったテーマも，本書に関連の深い主題です。こうしたテーマ
を扱う，比較的新しい学際的領域としてリスク学という分野もあります。
これは必ずしも市民参加に特化したものではありませんが，リスクをめ
ぐるコミュニケーションや社会的意思決定のあり方も対象としており，
必要に応じてこうした分野の書籍なども参考にすることで，本書のテー
マについての理解を深めることができるでしょう。

● 研究課題

1　身の回りの出来事や，メディアなどで見聞きする社会現象の中から，
　現代社会が「リスク社会」であることを表す例を挙げてみましょう。
2　科学技術への市民参加が求められる理由や，市民参加の具体的な取
　り組みを理解する際のさまざまな観点を整理しておきましょう。
3　自分の専門分野や関心のあるテーマと関連づけて，科学技術への市
　民参加について学ぶ意義や，効果的な学び方を考えてみましょう。

引用文献

Arnstein, S. R. (1969) "A ladder of citizen participation," *Journal of the American Institute of Planners*, 35 (4)：pp. 216-24.
Beck, U. (1986) *Risikogesellshaft：Auf dem Weg in eine andere Moderne*, Suhrkamp.
（東廉・伊藤美登里訳, 1998,『危険社会——新しい代への道』法政大学出版局.）

Fiorino, D. J.（1990）"Citizen participation and environmental risk : a survey of insti-
tutional mechanisms," *Science, Technology, & Human Values*, 15（2）, pp. 226-43.

Funtowicz, S. O. and J. R. Ravetz（1993）"Science for the post-normal age," *Futures*,
25（7）: pp. 739-55.

IRGC（International Risk Governance Center）（2017）*Introduction to the IRGC Risk
Governance Framework, revised version.*

科学コミュニケーションセンター（2015）『科学コミュニケーション案内』科学技術
振興機構.

小林傳司（2007）『トランス・サイエンスの時代―科学技術と社会をつなぐ』NTT 出版.

Luhmann, N.（1991）*Soziologie des Risikos*, Walter de Gruyter.（小松丈晃訳，2014,
『リスクの社会学』新泉社.）

Merton, R. K.（1949）*Social Theory and Social Structure : Toward the Codification of
Theory and Research*, Free Press.（森東吾・森好夫・金沢実・中島竜太郎訳，1961,
『社会理論と社会構造』みすず書房.）

Weinberg, A. M.（1972）"Science and trans-science," *Minerva*, 10（2）, pp. 209-22.

Wynne, B.（2007）"Public participation in science and technology : performing and
obscuring a political-conceptual category mistake," *East Asian Science, Technolo-
gy and Society : An International Journal*, 1（1）, pp. 99-110.

参考文献

藤垣裕子編（2020）『科学技術社会論の挑戦』（全 3 巻）東京大学出版会.

藤垣裕子・廣野喜幸編（2008）『科学コミュニケーション論』東京大学出版会.

平川秀幸・奈良由美子編著（2018）『リスクコミュニケーションの現在――ポスト
3.11 のガバナンス』放送大学教育振興会.

本堂毅・平田光司・尾内隆之・中島貴子編（2017）『科学の不定性と社会―現代の科
学リテラシー』信山社.

神里達博（2020）『リスクの正体――不安の時代を生き抜くために』岩波書店.

小林傳司（2007）『トランス・サイエンスの時代――科学技術と社会をつなぐ』NTT
出版.

日本リスク研究学会編（2019）『リスク学事典』丸善出版.

| コラム | 科学技術への市民参加と熟議民主主義 | 田村哲樹 |

【熟議民主主義とは何か】 熟議民主主義は，民主主義の１つのタイプです。民主主義とは，「自分たちのことを自分たちで決める」ことです。ただし，「自分たちで決める」方法は，１つだけではありません。投票や多数決で決めることは，よく知られた「自分たちで決める」方法です。これに対して，熟議民主主義は，自分たちのことを「話し合い」で決める民主主義です。

　話し合いが「熟議」であるための基準として挙げられるのが，正当化と反省性です。まず正当化とは，自分が意見を述べる時に，他の人々が納得できるような形で述べることです。そのためには，自分の意見の「理由」を述べることが重要になるでしょう。次に反省性とは，他の人々の意見を聞いて自分の意見を見直すことです。「反省」とは，「見直す」ことであって「謝る」ことではありません。以上のことからうかがわれるように，熟議は，話し合いの場において，「力強く主張して相手を論破する」とか，「自分の立場に徹底的にこだわる」といった議論のスタイルとは異なります。

　「熟議」への関心は，古代ギリシャのソクラテスやプラトンによる対話の重視にまで遡ることができます。しかし，熟議「民主主義」は，1980年代から提唱され始めました。J. ハーバーマス，J. コーエン，J. ロールズなどの政治哲学者たちが，当初の代表的な論者です（Bohman and Rehg, 1997）。その後，多数決型の民主主義（集計民主主義）とは異なる民主主義論として発展し，2000年頃には民主主義論の「熟議的転回」も言われるようになりました。

【なぜ熟議か】 それにしても，熟議は少々面倒だなと思う人もいるかもしれません。確かにいきなり多数決や投票では納得がいかないとしても，熟議などと言わずに，できるだけ多くの人々の意見や立場を話し合いの場に表出できれば，それでよいのではないでしょうか。

　この疑問に対して，ここでは，たとえ市民参加が必要だとしても，だからといって市民が必ず「正しい」とも言えない，ということを挙げておきたいと思います。本文で述べたように，科学技術に関わる課題については，専門家でさえ「正しい」答えを持っているわけではありません。多くの問題について，専門家たちの意見は対立し，判断は分かれています。しかし，だからといって市民が「正しい」答えを持っているとも言えません。恐らく市民の間でも，各自の意見は対立し，判断は分かれることでしょう。加えて，民主主義に対しては，伝統的に「多数者の専制」の危険性が言われてきました。つまり，民主主義の参加者たちが，数の力に任せて自分たちに都合のよい（が，「間違って」いるかもしれない）決定を行ってしまうことが懸念されてきたのです。実際，私たちは，必ずしも正確な情報に基づかずに，しばしば思い込みやうわさに基づいて，「間違った」判断を行っているものです。

　こうした民主主義への懸念に応答するために，熟議民主主義は，正当化と反省性を重視します。私たちがあらかじめ持っている意見や考えが「正しい」のではありません。そうではなく，熟議の中で，各自が自分の意見を正当化する

とともに，他者の意見を聞いて反省を行う中で，全体としてより「正しい」意見や判断が生まれると考えるのです。

　このように，熟議民主主義は，参加だけをもってよしとする民主主義論ではありません。参加だけで熟議が実現するとは限らないからです。政治学には，特に 1960 年代後半以降に発展した参加民主主義論という理論がありますが（Pateman, 1970＝1977），この参加民主主義と熟議民主主義との間には緊張関係があるとの指摘もあります。とはいえ，熟議も参加も，投票と多数決に還元しないで民主主義を構想しようとする点では共通しているということも忘れてはなりません。大切なことは，「熟議的な参加」あるいは「参加に基づく熟議」です。

【熟議の場】　熟議は（ある種の）話し合いのことですから，どのような場所でも行われる可能性があります。本書との関係では，専門家たちによる熟議もありえます。ただし，ここでは市民参加の場としての熟議民主主義について述べましょう。

　代表的なものは，本文にも登場する「ミニ・パブリックス」です。これは，あるテーマについての，市民による熟議のフォーラムのことです。特に，その参加者を無作為抽出で選ぶものを指すことが多いです。ミニ・パブリックスには，いくつかのタイプがあります。有名なものは，政治学者の J. フィシュキンが考案した「討論型世論調査」です（Fishkin, 2009＝2011）。日本でよく行われてきたのは，市民討議会です。これはドイツのプランニング・セル（計画細胞会議）を参考にして，2005 年に東京都千代田区で試験的に実施され，それ以後，自治体・地域レベルで行われ始めたものです。ミニ・パブリックスの具体的な制度としては，これらのほかにも，市民陪審，コンセンサス会議などが知られています。

　ミニ・パブリックスには，制度化された場が持つ効果があります。私たちは日常生活の中でも多くの会話やコミュニケーションを行っています。しかし，それは日常生活の中でのことであるがゆえに，「熟議的」であることが難しいものです（後述するように，不可能というわけではありません）。これに対して，ミニ・パブリックスでは，正当化や反省性といった熟議の特徴が表れやすいのです。そこには，無作為抽出によって見知らぬ人々が集まります。したがって，参加者は，「わかるはず」という前提を持たずに，自分の意見を説得的に述べるとともに，他の人々の話を真摯に聞く必要があります。多くのミニ・パブリックスでは，関係資料の学習や専門家による講義を聞く機会があります。話し合いの場には，ファシリテーター（モデレーター）も参加し，参加者が平等に話し合うことができるように配慮します。これらの仕組みが，熟議の実現可能性を高めると期待できるのです。

【熟議民主主義の広がり】　とはいえ，市民参加としての熟議民主主義の場を，ミニ・パブリックスだけに限定する必要はありません。熟議民主主義論は，市民参加の場をより広く捉え直すとともに，さまざまな「熟議」の場を結び付けて理解することの重要性も提起しています。

まず，市民参加の場の捉え直しについてです。科学技術の問題の多くは，私たちの日常生活に密接にかかわるものです。また，リスク社会とは，損害や災難が私たち自身の決定の帰結であるような社会のことです。そうだとすれば，私たちには，日常生活を送る中で科学技術の問題をめぐる熟議の参加者となる可能性があります。例えば，家族のだれかが携帯電話（スマホ）で見たニュースをきっかけに，家族のメンバーの間で，半ば思いがけず気候変動についての熟議が始まってしまうことはありえます。このような「日常的な熟議」には，ミニ・パブリックスのように制度化された場での熟議ではないため，さまざまな困難も予想されます。しかし，問題の性質上，私たちは日常的な熟議の場に立ち会わざるをえないかもしれないのです。このように考えるならば，「市民参加」はより広く考え直される必要があるでしょう。

次に，さまざまな熟議の場を結び付けて理解することについてです。ミニ・パブリックス以外に，例えば気候変動問題をアピールする社会運動への参加も，市民参加の１つのスタイルです。社会運動だけを見ると，あまり「熟議的」には見えないかもしれません。社会運動の役割は「抗議」だからです。しかし，政治システム全体の中に社会運動を位置づけてみると，見方も変わります。社会運動は，その一見「非熟議的」な強力なアピールによって，政治家，専門家あるいは他の市民たちに，気候変動問題についての「反省」を促しているのです。つまり，それ自体は熟議には見えない活動や制度も，他のアクターや制度とのつながりの中に置いてみることで，あるシステムを熟議的にする役割を果たしていると言えます。このような考え方は熟議システム論と呼ばれ，近年の研究において注目されています（Parkinson and Mansbridge, 2012；田村, 2017）。

〈引用文献〉
Bohman, J. and W. Rehg (eds.) (1997) *Deliberative Democracy : Essays on Reason and Politics*, The MIT Press.
Fishkin, J. S. (2009) *When the People Speak : Deliberative Democracy and Public Consultation*, Oxford University Press.（曽根泰教監修，岩木貴子訳，2011，『人々の声が響き合うとき——熟議空間と民主主義』早川書房。）
Parkinson, J. and J. Mansbridge (eds.) (2012) *Deliberative Systems : Deliberative Democracy at the Large Scale*, Cambridge University Press.
Pateman, C. (1970) *Participation and Democratic Theory*, Cambridge University Press.（寄本勝美，1977，『参加と民主主義理論』早稲田大学出版部。）
田村哲樹（2017）『熟議民主主義の困難——その乗り越え方の政治理論的考察』ナカニシヤ出版。

2 | 科学技術への市民参加の背景と展開

三上直之

　科学技術への市民参加の概念が確立し，多様なアプローチが展開し始めたのは，1990年代の欧州においてです。その背景には，1980年代から活発になった「市民の科学理解（PUS）」の取り組みと，それに対する批判がありました。本章ではこうした経緯を英国での動きを中心に概観するとともに，科学技術への市民参加の考え方を先駆的に具現化したコンセンサス会議の方法についても学びます。

《キーワード》　市民の科学理解（PUS），欠如モデル，対話，参加型テクノロジーアセスメント，コンセンサス会議，ミニ・パブリックス，アップストリーム・エンゲージメント

1. 理解から参加へ

（1）市民の科学理解（PUS）

　科学技術への市民参加の考え方や，その取り組みが本格的に立ち現れたのは1990年代の欧州においてです。その背景を知るため，さらに少しだけ時代をさかのぼってみましょう。

　1983年，世界的に最も歴史がある科学者組織である英国王立協会に，オックスフォード大学の遺伝学者，W. F. ボドマー教授を委員長とする，1つの臨時委員会が立ち上がりました。議題は「市民の科学理解（public understanding of science（PUS））」。人々の科学に対する理解を促すにはどうすればよいかが，約2年にわたって検討されました。

　こうした議論が行われた背景には，科学者の間での危機感がありました。それは，経済や産業の発展を支える科学技術に対して，一般の市民ばかりか，経営者や投資家の間でも無関心が広がっているという危機感です。また当時すでに，環境汚染や放射性廃棄物の処分など，科学的，

技術的な要素を含む社会問題が人々の関心の的となっていました。とこ
ろが科学者たちの目には，一般の市民ばかりか政治家や行政官なども，
こうした政策に関わる科学技術に対して無関心であったり，敵意を抱い
たりしているように映ったのでした。これでは，産業でも公共政策でも
科学技術が十分に活用されず，他国に遅れをとったり良い政策決定がで
きなくなったりするのではないかというのが，科学者たちの懸念でした。

　そこで，学校教育で理科や数学に力を入れるだけでは不十分であり，
大人も含む市民の科学に対する理解を直接高める対策が必要だと考えら
れるようになります。科学技術への理解増進の必要性を訴える議論や，
それを踏まえた政策は，その後，日本を含む他の先進諸国でも広く行わ
れるようになりますが，ボドマー教授らの委員会が1985年にまとめた
報告書（Royal Society, 1985）[1]は，そのはしりであったと言えます。

　報告書では，市民の科学理解を高める処方箋として，学校教育やマス
メディアの役割が強調されたほか，産業界において，技術系の人材が早
い時期から経営に関わる仕事を担うべきといった提案もなされました。
科学者自身が専門分野や研究について分かりやすく伝える能力を身につ
けるよう努力するほか，王立協会や学会がそうした科学者の活動を促し，
支援すべきであるという提言も盛り込まれました。

　市民の科学理解（PUS）という言葉は，これ以降，科学と市民の関係を
議論する上でのキーワードになっていきます。

（2）科学に対する不信と「欠如モデル」批判

　PUSに関する報告書は，科学技術をめぐる不確実性について市民が理
解することの重要性も指摘していました。原子力発電所や自動車のシー
トベルト，高速道路のスピード規制などの例も挙げつつ，絶対に安全（「ゼ
ロリスク」）な技術は存在しないことや，あらゆる意思決定が，さまざま
なリスクと，それらに対処するコストとの釣り合いの中で行われるもの
であることに対する市民の理解が大切だと強調されました。「リスク社

1　委員長の名前から「ボドマー報告書」とも呼ばれます。

会」という言葉こそまだ用いられていませんが，人間の営みによって生じる不確実性への対処が現代社会の大きな課題であり，市民もその状況に備える必要性があることが明確に述べられていました。しかし他方で，市民参加の視点は希薄でした。市民は，理解を促す対象，教育の対象としては重視されているものの，間接的に政策に影響を与える存在にすぎず，意思決定の担い手としては位置づけられていませんでした。

　そして，PUS という枠組みは 1990 年代にかけてその不十分さを批判されるようになります。その急先鋒に立ったのは科学技術社会論の研究者たちでした。批判の最大のポイントは，既存の PUS の考え方が，「市民が科学に無関心だったり，敵意を抱いたり，新たな技術の導入に反対したりするのは，かれらに知識が足りないからだ」という，あまりに単純で疑わしい認識を前提としていることでした。こうした認識は，市民の側の知識の欠如だけに問題を帰属させていることから，「欠如モデル」と呼ばれ，槍玉に挙げられるようになります。

　「欠如モデル」批判の議論では，科学技術に対する無関心や反発には，本来，もっと幅広い背景があるはずだということが，社会調査の結果も踏まえて指摘されました（Wynne, 1992 = 2011）。例えば市民は，最終的な結果としての科学的知見だけでなく，それを生み出す過程である調査研究の進め方や，それに携わる専門家が信頼に足る存在であるのかといったことも吟味の対象としていることが分かってきました。だれの依頼で，どんな予算を使って行われている研究なのか，透明性は確保され，批判に対して開かれているのか，といった点についても市民は注目しているのであって，そうした意味で，市民を一方的に理解の不足した存在として位置づける「欠如モデル」は批判すべきものとされました。

　現実に，1990 年代の欧州では，科学技術やそれを担う専門家に対して，市民から厳しいまなざしが向けられる事態が生じていました。その 1 つの典型が，遺伝子組換え作物（GM 作物＝コラム参照）に関する論争です。GM 作物の導入をめぐり，欧州では 1990 年代半ばから 2000 年代にかけて，開発企業や環境保護団体，一般の市民も巻き込んだ社会的な論争が繰り広げられました。この際，企業や科学者は，GM 作物に対する

>
> 　1960 年代から 70 年代にかけて，分子生物学の発展に伴い，ある生物から有用な性質を持つ遺伝子を取り出して，別の種の生物に組み込む遺伝子組換え技術が生み出されました。この技術は，ヒトの生存に欠かせないタンパク質を作る遺伝子を微生物に組み込んで効率的に生産させるなど，医薬品の製造にも用いられています。
>
> 　遺伝子組換え（GM＝genetically modified）作物は，この技術を農作物の品種改良に応用したものです。GM 作物の商業栽培は 1990 年代半ばから始まり，2018 年現在，米国やブラジル，アルゼンチン，カナダなど 26 カ国で栽培されています。実用化されているのは，主に，生産の省力化やコストダウンを狙いとした害虫抵抗性や除草剤耐性などの性質を付加したものです。油脂や油かすをとったり，飼料用としたりする目的で栽培されている作物が中心で，大豆やトウモロコシ，ワタ，ナタネが大半を占めます。一部では，寒さや乾燥などの不利な環境条件に対して強い性質を持たせたり，特定の栄養価を高めるなどの機能を付加したりした作物も開発されています。
>
> 　GM 作物に対しては，食品としての安全性や，環境への悪影響への消費者の不安が根強くあり，欧州や日本でも，1990 年代から 2000 年代にかけて，大きな社会的論争が巻き起こりました。日本の場合，海外で生産された GM 作物は，政府による安全性の確認を経たものが，食用油や食用のでんぷん，飼料などを中心に，すでに国内にも多く輸入され用いられています。ただ，消費者の不安は根強く，日本国内では，食品や飼料として用いる目的での GM 作物の商業栽培は行われていません。

懸念，反発の高まりに対して，食品としての安全性や，環境影響の面でも心配がないことを理解してもらおうと，科学的な側面からの情報発信を盛んに行いました。まさに欠如モデルに基づく対応がとられたのです。

　しかし実際には，GM 作物に対する市民の疑問は，人の健康や生態系への影響だけにとどまるものではありませんでした（平川，2018a，2018b）。市民の間では，GM 作物の利用をだれが決定し，それによりだれが利益を得るのか，消費者は GM 製品を買うか否かを選択できる手段を与えられていないのではないかなど，自らのあずかり知らないところで新たな技術が導入されようとしていることへの反発がありました。また，政府は GM 作物を開発する企業を効果的に規制できるのか，予見できない悪影響が起こった場合の対応は検討されているのかなど，リスク評価

や規制を担う公的機関や専門家への信頼という点でも疑問は高まっていました。

　1990年代の英国では，GM作物をめぐる論争に加えて，「科学技術への市民参加」の必要性が認識される契機となる，決定的な事件が起こりました。BSE（牛海綿状脳症）をめぐるスキャンダルです（コラム参照）。1980年代に英国でBSEが発見された当時，英国政府は，BSEが人間に感染する危険性は極めて小さいという専門家の意見を根拠として，十分な情報公開や，消費者との議論をすることなしに，牛肉の安全性を一方的に広報し続けました。ところが後に，BSEに感染した牛を食べたことを原因として変異型クロイツフェルトヤコブ病を発症する患者が現れます。1996年にこの事実が政府から公表されると，英国社会は大混乱に陥り，政府や科学者に対する信頼は損なわれました。

（3）「欠如モデル」から「対話」へ

　BSE問題での失敗を受けて，英国では不確実性を伴う問題をめぐる政策決定や，そうした場面における科学の役割について議論が起こります。この問題は，議会上院の科学技術特別委員会でも調査，審議の対象として取り上げられました。同委員会は100を越す関係団体と専門家への聞き取りや，外国での先進的な取り組みの視察を行い，2000年に報告書「科学と社会」（House of Loads, 2000）をまとめました。この分野の展開を知る上で，最も重要な文献の1つです。

　報告書は，英国において，産業界や政府などでPUS活動が広がりを見せていることを評価しつつも，BSE事件などの経験を踏まえて，PUSの考え方を，「科学と社会の関係に関するあらゆる困難が，全面的に市民側の無知と誤解によるものであり，十分なPUS活動を行うことで，市民はより多くの知識を得て，すべてはうまくいくであろう，という上から目線の仮定」を含むものであると批判しました。報告書によれば，調査に協力した参考人の中には，PUSは「時代遅れで大損害を引き起こしかねない」考え方であると非難する人もいました。他の多くの参考人も，少なくともPUSは「不十分」であるという意見で一致しました。

コラム　英国の BSE 問題

BSE（bovine spongiform encephalopathy，牛海綿状脳症）とは，牛の脳細胞が破壊され，異常行動や運動失調を引き起こす伝染性の病気で，罹患した牛は最終的には死に至ります。BSE に感染した牛の肉や骨で作られた飼料が，他の牛に与えられたことで伝染し，1980 年代半ば以降，英国を始め世界各地で発生しました。日本でも 2001 年から 2009 年の間に 36 頭の BSE 感染牛が見つかっています。各国で飼料規制などの対策がとられ，日本では 2003 年以降生まれの牛からは BSE が発見されておらず，世界的にも沈静化してきていますⁱ。

1986 年に英国内で最初の BSE 感染牛が見つかった後，英国政府の担当者たちは食肉産業への打撃を懸念し，BSE に関する情報を公開せず，法的措置に対しても消極的でした。政府が設置した専門家委員会が 1989 年にまとめた報告書では，英国内での BSE 感染牛の発生は累計で最大 1 万 7000 頭〜2 万頭となるとの予測とともに，「人間への感染の危険性はありそうにない」という結論が出されました。報告書には，人間への感染の可能性が非常に低いとの評価が間違っていた場合，大変深刻な結果となるという留保もついていましたが，この記述には十分な注意が向けられませんでした。英国政府は，BSE 拡大を抑えるため牛など反芻動物に由来する飼料を反芻動物に与えることは禁止しましたが，消費者向けには「牛肉を食べても安全である」という情報発信を続けたのです。

ところが，予測に反して BSE 感染牛の数は増え続け，ピーク時の 1992〜93 年には，年間 3 万数千頭にも上りました。そしてついに英国で，BSE 感染牛を食べたことを原因として変異型クロイツフェルトヤコブ病となった患者が発生します。1996 年に，政府からこの情報が発表されると英国社会はパニックに陥り，政府や科学者に対する人々の信頼は大きく損なわれました（神里，2005a；小林，2007）。英国以外でも同様の患者が発生し，2000 年代の半ば頃までに世界全体での患者数は 160 人以上に上りました。

その後の研究で，BSE は異常プリオンというタンパク質によって引き起こされるという見方が定説になっています（神里，2005b）。しかし，英国政府の委員会が対策を検討した 1980 年代末の時点では，ウイルスなどを原因とする説も競合しており，原因物質や，人間に感染する可能性があるか否かも，明らかではありませんでした。そうした状況において，政府が牛肉の安全性を強調するメッセージを発し続けたことが最大の問題でした。

1980 年代に英国で BSE が発生した時点では，BSE の原因に関する知見は不十分であり，人間への感染可能性について科学に頼って判断を下すことはできない状態にありました。後に一連の失策を検証した英国政府の別の委員会は，こうした状況における意思決定では予防的措置が重要であることを強調していますⁱⁱ。予防的措置とは，環境や人の健康に重大で不可逆な悪影響を及ぼす恐れがある場合，科学的根拠が不十分であっても対策を先延ばししてはならないと

いう考え方に基づいて行われる施策のことです。このような措置の基本となる
考え方は，予防原則と呼ばれることもあります。

　検証委員会の報告書は，食品安全やワクチン接種など不確実性を伴う問題に
関する意思決定では，不確実性も含めて情報を公開することが何よりも重要で
あるとも述べています。疑問点をめぐってオープンな議論がなされることに
よってしか，政府や専門家に対する本当の意味での信頼は生まれないというの
が，BSE事件の最大の教訓の1つでした。

i　厚生労働省ウェブサイト（https://www.mhlw.go.jp/stf/seisakunitsuite/bunya/kenkou_
iryou/shokuhin/bse/index.html，2020年6月27日閲覧）を参照。
ii　検証結果は全部で16巻からなる報告書 *The BSE Inquiry*（2000年）として公開されていま
す。主な結論をまとめた第1巻だけで約300ページにのぼります。（https://webarchive.
nationalarchives.gov.uk/20060802142310/http://www.bseinquiry.gov.uk/，2020年6月27日
閲覧）

　「欠如モデル」をはらんだPUSに代わるもの，またはそれを補うもの
として報告書が強調したのが対話です。科学技術の専門家が，市民に理
解させようと一方的に情報提供するようなスタイルではなく，専門家の
側も市民の声に耳を傾け，社会に存在する多様な価値観について理解を
深め，科学技術が人々にどのように受け止められているのかを知りつつ，
社会の中での科学技術のあり方を考えるような方向性に向かうべきだ，
というのが報告書の論旨でした。これを端的に指し示すキーワードとし
て，対話に加えて，"Engaging the public"（「市民参加を進める」）という
表現も用いられました。

　20世紀末から21世紀初頭にかけて起こった，この転換は「欠如モデ
ルから対話へ」とか，「PUSからPEST（public engagement with sci-
ence and technology）へ」などと表現されます。PESTは，本書で言う科
学技術への市民参加と同義と捉えて差し支えありません。

　「科学と社会」報告書は，その後半で1章分を割いて，英国を含む欧州
諸国や米国などで起こり始めていた科学技術への市民参加の取り組みの
実例をつぶさに紹介し，10種類の市民参加の手法を取り上げました（**表
2-1**）。今では日本でもよく知られた手法も含まれていますが，当時，科
学技術への市民参加の分野では，これらのアプローチが英国においても
目新しいものであったこと，科学技術への市民参加が，手法とその適用

表2-1 「科学と社会」報告書で紹介された市民参加の手法

手法	概要と英国内での適用例など
国レベルのパブリック・コンサルテーション	ワークショップと大規模質問票調査の組み合わせなどで実施される。英国での実施例は生命科学研究への規制（1998），ヒト・クローン（1998）など。
地方レベルのパブリック・コンサルテーション	地域諮問フォーラムや無作為抽出によるフォーカス・グループ，質問票調査などの組み合わせ。ハンプシャー州での家庭ごみの処理（1993-95）など。
討論型世論調査	対象地域の縮図となる数百人の市民が集まって議論。前後に質問票調査を行う。かなり大ざっぱな，1回限りの市場調査の手法である。
常設型諮問パネル	民間調査会社と大学が協力して，内閣府向けに構築された People's Panel という全国5,000名の無作為抽出パネルがある。政策満足度の調査などに活用。
フォーカス・グループ	典型的な市民約10名が，ファシリテーターの進行で約2時間議論。テーマに関する人々の意見や，背後にある要因の質的解明に活用。
市民陪審	12〜20人の一般市民が，テーマについて専門家の話を聞いて議論し最後に勧告を行う。科学技術の問題に限らず自治体や政府機関によって幅広く活用。
コンセンサス会議	デンマークで生まれた，科学技術への市民参加に特化した市民参加の手法。16人前後の一般市民が，専門家の証言も聞きつつ議論し，最後に報告書を作成。GM作物（1994），放射性廃棄物の管理（1999）など。
ステークホルダー対話	テーマに対して明確な意見を持つ利害関係者による参加の手法。北海油田の石油貯蔵施設の廃棄問題をめぐり，環境保護団体の反対を受けたシェル社が実施。利害関係者と対話しながら，廃棄計画を立案。
インターネット対話	サイバー空間上での市民参加の議論。手軽さや記録の容易さなどの利点の一方，参加者が偏りやすいという短所も。市民の科学理解（1998），データ保護法（1999），女性の高等教育の経験（1999）など。
フォーサイト	専門家の議論を通じた，社会や経済の将来予測。市民は直接議論に参加しないが，市民が将来の変化について知り，それに備える手だてを提供する。

出典：英国議会上院科学技術特別委員会「科学と社会」報告書（House of Loads, 2000）第5章の記述をもとに筆者作成。説明は報告書の記載を要約したものであり，必ずしも各手法の標準的な内容を示すものではない。

を基軸として広がったことが読み取れます。

　中でもコンセンサス会議は，科学技術への市民参加に特化した手法として 1980 年代にいち早くデンマークで考案され，その後，英国を始めとする欧州諸国や，日本も含む世界各地に広がりました。

2. 参加型テクノロジーアセスメントとコンセンサス会議

（1）テクノロジーアセスメント（TA）

　コンセンサス会議は 1987 年，デンマーク技術委員会（DBT）というデンマークの政府機関の活動の中から生まれました。DBT は，独立の立場で科学技術の社会的影響を評価し，議会や行政機関に助言する役割を担うため 1986 年に設置された機関でした[2]。こうした役割は一般にテクノロジーアセスメント（TA）と呼ばれ，欧米諸国では，TA 機関という専門の組織が議会の付属機関や独立機関などとして設けられています。DBT は，当時デンマークに発足したばかりの TA 機関でした。

　TA の仕組みが世界で最初に整えられたのは，1970 年代の米国です（田中，2007）。1960 年代に環境問題が深刻化したり，宇宙開発を始めとする巨大科学による財政支出が膨らんだりする中で，科学技術の負の社会的影響に備えるとともに，科学技術の活動を民主的にコントロールする道が模索されます。そして，新たな科学技術がもたらす正負両面の影響を評価し，その結果を主に議員への助言や情報提供を通じて政策立案や予算編成に生かす仕組みとして，TA が生まれました。具体的には，1972 年に制定された TA 法により，連邦議会の立法補佐機関として，専門のスタッフを擁した「技術評価局（OTA）」という TA 機関が設置され，活動を始めました。OTA による活動は，評価の対象として取り上げた新たな技術について，分野や立場の異なる多様な専門家や利害関係者の知見を集めて評価する形で進められました。各プロジェクトは 1 年以上かけて行われ，その都度，詳細なレポートが出版されました[3]。

---

[2]　DBT は 2012 年，デンマークの行財政改革の影響を受けて，政府機関としては廃止され，民間財団に改組されましたが（三上，2012），その後も活動の幅を広げつつ存続しています。

西欧諸国でも 1980 年代から 90 年代初頭にかけて，デンマークのほか，フランスやオランダ，英国，ドイツなどで TA 機関が相次いで設置されます。これらは米国の OTA をお手本にしていましたが，欧州独自の展開もありました。とくに画期的だったのは，デンマークやオランダなどで，TA に市民参加を導入するというアイデア（参加型 TA）が生まれたことです。OTA によって確立された TA の進め方は，幅広い分野，立場の専門家から個別にヒアリングしたり，ワークショップで議論してもらったりして，多角的に科学技術の社会的影響の評価を行うものでしたが，参加型 TA は，その範囲をさらに広げ，対象となる科学技術について専門知識や強い意見を持たない一般市民も巻き込みます。バイオテクノロジーにせよ，最先端の情報通信技術にせよ，それらが社会の中に持ち込まれて実際に用いられるようになれば，良くも悪くもその影響は一般の人々にまで及びます。参加型 TA の考え方は，一般市民も潜在的には利害関係者であるという発想に基づいて生み出されたのでした。

（2）コンセンサス会議

TA を参加型で行うというアイデアを具現化するために DBT が編み出したのが，コンセンサス会議でした。コンセンサス会議は，1990 年代以降，他の欧州諸国に加えて，日本や韓国，台湾など東アジアを含む世界各地に紹介され，実践されました（日本への紹介，導入の状況については第 3 章や第 5 章を参照）。科学技術への市民参加の代表的な手法の 1 つですが，2000 年代半ば頃まで世界各地で広く行われた後は，発祥の地であるデンマークでも他の国でも，あまり用いられなくなっています。

コンセンサス会議は，一般からの公募や抽選で選ばれた年代や居住地域，職業などが多様な 20 人前後の男女が，新たな科学技術の問題について話し合う会議です。市民パネルと呼ばれる参加者は，専門家とも直接対話をして学習しつつ，議論を深め，最終的に市民パネル全員の合意（コンセンサス）で，議論の対象となる科学技術を社会の中でどのように取

---

3 OTA は 1995 年，米連邦議会改革の一環として廃止されますが，その後，議会内の別組織である政府監査院が TA の機能を担っています。

表2-2　コンセンサス会議の流れ

日　程	内　容
準備会合 （2回程度）	・基礎的な情報提供 ・「鍵となる質問」の作成と，専門家候補の選出
この間，2-3ヶ月程度の準備期間	
本会議 1-2日目	・専門家による「鍵となる質問」への回答 ・質疑応答，専門家と市民パネルの討論
本会議 3日目	・市民パネルによる議論（非公開） ・提案文章の作成（非公開）
本会議 4日目	・提案文書の発表と，専門家によるコメント ・市民パネル以外の参加者も交えて討論

出典：若松（2010），篠原編（2012）などをもとに筆者作成。

り扱うべきかについて提言をまとめます。提言には，開発や利用の望ましい方向性や適用範囲などのほか，急速な開発に対する牽制とも言える批判的意見が含まれることもあります。

　市民パネルの提言はすぐに公表され，メディアなどでも報道されるほか，専門家による情報提供の内容や，議論の経過も含めた詳しい報告書にまとめられます。DBTのようなTA機関が実施する場合，この提言や報告書が，議員や行政機関の政策立案のための参考意見として用いられることになります。1990年代以降，このコンセンサス会議のモデルが欧州諸国を始めとして日本を含む世界中に広まると，狭義の参加型TAという枠組みを越えて，さまざまな主体がコンセンサス会議を主催することになります。行政機関が主催する場合だと，コンセンサス会議の結果が政策形成に直接的に活用されたり，専門家集団が実施する場合は，研究開発の方向性に影響を与えたりします。

　ここでは，①開催決定・準備，②準備会合，③本会議の3つのステップからなる，コンセンサス会議の標準的な方法を紹介します（**表2-2**）。

① 開催決定・準備

　TA機関が主催する場合は，TA機関がテーマを設定して会議を企画しますが，日本のようにTAが制度化されておらず，広い意味での市民

参加の方法としてコンセンサス会議を用いる場合には，研究者グループや市民団体などが，スポンサーを探し，資金が調達できた段階でスタートする場合がほとんどです。

　ここで強調すべきことは，コンセンサス会議は，資金を提供するスポンサーとは独立した第三者によって，運営されるということです。運営者は一般的に，企画立案から実施，報告書の作成までの全体を，公正かつ透明性をもって運営できる「運営委員会」と，そのもとで会議運営の実務を担う「事務局」とで構成されます。これは，コンセンサス会議の対象となる科学技術は，多くの場合，社会的論争またはその一歩手前の状態にあり，対象となる問題をどのような角度から切り取るかというフレーミングの問題や，どのような専門家が情報提供をするかといった会議運営の大枠が，市民の提言の内容に影響を与えるからです。そのため運営委員会の委員の構成が非常に重要になります。

　運営委員会では，会議開催までのスケジュール，会議を司会し市民パネルの話し合いを支援するファシリテーターの選考，関係する専門家のリスト作成，市民パネルにテーマを説明する文書の準備などを行います。市民パネルは公募形式で募集されます。希望者は，参加動機などを添えて申し込み，運営委員会は年代や性別，学歴，職業，居住地域などのバランスを考慮して，20人程度の市民パネルを選びます。

② 準備会合

　市民パネルが決まったら，本会議の2〜3ヶ月前に準備会合が開催されます。準備会合の目的は，（a）市民パネルがテーマについての情報を得て理解を深めること，（b）本会議で専門家から直接情報提供を受けるための質問状（「鍵となる質問」）を作成し，どのような専門家に答えてほしいかを決めること——の2つです。

　市民パネルによる「鍵となる質問」の作成と，それに基づいて本会議に参加する専門家を選ぶ方式は，コンセンサス会議の大きな特徴です。運営主体や専門家の側が，コンセンサス会議で議論する内容を一方的に決めるのではなく，市民パネルが，対象となる科学技術の課題をどのような問題として捉えるかを考え，その問題を深く考えるためにはどのよ

うな専門家の意見を聞くべきかを決定するのです。

　市民パネルから，どのような専門家に参加してもらうかの方針が示された後，運営委員会や事務局は，作成していた専門家リストに基づき，専門家パネルの人選，調整を行い，本会議の最終的な準備を進めます。

③　本会議の開催

　本会議は 3〜4 日間，連続で行われます。まず，複数の専門家が市民パネルの鍵となる質問に回答しつつ，市民パネルからの問いかけに関連する知識や視点を提供します。この専門家による回答の部分は公開で行われることが多く，報道関係者や対象となる問題に関連する利害関係者，行政職員のほか，一般市民も傍聴します。可能な限り議論を公開することで，会議の透明性と社会的信頼性を高めると同時に，議論の対象となっている問題が広く社会の中で共有されることになります。

　その後市民パネルは，非公開の場で最終文書（合意文書）を作成します。この文書作成は，市民パネル自身がファシリテーターの支援を受けて話し合いつつ，会議の終盤 1〜2 日程度をかけて行われます。最終的にこの合意文書は，公開の場で発表され，専門家との質疑などを経て，必要に応じて修正した上で最終文書が確定します。会議の結果は，議論の過程も含めた報告書にまとめられ，政策決定のための参考意見として用いられるほか，メディアを通じて報道されるなどの形で，さらなる社会的議論に生かされます。

3. 科学技術への市民参加の展開

(1) ミニ・パブリックス

　興味深いことに，欧米諸国では 1970 年代から 80 年代にかけて，科学技術以外の分野でも，コンセンサス会議に類似した市民会議の方法が互いに独立した文脈で複数編み出されました。これらは，その後に生まれた同種の方法も合わせて，現在では「ミニ・パブリックス」（篠原編，2012）と総称され，科学技術への市民参加の方法としても多用されています。ミニ・パブリックスの手法（**表 2-3**）は，参加者数や期間，結果のまとめ方などはさまざまですが，次のような共通の特徴を有しています。

　第1は参加者の集め方です。対象の社会全体（ある町や地方，国全体など）の縮図となるように一般市民を集めます。参加者の募集は，公募で行う場合もありますが，より徹底した形では，住民名簿などから無作為抽出で選んだ人たちに招待状を送ります。どちらの場合でも，集まった応募者の中から，年代や性別，居住地域，学歴などが，当該社会全体の構成になるべく近づくよう，層別に抽選する方法がとられるのが一般的です。テーマとなる技術に関わる職業や市民活動に携わっているなど，初めから強い利害関心や専門性を持つ人たちは，専門家として情報提供する側に位置づけ，募集の段階で除外される場合もあります。

　第2はバランスのとれた情報提供です。とくに科学技術に深く関わる問題では，肝心な論点について専門家の間でも意見が分かれることが少なくありません。また，GM作物の栽培にせよ，エネルギー政策にせよ，何か1つの問題を取り上げたとしても，そうした社会的争点になるような問題を議論する上では，多くの場合，自然科学系はもちろんのこと，人文社会系も含めた多様な専門分野の知見を集めることが必要です。ミニ・パブリックスの参加者は，詳しい予備知識を持たない一般の市民です。そこで，バランスよく編集された情報資料を事前に参加者に提供して読んでもらったり，当日，複数の専門家のレクチャーを聞いたり，質

表2-3　ミニ・パブリックスの代表的手法

	計画細胞会議	市民陪審	コンセンサス会議	討論型世論調査	市民議会	市民討議会
発祥地（年）	ドイツ（1973）	米国（1974）	デンマーク(1987)	米国（1988）	カナダ（2004）	日本（2005）
人数	100-500人	12-26人	10-25人	100-500人	100-160人	20-50人
日程	4-5日	4-5日	7-8日	2-3日	20-30日	1-4日
参加者の選出方法	無作為抽出	無作為抽出	無作為抽出＋公募	無作為抽出	無作為抽出＋公募	無作為抽出
結果のまとめ方	投票と参加者による意見書作成	参加者による意見書作成	参加者による意見書作成	参加者への質問票調査	詳細な提言・勧告	会議中に出されたアイデアへの投票

出典：Harris（2019）をもとに，一部，篠原編（2012）の情報も加えて筆者作成。

疑応答をしたりする時間を設けるなどの形で，テーマについて学習する機会が組み込まれています。

　第 3 は，参加者全体で，または小さなグループに分かれての熟議です。ミニ・パブリックスのプログラムの中でも，この部分は情報提供者である専門家を交えず，参加者だけで行われることが一般的です。傍聴者も受け入れずに非公開で行われるケースもあります。グループでの話し合いに慣れていない参加者も議論に参加しやすいよう，専門のファシリテーター（進行役）が各グループに付いて，議論の進行をサポートします。議論を活性化しつつも，特定の方向に話を誘導しないようにするため，ファシリテーターには経験とスキルが求められます。情報提供を通じて学習した内容を踏まえつつ，自分とは異なる意見に互いに触れ合うことで，各参加者の意見が深まりつつ変容したり，新たな意見が生み出されたりといったダイナミズムが生じることが，ミニ・パブリックスの肝と言えます。なお会議の運営は，テーマに対する直接の利害がない独立の立場にある運営者が担うことが重要です。先に説明したコンセンサス会議の場合，運営委員会がそれに当たります。

　第 4 は会議のアウトプットです。コンセンサス会議など，参加者が十数人から 20 人程度のミニ・パブリックスでは，提言や勧告などの文書を全員の合意でまとめるのが一般的です。より多人数の場合は，あらかじめ決められた論点や質問項目に対する投票や，質問紙調査によって全体の意見を把握します。第 4 章と第 5 章で紹介する討論型世論調査のように，討論前後に同じ質問項目からなる質問票調査を行い，情報提供や熟議を経た後の意見を，変化も含めて把握する方法もあります。こうして集約された結果は，報告書や報道発表などを通じて公表され，政策決定のための参考意見や，さらなる社会的議論の土台として活用されます。

　「科学と社会」報告書の市民参加のアプローチ（**表 2-1**）の一覧に，コンセンサス会議と並んで挙げられていた市民陪審と討論型世論調査も，ミニ・パブリックスの一種です。どちらも，元は科学技術分野に特化した手法ではありませんでしたが，市民陪審は 1990 年代以降，英国などで科学技術への市民参加にも広く用いられてきました。討論型世論調査も，

科学技術の分野に限らず用いられてきた手法ですが，米国では，エネルギー政策などのテーマにも適用されてきました（第4章で紹介するように，日本でも，福島第一原子力発電所事故の後のエネルギー政策をめぐる議論に用いられました）。

（2）大規模化とグローバル化

　近年の趨勢として，ミニ・パブリックスを始めとする市民会議を用いた科学技術への市民参加のアプローチは，大規模なものや，多国間，グローバルに展開するものへと力点が移行してきています。

　それを象徴するのが，本書の第13章で詳しく紹介する「世界市民会議（World Wide Views）」です。2009年に始まったもので，世界数十カ国で同じ日に，同じテーマ，同じ議題や情報資料を使い，100人規模のミニ・パブリックスを同時に開催します。インターネットを通じて各地の投票結果をリアルタイムで集約し，分析も加えた上で国連の会議などに届けます。2015年に「気候変動とエネルギー」をテーマとして開かれた会議では，世界中で約1万人が参加しました。

　また同年に気候変動対策に関するパリ協定が採択されて以降，脱炭素社会の実現に向けた政策を議論するため，「市民議会」という100人以上の大規模なミニ・パブリックスが，欧州各地の政府や議会，地方自治体の主催で開かれるようになっています。

　こうした大規模化，多国間化の背景には，市民参加の場を設計し運営するコストと，それによって得られる成果，つまり費用対効果に対する評価がシビアになってきていることがあるでしょう。その中には，市民参加による議論の結果を政策決定の参照意見として用いる場合，参加者が本当に社会全体を代表する集団であるかが，より厳しく問われるようになっていることも含まれます。加えて，気候変動などの地球規模の課題に関しては，市民参加も1つの国や地域に閉じていては限界があり，そのことが世界市民会議のような多国間の取り組みを促している側面もあります。国際的な市民参加の取り組みを後押ししてきた要因としては，この間のインターネット技術の発展・普及も挙げられます。今後，会議

自体のオンライン化の進展を含めたさらなる展開が注目されます。

（3）アップストリーム・エンゲージメント

　「欠如モデルから対話へ」の変化の 1 つの契機であった GM 作物の問題に関して，英国では 2003 年，政府が主催して全国で大規模な市民参加の議論（"GM Nation?"）が行われました。6 週間にわたって，全国 6 カ所での本会議と，それらに連動する形で各地の自治体や市民団体などが行う 600 を越す地域会議が行われ，合わせて約 2 万人が参加しました。これらの議論から，多くの市民が GM 作物に対して不安を抱いているだけでなく，GM 作物の開発を進める企業や，政府に対しても不信感を抱いていることが改めて明らかになりました。

　"GM Nation?" はイベントとしては徹底したものであり，その意味では画期的でしたが，政策決定への影響はあいまいなままであり，参加者の間には不満が残りました（Horlick-Jones *et al.*, 2007）。

　GM 作物・食品をめぐる議論は，どのようなタイミングで市民参加を行うべきかについても重要な教訓を残しました。改めて考えてみれば，この問題で市民の疑問が噴出したのは，1970 年代には確立していた GM 技術が作物の品種改良に応用され，さらにその後，商品が市場に出回るようになった時点でした。その段階に至ってから，問題の背景にある倫理的，社会的な諸問題が，市民会議のような議論の場で話題に上り，市民の声として報告書に書き込まれたとしても，それらに応答して研究開発の方向性を変化させることは，すでに困難です。もっと早く市民参加を行っておくべきだったのではないか，という反省が，ここから生まれてきます。

　そうした反省を端的に表すのが，「アップストリーム・エンゲージメント」（Wilsdon and Willis, 2004）という考え方です。新たな技術が，研究開発途上の萌芽的な段階を経て，実用化され，商品として市場に出回るまでを川の流れにたとえて，その「上流」で市民の関与を行い，研究開発の方向性にも市民の声を反映させるべきだという考え方です。これに基づいて，2000 年代中頃から，ナノテクノロジーなどの分野でこうした上流での参加の試みもなされるようになりました。

アップストリーム・エンゲージメントの考え方は，新たな科学技術の社会的影響を，利害関係者や一般市民の参加も得て事前に評価するという意味では，参加型 TA の中にも潜在的には含まれていたものでした。2010 年前後からは，そのような蓄積も踏まえつつ，科学技術の専門家や一般市民も含めた関係者が，研究やイノベーションの公正さを実現するために協働するプロセスを，より包括的で体系的な枠組みとして構想する試みが出てきます。こうした最近の動向については，本書の第 12 章や第 15 章で改めて触れたいと思います。

🎸 研究課題

1 「PUS（市民の科学理解）」の考え方に欠けていたものは何かという観点から，科学技術への市民参加の意義を改めて考えてみましょう。
2 参考文献も使いながら，GM 作物や BSE の問題について調べ，それらの問題がなぜ科学技術への市民参加の必要性が広く認識される契機となったのかを考えてみましょう。
3 ミニ・パブリックスを用いるのにふさわしいテーマとして，どのようなものが考えられるでしょうか。具体的なテーマを挙げ，ミニ・パブリックスが効果的である理由や，用い方を考えてみましょう。

引用・参考文献 （さらなる学習にあたってとくに参考にしたい文献は太字で示しました）

藤垣裕子・廣野喜幸編（2008）『科学コミュニケーション論』東京大学出版会.
Harris, C. (2019) "Mini-publics：design choices and legitimacy," S. Elstub and O. Escobar(eds.) *Handbook of Democratic Innovation and Governance*, Edward Elgar, pp. 45-59.
平川秀幸（2018a）「遺伝子組換え作物問題を通じて考えるリスクコミュニケーション(1)——問題をどのようなフレーミングで理解すればよいか」平川秀幸・奈良由美子編著『リスクコミュニケーションの現在——ポスト 3.11 のガバナンス』放送大

学教育振興会，pp. 90-109.

平川秀幸 (2018b)「遺伝子組換え作物問題を通じて考えるリスクコミュニケーション (2)——全米アカデミー報告書に基づいて」平川秀幸・奈良由美子編著『リスクコミュニケーションの現在——ポスト 3.11 のガバナンス』放送大学教育振興会，pp. 110-28.

Horlick-Jones, T., J. Walls, G. Rowe, N. Pidgeon, W. Poortinga, G. Murdock, and T. O'Riordan (2007) *The GM Debate : Risk, Politics and Public Engagement*, Routledge.

House of Lords (Select Committee on Science and Technology) (2000) *Science and Society : Third Report*, House of Lords, UK Parliament.

神里達博 (2005a)「BSE/牛海綿状脳症/狂牛病にみる日本の食品問題」藤垣裕子編『科学技術社会論の技法』東京大学出版会，pp. 101-31.

神里達博 (2005b)『食品リスク——BSE とモダニティ』弘文堂.

小林傳司 (2007)「BSE の経験」小林信一・小林傳司・藤垣裕子編著『社会技術概論』放送大学教育振興会，pp. 23-39.

三上直之 (2012)「デンマーク技術委員会 (DBT) の「廃止」とその背景」『科学技術コミュニケーション』11，pp. 74-82.

三上直之 (2020)「テクノロジーアセスメント」藤垣裕子編『科学技術社会論の挑戦 2　科学技術と社会—具体的課題群』東京大学出版会，pp. 127-48.

Royal Society (1985) *The Public Understanding of Science*.

標葉隆馬 (2020)『責任ある科学技術ガバナンス概論』ナカニシヤ出版.

篠原一編 (2012)『討議デモクラシーの挑戦——ミニ・パブリックスが拓く新しい政治』岩波書店.

田中久徳 (2007)「米国における議会テクノロジー・アセスメント——議会技術評価局 (OTA) の果たした役割とその後の展開」『レファレンス』57 (4)，pp. 99-115.

若松征男 (2010)『科学技術政策に市民の声をどう届けるか——コンセンサス会議，シナリオ・ワークショップ，ディープ・ダイアローグ』東京電機大学出版局.

Wilsdon, J. and Willis, R. (2004) *See-through Science : Why Public Engagement Needs to Move Upstream*, Demos.

Wynne, B. (1992) "Misunderstood misunderstanding : social identities and public uptake of science," *Public Understanding of Science* 1 (3), pp. 281-304.（立石裕二訳 (2011)「誤解された誤解——社会的アイデンティティと公衆の科学理解」『思想』1046, pp. 64-103.）

3 | 科学技術への市民参加の日本への導入と展開

八木絵香

　第2章では，科学技術への市民参加の歴史的経緯について，海外の事例を中心に紹介してきました。本章ではそれらの動向を踏まえて，市民参加の手法がどのように国内に導入されてきたのか，また2000年代後半以降，国内の諸状況に影響を受けながら，市民参加の実践がどのように発展してきたのかについて，紹介します。

　その上で，コンセンサス会議，シナリオ・ワークショップ，討論型世論調査などの海外から輸入された手法について解説を加えます。また，それらを踏まえた上で，日本国内において独自に進化を遂げてきた各種手法や事例について解説を加えていきます。

《キーワード》　科学技術に関する市民参加，科学技術基本計画，コンセンサス会議，シナリオ・ワークショップ，フォーカスグループインタビュー，サイエンスカフェ，討論型世論調査，開示フェイズ，収束フェイズ

1.　市民参加をめぐる国内政策の変遷

（1）科学技術をめぐる市民参加

　科学技術への市民参加という言葉が指し示すものの中には，いくつかの活動や概念が含まれますが，その1つは，科学技術をめぐる知識やその背景について，専門性を持つ人が，専門性を持たない人々に伝えるという側面です。それらの活動は「理解増進活動[1]」と総称されるケースが多く，科学館などで開催される実験教室，ワークショップ等の活動によって，その対象者を子どものみならず，大人まで広げつつあります。

　もう1つの側面は，科学技術に関する政策，もしくはその開発や運用

1　第2章では，「市民の科学理解（PUS）」という用語で紹介しましたが，国内では「理解増進活動」という表現が用いられる場合が少なくありません。

について，多くの人が関わり，開かれた討議を行うことによって，民主主義的な科学技術政策を展開するというものです。科学技術のメリットを享受し，場合によってはそのリスクを引き受けなければならない私たちには，異なる価値観や見解をすり合わせつつ，科学技術とうまく付き合っていく方法を見出し，場合によっては科学技術の発展方向の舵取りをする役目を担うことが求められているのです。

第2章では PUS と PEST という概念について説明してきましたが，前者が PUS に対応する市民参加であり，後者が PEST に対応する市民参加の側面であると言うことができます。

（2）「市民参加」以前の科学技術政策への公衆の関与

戦後日本は，科学技術の振興を経済発展の中心におき，その人材育成に力をいれてきました。1956 年に科学技術庁が発足して以降は，科学技術教育の充実と，科学技術普及活動の推進が図られ，全国で科学館施設の設置も進みました。その流れの中で，科学技術の知識を専門家以外の人々にも広める，もしくは科学技術への国民的関心を喚起するという試みが，展開されてきました。この時代は，1970 年の日本万国博覧会（大阪万博）に象徴されるように，科学技術により社会が変わることを夢として唄い，政策としてその啓発活動を邁進することに疑いが少なかった時代，と言い換えることができます。この当時の科学技術と市民の関わりは，双方向を前提としたものではなく，国民が政府の推進する科学技術を理解し，受け入れることを目的とした活動が主流でした。

そのような状況に変化の兆しが見られるのは，1990 年代半ば以降です。日本国内における契機は，1995 年にあると言われています（平川，2010, pp. 52-54）。1 月に発生した阪神・淡路大震災，3 月に発生した地下鉄サリン事件，そして 12 月に発生した高速増殖原型炉もんじゅのナトリウム漏洩事故は，科学的知識の限界や科学者集団への疑念を，社会の側にもたらしました。第2章で紹介した PUS から PEST への変化の流れもうけ，日本国内にも「科学技術への市民参加」という視点が導入されるようになってきたのです。

（3）国内での展開

　それを後押しした背景には，「科学技術基本法」の制定と「科学技術基本計画」の策定があります。国内では，1995 年に「科学技術基本法」が制定され，科学技術に関する政策は，この法律を元に策定される科学技術基本計画（以下，「基本計画」）を元に推進されることになりました。これまで，第 1 期から，第 5 期までの基本計画が策定されており，その中では，科学技術（政策）への市民参加に関する言及があります。

　第 1 期の基本計画（1996 年～2000 年）では，科学技術に関する国民の理解増進施策の拡充と研究者の社会に対する情報発信が謳われ，第 2 期の基本計画（2001～2005 年）では，「社会のための，社会の中の科学技術」というキーワードの元に，一般市民が科学技術にまつわる政策や諸活動に関わることが推進されるようになりました。具体的には，国民が社会の問題について科学的・合理的・主体的判断を可能とする環境整備が必要とされ，後述するような市民参加の活動が日本に定着することに繋がっていきました。

　さらに第 3 期基本計画（2006～2010 年）以降は，「社会・国民に支持され，成果を還元する科学技術」というキーワードのもとに，科学技術への主体的参加の促進が推奨されるようになり，第 4 期（2011～2016 年）の基本計画では，「社会とともに創り進める政策の展開」として，研究開発プロジェクトの基本計画等の公開や，それに対する市民の意見等のプロジェクトへの反映が行われるようになりました。このような基本計画の方向性と整合する形で，1990 年代後半から 2000 年代にかけて，科学技術と社会の間で生ずる問題について，市民や関与者が協働して評価・意志決定し，対処する方法およびシステムの構築を目指した取り組みが，政府主導のもとにも進められるようになっていきました[2]。

　また，近年の科学技術の急速な進展により，人間や社会のあり方と科

2　科学技術振興機構社会技術研究開発センター（RISETX）（https://www.jst.go.jp/ristex/examin/fin/science/science.html）のプログラムがその代表です。本書で紹介する市民参加の実践事例も，これらの支援を受けて展開されたものが少なくありません。

学技術・イノベーションとの関係が密接不可分となっていることを踏まえ，第 5 期（2016〜2010）からは，内閣府の総合科学技術・イノベーション会議（CSTI）が基本計画を策定することになりました。2020 年には，「人文科学のみに係る科学技術」および「イノベーションの創出」を科学技術基本法の振興の対象に加えるなど科学技術基本法等の一部が改正されるとともに，「科学技術基本法」は「科学技術・イノベーション基本法（2021 年 4 月施行）」に変更されました。このように，日本の科学技術政策は，研究開発の成果が社会課題の解決に直接的に資することや，社会の中での新しい価値創造につながることを目指す「科学技術・イノベーション」にその重心を移しつつあります（詳しくは第 7 章および第 12 章でその内容を紹介します）。

（4）開示フェイズと収束フェイズ

　市民参加を考える軸にはいくつかのものがあります。第 1 章の「市民参加の実質化の度合いとその目的（**図 1-3**）」に示した内容は，市民参加の取り組みが，どの程度政策決定に影響を与えているかという観点から整理されたものです。

　本章では，もう 1 つの軸として，政策決定の中でその取り組みが「開示フェイズ」にあるのか「収束フェイズ」にあるのかという観点についても考えます[3]。第 1 章でも述べたように，科学技術に関する市民参加の取り組みは，「意見が異なる人々による熟議的な参加」という概念の中に位置付けて考えることができます（第 1 章コラム参照）。ここまでに記してきた科学技術をめぐる専門家と市民の関係性の変化は，いくつかの社会問題を契機に起こってきたものですが，民主主義のあり方，とくに代

3　この「開示フェイズ」「収束フェイズ」という考え方は，Wilsdon and Willis（2004）が提唱したアップストリーム・エンゲージメント（upstream engagement），すなわち科学技術展開について決定的な意思決定が行われる前の段階で，研究開発の方向性を決める議論に，利害関係者が幅広い市民の意見を取り入れようとする考え方を元に，平川ら（2011）が提唱した枠組みです。本書では，その平川らの議論を元に，さまざまな市民参加型手法の評価という観点から，「開示フェイズ」「収束フェイズ」の考え方について再考しています。

表制民主主義の正統性（legitimacy）を補完するものとしての「熟議民主主義」をめぐる議論や実践が展開してきた流れとも無関係ではありません。その流れの中で，異なる意見やテーマに関する情報・知識を獲得し，多様な価値を持つ市民同士の熟議を経て表明される意見を，「洗練された世論（フィシュキン，2011）」として捉え，これにより意思決定の質を向上させようとする試みがいくつか立ち上がってきました。

　「意思決定の質を向上させる」という表現にはさまざまな意味が含まれますが，とくに重視すべきことは，意思決定プロセスの「開示フェイズ」において，多様な人々が参加する熟議を通じて「論点や知識の多様性の幅を拡げる」ことだといえます。ここでいう開示フェイズとは，ある科学技術の課題に関する意思決定にあたって，何がどのように議論されるべきなのかについて考え，問題発見や問題（再）定義を行う段階のことです。このフェイズでは，最終的に政治的な代表らが意思決定を行う「収束フェイズ」とは異なり，可能な限り多様な論点を可視化し，問題を考えるために必要な知識や情報を幅広く集めることが重要であるとされています（De Marchi, 2003）。

　一方で，この「開示フェイズ」「収束フェイズ」という考え方は，その技術が社会に導入される前と後，もしくは技術開発前と後，という対立関係で表現することはできません。なぜならば，本書で紹介する高レベル放射性廃棄物処分問題，気候変動問題，食品安全問題，自然災害をめ

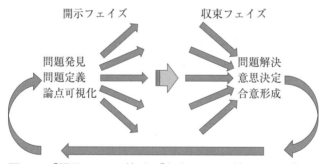

図3-1　「開示フェイズ」と「収束フェイズ」のループ
平川ら（2011）をもとに筆者作成

ぐる課題，AIをめぐる問題などは，そのどれをとっても，技術が開発される過程，もしくはその問題に対処する過程が，短くても数十年オーダーの時間を要し，「洗練された世論」を作るための開示フェイズと，そこから政策オプションを絞り込み，暫定的に意思決定するための収束フェイズのループを繰り返して，進展していくものだからです（**図 3-1**）。

2. 国内における市民参加型手法の導入

（1）市民参加手法の国内への導入──コンセンサス会議を事例として

　デンマークで生まれたコンセンサス会議を始めとする科学技術への市民参加の手法は，1990年代に入って欧州各国そして，世界各国へと広がりを見せ，日本にも導入されるようになりました。国内では，1998年に行われたコンセンサス会議（遺伝子治療を考える市民の会議）がその最初の事例です（若松，2010a）。若松らは，続けて1999年にもコンセンサス会議（高度情報化社会─とくにインターネットを考える市民の会議）を実施し，この2つの試みが，農林水産省がスポンサーとなって開催された「遺伝子組換え農作物を考えるコンセンサス会議」への実施へとつながっていきました（**図 3-2**）。これ以降，科学技術に関する社会課題を市民参加で考える試みが，国内でも広く展開されるようになっていきます。

　コンセンサス会議という手法は，第2章でも紹介したように，もともとはデンマークで開発された手法です。デンマークでは議会に附属するテクノロジーアセスメント機関が実施していたことから，市民の意見を直接的に政策に反映させることを前提として運営されてきました。一方で国内では後述するように，大学に所属する研究者らが主催者となるケース

図 3-2　コンセンサス会議の実施風景
出典：遺伝子組換え農作物を考えるコンセンサ
　　　ス会議報告書（2001年1月）

が多く，その社会的インパクトは，残念ながら限定的なものであり続けました。

　しかしこのコンセンサス会議という手法そのものは，参加の場を市民に提供し，また市民の側からのアジェンダを社会に提示するという意味で，強い効力を持つものです。また行政組織や政府機関が，市民の意見を真摯に受け止める良い機会でもありました。加えて，市民が科学技術や政策への興味関心を持ち，また政策の重要性について認識を深める機会を提供する効果もありました。このことから，国内でさまざまな市民参加型の活動が展開されていく中で，コンセンサス会議という手法は，1つのモデルとして参照され続けました。

（2）国内でのコンセンサス会議の展開

　国内では，**表 3-1** に示すように「遺伝子治療を考える市民の会議（1998）」の試行を皮切りに，1990 年代後半から 2000 年代前半にかけて多様なテーマを対象にコンセンサス会議が実施されています。ただし繰り返すようにその展開は，デンマークを中心とした欧州の展開とは異なる部分がいくつかあります。まず1つ目は，主催者の多くは，大学や研究機関に所属する研究者であり，政策に直接活用するというよりは，実践研究という側面が強かったことです。これにより，コンセンサス会議についてのさまざまな著作や論文が公開され[4]，研究という意味での発展にはつながりましたが，政策へのインパクトという意味では不十分であったこともまた事実です。

　2つ目の特徴は，標準形式よりも時間的に圧縮した形で展開されるケースが多かったことです。第2章で述べた通り標準方式では，本会合は週末を含む4日間連続で行われる設計となっています。しかし日本の

4　参考文献にも挙げた「小林傳司（2004）『誰が科学技術について考えるのか：コンセンサス会議という実験』名古屋大学出版会」および「若松征男（2010）『科学技術政策に市民の声をどう届けるか』東京電機大学出版局」では，日本で最初に行われたコンセンサス会議の実践の詳細が紹介されています。コンセンサス会議の内容について知りたいと考える方は，ぜひこの2つの著作に目を通してください。

表 3-1　**日本での科学技術に関する参加型会議手法の実践例（1998 年〜2011 年）**

開催年	会議名	手法	地域
1998	遺伝子治療を考える市民の会議	コンセンサス会議	京都
1999	高度情報化社会—とくにインターネットを考える市民の会議—	コンセンサス会議	埼玉
2000	遺伝子組換え農作物を考えるコンセンサス会議	コンセンサス会議	東京
2000	ヒトゲノム研究を考えるコンセンサス会議	コンセンサス会議	東京
2002	安間川の整備に関するコンセンサス会議	コンセンサス会議	静岡
2002	三番瀬再生計画検討会議（円卓会議）	円卓会議	千葉
2003	市民会議—食と農の未来と遺伝子組換え農作物—	市民パネル会議	東京
2003	三番瀬の未来を考えるシナリオ・ワークショップ	シナリオ・ワークショップ	千葉
2003	市民が創る循環型社会フォーラム：ステークホルダー会議	ステークホルダー会議	愛知
2004	市民が創る循環型社会フォーラム：市民パネル会議	市民パネル会議	愛知
2005	市民が考える脳死・臓器移植——専門家との対話を通して	ディープ・ダイアログ	東京
2005	地球温暖化問題に関する討議型世論調査	熟議型投票	東京
2006	遺伝子組換え作物の栽培について道民が考える「コンセンサス会議」	コンセンサス会議	北海道
2006〜2008	遺伝子組換え作物対話フォーラム	小規模対話フォーラム，円卓会議，大規模対話フォーラム	北海道
2007	小型家電を考える市民の会議	コンセンサス会議，シナリオ・ワークショップ	秋田
2008	ナノトライ	フォーカスグループインタビュー，サイエンスカフェ，コンセンサス会議	北海道
2009	World Wide Views in JAPAN〜日本からのメッセージ：地球温暖化を考える〜	熟議型投票	京都
2009〜2010	熟議キャラバン 2010—再生医療編—	論点抽出ワークショップ，アジェンダ設定会議	大阪他
2010	原子力政策円卓会議 2010	円卓会議	東京
2010	BSE 熟議場 in 北大	熟議場	北海道
2010	GM 熟議場 in 北大	熟議場	北海道
2011	遺伝子組換え作物を考える GM どうみん会議	市民陪審	北海道
2011	BSE 問題に関する討論型世論調査	熟議型投票	北海道

社会状況を勘案した場合，市民パネルの参加者を4日間拘束することには，多くの困難を伴いました。そのため国内で実施されたコンセンサス会議は，本会合部分を週末2日の間に収めたり，複数の週末をまたいで数日分の時間を確保するなどの方法が採用されているケースが多いことに，留意する必要があります。

（3）シナリオ・ワークショップ

　コンセンサス会議とは異なる趣旨で設計された市民参加の手法が，シナリオ・ワークショップです（若松, 2010c）。シナリオ・ワークショップとは，ある技術を用いた結果生じる社会的影響・効果を検討し，その課題について影響を受ける人々が，問題についての理解を深め，利害を超えて共有できる未来像を見出すための取り組みです。将来がどのようになるのかを予測した「シナリオ」をあらかじめ用意し，何段階かに分けて，このシナリオをもとに議論を行い，それぞれの立場から共有できる将来像を描き，それを実現するための具体的な行動プランを定めることに，大きな特徴があります。現段階では利害や意見の対立があったとしても，10年，15年先の未来を想定すれば共有できる未来像はあると仮定し，それを共有した上で，具体的に現在からそこに至るまでの道筋における具体計画を話し合うのです。参加者にとって理解しやすいシナリオが用意されることが議論の成否に関わるため，このシナリオは，専門家のみならずジャーナリストなどが協力して作ることが望ましいとされています。

　ワークショップは，①役割別ワークショップ（参加者を行政，NPO，産業界等グループ化して議論）と，②混成ワークショップ（グループが解体され，すべてのメンバーで議論）から構成されます（図3-3参照）。

　役割別ワークショップでは，各グループは与えられた複数のシナリオを批評し，批評カタログを作ります。その上で，グループごとに批評カタログから論点に優先順位をつけ，重要な論点の絞り込みを行います（批評フェーズ）。さらにグループごとに，それぞれの立場から望ましい未来像として論点ごとにビジョンを作り，絞り込みを行います（ビジョン

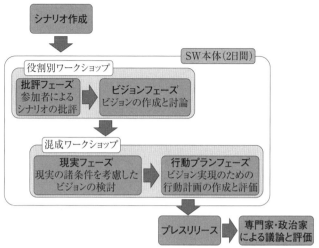

図 3-3　シナリオ・ワークショップの流れ（若松，2010c）

フェーズ）。

　混成ワークショップでは，各グループの選択したビジョンについて，他の立場からの利害等さまざまな条件を検討し，ビジョンの評価・検討・優先選択を行います。その上で，合意されたビジョンを実現するための具体的な行動プランを策定します。最後には，合意されたビジョンと行動プランを公表します。

　この方法を用いることにより，参加者は対立する問題に対してより広く，深く考えることができます。またシナリオを用いることにより，参加者同士が直接批判・対立するのではなく，シナリオという緩衝材を介して議論を行うことができるとされています。加えてコンセンサス会議のように，自由に参加者が議論を行うスタイルとは異なり，シナリオというフックをスタートラインにして議論をすることから，話題が発散せず，短時間で議論を行うことができるという効果もあります。

3. 国内における市民参加型手法の展開

（1）市民参加型手法をめぐるいくつかの課題

　ここまでに紹介したように市民参加の手法にはさまざまなものがあり，どのような目的で，だれが参加するのか，そしてそのためにどれくらいの時間や予算をかけることができるのか，といった条件を吟味した上で，採択する手法を選びます。図3-4は，参加のプロセスを通じて目指すアウトプットという意味での「目的」と，プロセスの中心となる「参加者」という2つの観点を軸にして，本書に登場する手法を大まかに分類したものです。

　目的については，利害関係者間の合意形成を図りながら政策案や計画案を決定したり，議論がある程度熟してきたところで複数の選択肢の中から採用する案を絞り込んだりする方向性（図の上半分）と，議論の初期の段階において，アイデアや意見を抽出したり，参加者自身の学習を進めたりする方向性（図の下半分）に分類しています。

　また中心となる参加者については，立場や意見が比較的明確な利害関係者(図の左半分)と，そうした特定の立場などを持たない一般市民（図の右半分)とに分けています。各手法の位置は絶対的なものではなく，それらが用いられうる典型的な場面を示したものです。第3章（2）以降を

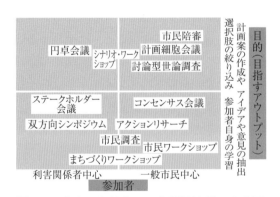

図3-4　本書でとりあつかう科学技術への市民
　　　　参加のさまざまな手法

読み進める上での1つの見取り図として活用していただければと思います。

　以下では，欧州で開発された事例の導入の経験をもとに，国内で新規に開発された手法および，実践例について紹介します。

（2）市民が創る循環型社会フォーラム：ステークホルダー会議（2003）

　事例の1つは，柳下ら（2004，2011）が展開してきた循環型社会に向けた市民参加の取り組みです。柳下らは名古屋市を対象に，短期間でのゴミの減量化を目指しつつ，その先の目標とする循環型社会のあり方や，実現のための具体的な方策について，地域の構成員による対話と合意形成を目指した取り組みを展開しました。

　柳下らは，国内外で開発された各種の参加型手法を参考にしつつ，「ハイブリット型会議」を提案しています。具体的には，「ステークホルダー会議」と「市民パネル会議」の2つの場を構成し，2種類の会議の方法の長所を組み合わせることにより，扱うテーマに対する市民の理解を深め，また実効性が高い方策についての市民間での合意形成を目指しました。

　ステークホルダー会議とは，対象とするテーマ（この場合は，ゴミ処分問題）について，何らかの関わりをもつメンバーによる議論の場です。メンバーが異なる立場や利害関係を有しているため，参加までの調整には時間と労力を要しますが，ステークホルダーが，この場面で自らの経験に基づき論点を整理し，問題を提起することにより，実効性の高いプランニングができるとの考えから，この方式が採用されています。ただし，ステークホルダーの役割はあくまでも問題提起であり，最終的に目指すべき循環型社会のシナリオを選択するのは一般の市民（無作為抽出）です。

　このステークホルダー会議の議論を踏まえて，専門家チームが，複数の将来像（シナリオ案）を描きます。その後，このシナリオ案は市民パネル会議へと引き継がれます。市民パネル会議では，専門家チームから提示されたシナリオ案をたたき台として，名古屋で生活する立場から将来のあるべき姿，その具体的取り組みの内容をまとめました。

　この柳下らの取り組みの特徴の1つは，地域の社会課題に密着し，行

政主導ではなく研究者主導で，その具体的な解決を行おうとした点にあります。研究者が中心となり，ゴミ減量問題に関する地域のステークホルダーを丁寧に巻き込み，鋭く対立する意見や利害対立を超えて具体的なあるべき姿像を提案し，それをさらに市民を巻き込んで作りあげることで，ステークホルダー，市民双方が許容でき，さらに実効性のある対策を提案することが可能となったのです。

（3）ディープ・ダイアログ：市民が考える脳死・臓器移植──専門家との対話を通して（2005）

　コンセンサス会議を日本に導入した若松（2010b）は，市民と専門家の対話をさらに深めることを目的に「ディープ・ダイアログ」という考え方を編み出しました。

　若松はディープ・ダイアログを開発した経緯と背景について，次のように述べています。背景の1つには，コンセンサス会議における専門家と市民，市民同士の議論が十分ではない，あるいはそこでの議論が深まらず，議論の「質」が高くないという批判がなされていたことがあります。また参加した市民パネルの中からも，時間が不足して「十分」な議論ができなかったという意見がしばしば出されたそうです。そこで若松らは「対話を深める」ことに重きをおいた手法開発に着手しました。

　紆余曲折の結果，若松らは，コンセンサス会議の手法をベースとしつつ，①市民パネルが専門家・事務局から基礎的な知識・情報の提供を受け，②それを踏まえて市民パネルだけで議論して疑問点・問題点を整理し，専門家への「鍵となる質問」をまとめ，③市民パネルが専門家から鍵となる質問への回答を聞き，その上で専門家と直接対話し，④再び市民パネルのみでまとめの作業を行うという方法を編み出しました。最終日に市民パネルがまとめる議論の成果は，課題についての合意された提言である必要はなく，「今，社会が，課題についてどのように考えるべきか」（議題設定）をまとめることにしたのが，コンセンサス会議との大きな違いであり，合意のプレッシャーを緩め，参加者相互が対話する時間をより多く確保しようとしたところにその特徴があります。

　加えてコンセンサス会議方式が，専門家との議論の時間が限定的であり，また「鍵となる質問」への専門家のプレゼンテーションに荷重が置かれていることに対して，専門家の回答に対して再質問できる時間を用意し，質問を契機として専門家と市民がある程度まとまった時間の対話を行うことができるようにしています。

　若松らは2003年に臓器・脳死移植をテーマとして，ディープ・ダイアログの実践を行いました。その報告書では，コンセンサス会議よりも討議の時間を多く取ったことなどにより，実際に討議の密度は高まったと評価されています。また若松らは，提案された市民の提案は「専門家の意見により近接した内容になったのではないか」という指摘があることにも言及しています。このことは，対話の深化により知識の移転が進行したと肯定的に評価することができる一方で，逆に市民パネルとしての独自性が薄れたとみなすこともでき，その評価が困難であることも指摘されています。

　2000年代前半の市民参加型手法の導入の際には，まず日本で実践を行うこと，その実践のノウハウを共有し，広く社会に展開することが求められていました。しかし時間の経過と実践の蓄積とともに，自ら課題を発見し，それに基づいた改良を行うフェイズへと移行していったと言えます。

（4）食品ナノテクをめぐる3つの対話—ナノトライ—（2008）

　若松が持ったような問題意識に加えて三上ら（2009）は，次のような問題意識から，新しい手法の開発と実践に着手しています。その問題意識の1つ目は，コンセンサス会議が主題としてきたような既に社会の中にコンフリクトがあり，ある程度問題の所在が共有されているような科学技術ではなく，2008年当時のナノテクノロジーのように，社会的に論争が顕在化していない科学技術にどのように参加型手法を適用できるかというものです。これは第2章でも紹介したように当時，上流からの参加（アップストリーム・エンゲージメント）が重要であることを指摘されていたことに影響を受けています。

この種の上流からの参加の限界と課題は，次の２つに集約することができます。まず１つ目は，参加する市民にとって，upstreamにある技術について学び，その社会的・倫理的影響について想像し，意見をまとめることは，容易ではないということです。同じことは企画運営する側にも言えます。社会的な論争が顕在化していないということは，対立する立場やそれを主張する利害関係者が明確ではないということですから，バランスのとれた情報をどのように提供するのか，だれに専門家として参加してもらうことが適切か，という判断が難しくなってしまうのです。

このような悩みから三上らは，コンセンサス会議のような本格的な市民参加の手法だけでなく，サイエンスカフェ（コラム）や，フォーカスグループインタビュー（コラム）など，より簡便な方法を組み合わせる

コラム　サイエンスカフェ

　市民参加の手法として位置付けられることは少ないですが，「サイエンスカフェ」も，広い意味では科学技術をめぐる市民参加の手法の１つであるといえます。

　サイエンスカフェ（science café）とは，専門家と市民が，カフェやフリースペースなどの公共に開かれた場で，飲み物を飲みながら，科学に関する対話を行う試みです。1998年に英国のリーズで始められたカフェ・シアンフィフィークが発端となり，世界各国に広まったとされています。国内では，2000年代に入った頃からいくつかの試みがはじまり，「平成16年版科学技術白書（2004）」でサイエンスカフェが紹介されて以降，急速に全国に広まりました。

　一般的には，専門家が話題提供を行い，その後，参加する市民を交えてテーマとなる科学についての対話を楽しむスタイルをとっています。参加者全員が一堂に会して対話をするケースもあれば，いくつかのグループ（テーブルごとなど）を作り，そこに対話のお手伝いをするファシリテーターが入って進行される形式があります。

　一般的な講演会やシンポジウムの形式とは異なり，科学技術について気軽に話す場を作ることにより，市民に科学に関する知識を提供したり，また関心を高める効果があると言われています。専門家にとっては，新しい研究を生み出す発想を得ることができたり，社会の側が自分たちが専門とする科学技術をどのように受け止めているかについて理解し，研究段階で市民の反応を知り，これからの社会が必要とする科学技術に対する想像力を高めることができるとされています。

ことにより，全体を設計することを試みています。サイエンスカフェや
フォーカスグループインタビューは，市民参加者に提言のアウトプット
を求めないため，議論の対象となっている科学技術への疑問や不満を率
直に交わすことができます。それらを通じて，市民が何を懸念に思い，
どのような方向に進めてほしいと考えるかを可視化しようとしたので
す。提言にかける時間を減らし，参加者による自由な発言を促す方向に
荷重を置いたという意味では，若松らが施工したディープ・ダイアログ
の方法論とも共通の価値を見て取ることができます。

　結果として三上らは，コンセンサス会議（実際には短縮版のプログラ
ムのため「ミニ・コンセンサス会議」と呼ばれる），グループインタビュー，
サイエンスカフェの3つの手法を組み合わせた「ナノトライ（Nano
TRI)」という参加型イベントを実施しています。このイベントを通じて
三上らは，コンセンサス会議のような市民パネル方式と，他の簡便な手
法を組み合わせて用いることにより，市民の意見や価値観の多様な側面
を明らかにすることが可能であることを述べています。その上で，提言
型とするからこそ明らかになる市民の価値観がある一方で，提言拘束が
ない方式のほうが自由な感想や意見を引き出すことができる側面もあ
り，目的や場合に応じて，市民参加の手法を組み合わせ，使い分けるこ

コラム　　**フォーカスグループインタビュー**

　フォーカスグループとは，定性的に人々の意見や意向を調査する方法の1つ
です。科学技術の市民参加という側面で言えば，テーマとなる科学技術の研究
開発や社会実装について，専門家や利害関係者ではない一般の市民をグループ
の形で集め，参加者にインタビューを行います。通常は，5〜7名程度のグル
ープを作り，リラックスした雰囲気で，日常生活の延長線上での意見を求めるケー
スがほとんどです。これにより，選定したテーマに関連する人々の選択や価値
観，またその理由についての情報を得ることができるとされています。
　単独のインタビューとは異なり，自分の周りに自分とおなじ立場の（市民の
立場の）人が複数いて，他者の意見も聞きながら，自らの意見を形成し，発言
することができるので，より幅広い意見を収集できる効果もあるとされていま
す。

との有効性を示唆しています。このナノトライの取り組みと前後して，「熟議キャラバン2010―再生医療編―(2009-2010)」「遺伝子組換え作物対話フォーラム（2006-2008）」など，複数の市民型の手法を組み合わせて市民の意見を可視化し，またその意見を政策形成にインプットしようとする試みが展開されるようになっていきました。

（5）BSE問題に関する討論型世論調査（2011）

　同時期のもう1つの試みとして，BSE問題に関する討論型世論調査を紹介します（討論型世論調査実行委員会, 2011）。BSE問題に関する討論型世論調査実行委員会の代表者である杉山は，コンセンサス会議に代表される手法は，参加者が十分に熟慮し討議することを重視しすぎるが故に，いくつかの課題があることを指摘しています。

① 市民参加者を「公募」により募ることは，現実には「極めて関心が高い市民」が参加することになり，代表性という観点で課題が残ること

② 参加する市民が十数名となる点も，代表性という意味で大きな課題を含み，特に政策担当者が市民の提言を実際の政策に活かす際のハードルとなっていること

③ 提言をまとめるという作業が市民に求められるため，運営に要する労力や費用が大きくなり，実施に向けてのハードルが高くなっていること

　これらのハードルを克服するために杉山らは，米国の政治学者フィシュキンが提唱とした「討論型世論調査」という手法を活用することとしました。討論型世論調査の具体的な方法については第4章で紹介しますが，①公募ではなく無作為抽出で参加する市民を集めること，②参加者の規模は150人から400人程度までとなり，コンセンサス会議で指摘されてきた代表性の問題を相対的には克服することができること，③最終的に参加した市民が質問項目に回答する形式であり，提言を取りまとめる作業ではないことから，参加者および運営側の負担が軽減されるなどの特徴があります。

　その対象となるテーマは科学技術に限定されず，さまざまな社会課題

（犯罪，道州制，年金問題，外交政策のあり方，国民医療サービス）を対象としており，その守備範囲とするテーマは広範です。国内では科学技術の市民参加とは別の文脈で 2000 年代後半から，さまざまな実践がなされており，それらの実践での蓄積がベースとなり，この BSE 問題に関する討論型世論調査が実施されたということができます。

　第 4 章では，ここまでの流れを踏まえた上で福島第一原子力発電所の事故を契機に展開された，世界で初めての政府主催の討論型世論調査の実践と，それを科学技術への市民参加という観点からみたときに，どのような可能性と課題があるのかについて，紹介します。

🎙 研究課題

1　1990 年代後半に，欧州から日本に市民参加の概念や手法が導入された背景には，どのような科学技術と社会の関係をめぐる状況があったのか，について，第 1 章で解説した「リスク社会」という視座も踏まえて考えてみましょう。

2　第 1 章で示した「市民参加の実質化の度合いとその目的（図 1-3）」に照らし合わせて，本章で紹介した市民参加の取り組みがどの目的を志向して実施されたのかについて考えてみましょう。

3　本書では，市民参加の取り組みを評価するもう 1 つの軸として，その取り組みが政策決定の中で「開示フェイズ」にあるのか「収束フェイズ」にあるのかという観点についても紹介しました。この観点からみた場合，本章で紹介した市民参加の取り組みがどのフェイズに位置づく形で実施されたのかについて考えてみましょう。

引用文献 ▌

BSE 問題に関する討論型世論調査実行委員会（2011）「BSE 問題に関する討論型世

論調査報告書」

De Marchi, Bruna (2003) "Public Participation and Risk Governance", *Science and Public Policy*, Vol. 30, no. 3：pp. 171-176.

フィシュキン，ジェイムズ・S.，曽根泰教監修，岩木貴子訳 (2011)『人々の声が響き合うとき：熟議空間と民主主義』早川書房.

平川秀幸 (2010)『科学は誰のものか―社会の側から問い直す』NHK 出版.

平川秀幸他 (2011) 科学技術振興機構社会技術研究開発センター「科学技術と社会の相互作用」「市民と専門家の熟議と協働のための手法とインタフェイス組織の開発」報告書

Stirling, Andrew (2005) "Opening Up or Closing Down?：Analysis, Participation and Power in the Social Appraisal of Technology", M. Leach, I. Scoones, B. Wynne (eds.) *Science and Citizens Globalization and the Challenge of Engagement*, Zed：pp. 218-231.

立川雅司・三上直之編著 (2013)『萌芽的科学技術と市民：フードナノテクからの問い』日本経済評論社.

若松征男 (2010a)「第 2 章　コンセンサス会議を運営する」『科学技術政策に市民の声をどう届けるか』東京電機大学出版会，pp. 36-75.

若松征男 (2010b)「第 3 章　ディープ・ダイアローグ」『科学技術政策に市民の声をどう届けるか』東京電機大学出版会，pp. 76-111.

若松征男 (2010c)「第 4 章　シナリオ・ワークショップ手法」『科学技術政策に市民の声をどう届けるか』東京電機大学出版会，pp. 112-150.

Wilsdon, J. and Willis, R. (2004) *See-through Science：Why Public Engagement Needs to Move Upstream*, Demos.

柳下正治他 (2004)「市民参加による循環型社会の創生をめざしたステークホルダー会議の評価」『社会技術研究論文集』2，pp. 49-58.

柳下正治 (2011)「ハイブリッド型会議の活用の可能性と限界：『なごや循環型社会・しみん提案会議』の実践を通じて」『社会技術研究論文集』8，pp. 182-193.

参考文献

篠原一 (2004)『市民の政治学―討議デモクラシーとは何か』岩波新書.

篠原一編 (2012)『討議デモクラシーの挑戦――ミニ・パブリックスが拓く新しい政治』岩波書店.

小林傳司 (2004)『誰が科学技術について考えるのか：コンセンサス会議という実験』名古屋大学出版会.

小林傳司 (2007)『トランス・サイエンスの時代：科学技術と社会をつなぐ』NTT 出

版.

コンセンサス会議実践マニュアル（http://www.ajcost.jp/booklet/book.htm（2020年 11 月 10 日現在））

三番瀬の未来を考えるシナリオ・ワークショップホームページ（http://www.sys.mgmt.waseda.ac.jp/sw/pre/data05.files/frame.html（2020 年 11 月 10 日現在））

佐藤卓己（2008）『輿論と世論―日本的民意の系譜学』新潮社.

田村哲樹（2017）『熟議民主主義の困難―その乗り越え方の政治理論的考察』ナカニシヤ出版.

若松征男（2010）『科学技術政策に市民の声をどう届けるか』東京電機大学出版局.

しみん提案：なごやが実現したい循環型社会の姿とそこに至る道筋について（http://shimin.n-kd.jp/document/shimin-proposal.pdf（2020 年 11 月 10 日現在））

柳瀬昇（2015）『熟慮と討議の民主主義理論：直接民主制は代議制を乗り越えられるか』ミネルヴァ書房.

4 │ 福島第一原子力発電所事故と市民参加

八木絵香

　本章では，福島第一原子力発電所事故を契機に行われた「エネルギー・環境をめぐる国民的議論」の事例を紹介します。この国民的議論は，さまざまな市民参加の手法の組み合わせにより，原子力政策に関する国民的議論を喚起し，そして国民（市民）の意見を丁寧に聴取しながら，新しいエネルギー政策のあり方を決めようとする試みでした。

　また，この国民的議論では，「討論型世論調査（DP）」という手法が用いられたことが大きな特徴となっています。本章ではこの手法の概要と，そこで明らかになった市民の声を紹介した上で，丁寧な市民参加の取り組みによって明らかになる市民の声の活かし方について考えていきます。その上で市民参加の取り組みにおいて，「だれ」の声を「どのように」聴けば十分であると言えるのか，について考えていきます。

《キーワード》　東日本大震災，福島第一原子力発電所事故，討論型世論調査（DP），専門家の信頼

1.　福島第一原子力発電所事故と市民参加

（1）福島第一原子力発電所事故の概要

　2011年3月11日14時46分，宮城県牡鹿半島沖を震源とする東北地方太平洋沖地震が発生しました。この地震により，東日本の各地で大きな揺れや，大津波，火災が発生，12都道県で2万人を越す死者（含，震災関連死）・行方不明者をもたらしました。後に，この地震がもたらした災害全体の呼称は，「東日本大震災」と閣議決定されました。

　この地震を契機として発生したのが，福島県双葉郡大熊町・双葉町に位置する東京電力福島第一原子力発電所の事故です。地震当時運転中だった福島第一原子力発電所の1〜3号機は，地震とその後の津波により，交流電源のすべてが喪失し，原子炉の冷却システムが停止したこと

から，燃料の溶融（メルトダウン）に至り，国際原子力事象評価尺度（INES）において最悪のレベル 7（深刻な事故）に分類される大規模な事故に発展しました。

（2）福島第一原子力発電所事故がもたらしたもの

この事故は，科学技術に関する専門的知見の限界を私たちに示しました。福島第一原子力発電所が発生したこと。事故への対処方法やその後の健康影響への対応について，専門家の中でも一致した見解を見出せなかったこと。原子力事故だけでなく，地震の予知，津波災害への想定など，現状の科学の知見では不確実な事柄が多いこと。これらの経験を経て私たちは改めて，科学技術のリスクとどう関わり，何を選択していくか。その選択を，だれの参加でどのように決めていくのかについて，問い直さざるをえなくなりました。

事故後に発表された第 4 期科学技術基本計画[1]では，以後の社会において，社会の幅広い理解や信頼のもとで科学技術を発展させていくためには，「国民の政策過程への参画や，テクノロジーアセスメント，リスクコミュニケーションへの取り組みの強化が不可欠である」ということが明記されています。これは別の言葉で言い換えるならば，科学技術をめぐる社会的意思決定にあたっては，専門家のみならず，さまざまな関心や知識を持つ人々が集う場を作り，そこで，異なる見解を持つ専門家同士，また専門家と一般市民，一般市民同士が，科学技術をめぐる諸課題について議論し，そこから生まれる新たな認識や理解が，科学技術の展開に活かされる社会の実現が問われているということでもあります。

一方でこの問いかけと，特に福島第一原子力発電所事故に端を発して行われた「市民参加」の試みに関して，第 3 章で紹介してきたような市民参加の研究実践の蓄積は，十分にその役割を果たすことができたとは言い切れません。本章では，2012 年夏の「エネルギー・環境をめぐる国民的議論」を例として，科学技術をめぐる市民参加のあり方について考

1　第 4 期科学技術基本計画については次の URL を参照のこと。http://www.mext.go.jp/a_menu/kagaku/kihon/main5_a4.htm （2020 年 11 月 10 日現在）

えていきます。

2. 「エネルギー・環境をめぐる国民的議論」とは
　　何だったのか

（1）「エネルギー・環境をめぐる国民的議論」のはじまり

　2012 年夏に，政府主催で「エネルギー・環境をめぐる国民的議論（以下「国民的議論」）」という取り組みが行われていたことを皆さんはご存知でしょうか。これは科学技術をめぐる市民参加の重要な事例であると言うことができます。

　2011 年 3 月 11 日の福島第一原子力発電所の事故は，原子力発電所を使い続けるのか，それとも原子力発電への依存度を下げ（もしくは，原子力発電所をなくし）新しいエネルギー構成を前提に社会を運営するのか，という問いを私たちに突きつけました。これは，単に日本がこの先どのようなエネルギー源に依存するのかという問いだけではなく，私たちに私たちはどのような世界に生きたいか[2]という価値の根本を問うことにもつながりました。だからこそ，さまざまな専門家の意見を聞くのみならず，広く国民に「どのようにありたいのか」を問うた上で新しいエネルギー政策を決める必要があると政府（2012 年当時の民主党政権）は考えたのでしょう。

　その経緯は次のようなものでした。福島第一原子力発電所の事故から約 2 ヶ月がすぎた 2011 年の 5 月，政府はエネルギー基本計画を白紙から見直すことを宣言しました。専門家の議論の末，2011 年 7 月には「『革新的エネルギー・環境戦略』策定に向けた中間的な整理[3]」の基本理念とし

2　英国で 1990 年代末に過熱した遺伝子組換え作物（GM）論争の教訓として英国政府がまとめた報告書（Select Committee on Science and Technology, 2000）では，遺伝子組換え作物に関する論争は，「論争は安全性に関するものではなく，どのような世界に生きたいと欲するかという，はるかに大きな問題に関するものである」との指摘がなされています。福島第一原子力発電所事故後の原子力政策をめぐる議論は，まさにその指摘にあたる問題群ということができます。

3　https://dl.ndl.go.jp/view/download/digidepo_6010776_po_20110908_02.pdf?contentNo=1&alternativeNo=（2020 年 11 月 10 日現在）

て，原子力発電所への依存度低減のシナリオと，分散型エネルギーシステムへの転換という大きな方向性が示されました。その上で国民合意の形成に向けた原則を謳い，「『反原発』と『原発推進』の二項対立を乗り越えた国民的議論を展開する」「客観的なデータの検証に基づき戦略を検討する」「国民各層との対話を続けながら，革新的エネルギー・環境戦略を構築する」の 3 つの原則が整理されました。

　さらに同年 12 月にはより具体的な案として，2012 年の春にはエネルギー・環境戦略に関する選択肢の提示を行い国民的議論を進める，その上で同年夏には「革新的エネルギー・環境戦略」を決定するというスケジュールが提示されました。

（2）3 つのシナリオとその課題

　しかし現実には，2012 年春に予定された選択肢の調整は難航し，国民的議論の選択肢の発表は同年 6 月までずれこみました。ここで示されたシナリオは，日本の電力供給に占める原子力発電の比率を震災前の 2010年の実績値約 26％から，

① 　ゼロシナリオ：すべての原子力発電所を 2030 年までに，なるべく早く廃止する

② 　15％シナリオ：原子力発電所を徐々に減らしていった結果として，2030 年までに電力量の 15％程度にする

③ 　20-25％シナリオ：原子力発電所を今までよりも少ない水準で一定程度維持していった結果として，2030 年に電力量の 20〜25％程度にする

という 3 つ[4]でした。そしてこの 3 つのシナリオについて，国民がどのような意見を持ちうるのかを明らかにし，それを政策方針に反映されることを目的として，2012 年夏の「国民的議論」が実施されたのです（**図 4-1 参照**）。

　一方でこのシナリオの提示の仕方には，いくつかの課題がありました。

4　http://www.cas.go.jp/jp/seisaku/npu/policy09/sentakushi/scenario/index. html（2020 年 11 月 10 日現在）

1つ目の課題は，ここで考えるべきテーマは，原子力発電の比率のみならず，再生可能エネルギー比率，火力発電比率，温室効果ガスの排出量などいくつかの重要な観点から，この先の日本のエネルギーをどうするかであったにもかかわらず，原子力発電所の発電比率ばかりがクローズアップされてしまったことです。「0％」「15％」「20-25％」と

図4-1　内閣官房国家戦略室（当時）のウェブサイト「話そうエネルギーと環境のみらい」

いう具体的な数値が前に出すぎてしまったことにより，「脱原発か，原子力を使い続けるのか」に国民的関心が集約されてしまったことは否めません。

　またもう1つの課題は，「2030年」断面での原子力発電所の利用比率についての選択肢は示されたものの，その先の方向性が明示されなかったことです。2030年段階で原子力発電を一定程度使うという選択をした場合，2030年以降に0％方向にさらに削減するのか，それとも将来的にもある程度は原子力発電を維持し続けるという前提なのか，もしくは逆に2030年以降に増やすという選択肢もありうるのか。このような将来に向けてのビジョンに対する言及がなかったことにより，国民的議論に参加した人々からは，本当に自分たちがしたい議論ができない，選びたいシナリオがないという声も聴かれました（八木，2013）。

（3）実際に行われた「国民的議論」

　このような紆余曲折を経て行われた「国民的議論」の全体像とは，いったいどのようなものだったのでしょうか。

　まず1つ目の方法は世論調査による国民の声の可視化です。ただし今

回の国民的議論では，政府主催のインターネットや電話，郵送を通じた「世論調査」は実施されていません。国民的議論の結果を整理する際には，報道機関各社が行った世論調査のデータが参考データとして利用されることになりました。

　2つ目の方法は，パブリックコメントです。パブリックコメントとは，行政機関が政令や省令，その他の計画などを策定するにあたって，事前にその案を示し，広く国民から意見や情報を募集する仕組みです。今回の国民的議論では，ウェブサイトでの入力，FAX，郵送のいずれかの方法により，3つのシナリオに対する意見が約40日間募集されました。その結果，約8万9,000件の意見がよせられました。

　第3の方法は，2012年7月14日から8月4日の間に全国11都市で開催された意見聴取会です。この意見聴取会には約1,300人[5]が参加し，136人の人々が意見表明を行いました。

　第4の方法は，政府主催のものとしては今回はじめて採用された討論型世論調査（後述），そして第5の方法は，業界団体や原子力立地に関わる自治体等のステークホルダーを主な対象として個別に実施されたヒアリングと意見聴取でした。

　2012年夏のエネルギー・環境に関する国民的議論は，この5つの目的と方法論が異なる手法を組み合わせる形で展開されたのです。

3.「討論型世論調査（DP）」という試み

（1）「討論型世論調査（DP）」とは何か

　今回の国民的議論で新しく用いられた「討論型世論調査（Deliberative Poll；DP「以下，DP」）」という手法[6]（フィシュキン，2011；柳瀬，2012；柳瀬，2013）があります。DPとは，米国の政治学者ジェイムズ・フィシュキンが中心となって開発した討論型の世論調査です。通常の世論調査とは異なり，質問紙や電話で選択肢に対する回答を促すと同時に，

5　希望者が殺到したため，会場の収容人数を超え，すべての会場で入場にあたっての抽選が行われています。また会場での質疑応答は，すべてインターネット中継を通じてリアルタイムで公開されました。

無作為抽出で討論の場（討論フォーラム）への参加を募り，参加市民同士，または参加市民と専門家が討論した上で，いくつかの設問に答える手法です。1994年に英国で最初の実験が行われて以降，多くの国や地域でたくさんの実践が行われています。

　私たちは日々の生活の中で，すべての社会課題について十分な知識を得て，考えを十分に吟味するだけの時間を持たないことが少なくありません。その結果として，通常の世論調査で抽出される市民の声は，十分な情報を持たずに，また意見や態度を決めかねている状況で発せられたものになりがちです。この問題を克服するために開発された手法が，討論型世論調査です。討論フォーラムを「社会の縮図（microcosm）」であると見立て，バランスのとれた十分な情報に基づき，意見や立場が異なる他者と議論することで，人々の意見や選好がどのように変化するのか（あるいは変化しないのか）を明らかにし，それらを政策決定に反映させようとする試みです。

（2）実際に行われた「討論型世論調査（DP）」

　今回行われたDPでは，RDD（Random Digit Dialing）という無作為の番号をコンピューターで作成し，その番号に電話する方法により，6,849名（T1対象者）が抽出されました。このT1対象者のうち，討論フォーラムへの参加を希望した285名が，2012年8月4日〜5日にかけて，東京都内で開催された討論フォーラムに参加しました。討論フォーラム参加者には事前に，基礎資料が郵送され，参加者はこの資料に目を通した上で，討論に臨むこととなりました。

6　討論型世論調査については，慶應義塾大学DP研究センターのウェブサイト（https://keiodp.sfc.keio.ac.jp）にその方法や実践の詳しい紹介があります。討論型世論調査は，1994年に英国で行われた最初の実験の直後に，日本でも曽根泰教（2002）や篠原一（2004）により紹介されたことにより注目を集めるようになっていました。その実施のためには多くの予算を必要とすることから，国内ではなかなか定着が進みませんでしたが，慶應義塾大学DP研究センターや東京工業大学坂野達郎研究室が中心となって，2009年頃から年金問題，道州制問題，自治体政策などを対象として実践が展開されてきました。

今回行われた DP の基本フレームは**図 4-2** に示す通りです。基本の枠組みは小グループ討論（約 15 人ごとの一般参加者同士の討論）と，全体討論（小グループごとに作成した質問を，壇上にいる専門家に投げかけ回答を得る）の 2 つにより構成され，今回の DP では

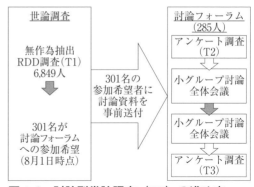

図 4-2　討論型世論調査（DP）の進め方
出典：エネルギー・環境の選択肢に関する討論型世論調査調査報告書をもとに筆書作成。

このサイクルを 2 回（テーマ 1：エネルギーと判断基準を考える，テーマ 2：2030 年のシナリオを考える）繰り返すことにより，討論フォーラム全体が運営されました。

　参加者はまず，事前知識なしでアンケートに回答します（T1）。その後，事前郵送された資料を読んだ上で，1 泊 2 日の討論フォーラムに参加します。討論フォーラムではまず討論が始まる前に，再度アンケートに回答します（T2）。その上で，参加した市民同士もしくは専門家との間で，この問題を考えるにあたって重要と思われるテーマについて自由に意見を交わします。最終的に 2 日間のフォーラムを終えた段階で，もう一度アンケートに回答します（T3）。3 回のアンケートは同じ質問で構成されます[7]。

（3）当日の様子

　では実際には，どのような形で討論フォーラムは運営されていたのでしょうか。また参加者の間ではどのような議論が交わされたのでしょうか[8]。

7　討論資料やアンケートについては，討論フォーラム終了後に，次の通り公開されました。http://www.cas.go.jp/jp/seisaku/npu/kokumingiron/dp/index.html（2020 年 11 月 10 日現在）

【小グループ討論Ⅰ】

　最初の小グループ討論は，司会進行をつとめる「モデレーター」により，自己紹介を兼ねて全員が3つのシナリオについての意見を述べる形ではじまりました。各グループの討論では，福島県からの避難者や広島県在住の参加者など，自らの経験を踏まえた上で，原子力発電に対して強い反対意見を示す参加者もいました。一方で，DPにおける小グループ討論において反対の意見が支配的であったということもなく，比較的冷静な討論が行われていました。実際に討論フォーラムの参加者は「お互いの意見を尊重できた（80.4%）」「自分とは違う立場の人から多くを学んだ（72.6%）」というように，小グループ討論のあり方を肯定的に評価している人が多数でした（エネルギー・環境の選択肢に関する討論型世論調査実行委員会，2012）。

　また小グループ討論Ⅰでは，自己紹介の際にゼロシナリオを支持した複数の参加者が，次のような意見を表明しています。

　　○原子力をどうしてもなくしたいというわけではない。でも，できればなくしたいとは思う。

　　○理想としてはゼロに近づけたい。ただ経済の問題も大切だと思うので難しい。

　　○経済性の問題もあるけれど，ゼロを目指したい。

　　○原発ありきを前提におくのではなくて，前提に原発ゼロを置けば何かが変わるんじゃないか。

　脱原発を志向する考えが「できれば」「理想としては」「目指したい」「何かが変わるんじゃないか」という言葉で表現されたように，ゼロシナリオを支持した人々は，確固たる意思を持ってゼロシナリオを支持しているというよりは，ゼロシナリオ支持を表明しつつも，その実現は本当

8　本書の編者である八木と三上は，DP実行委員会の元に設置された第三者検証委員会の専門調査員として，一連のプロセスを参与観察し，その検証を行いました。本項の記述については，八木（2013）の内容をもとに，一部加筆修正を行っていることを付記します。また，本書で引用した当日参加者の発言は，八木（2013）の内容によります。

に可能なのだろうかという懐疑の気持ちを持っていたようです。

【全体討論Ⅰ】

　そのような参加者の心情は，初日の全体討論Ⅰで専門家に向けられた質問9にも反映されていました。全体討論Ⅰで小グループ討論を経て作成された専門家への質問は，ダイレクトに原子力の安全性を問うものが18件中3件，その他にも原子力発電廃止に係る経済影響や，廃炉・廃棄物も含めたコストの問題，大飯原子力発電所の再稼働根拠に関する考え方など原子力発電のない世界を仮定し，その実現可能性を吟味する観点から行われるものが少なくありませんでした。全体討論Ⅰの中では，4名中2名の専門家が，技術発展，資源確保の可能性のいずれをとっても将来予測に関する「不確実性」が存在すること，エネルギーの「多様性」が重要であることを強調しました。

【小グループ討論Ⅱ】

　この全体討論Ⅰでの発言を受け，2日目朝から再開された小グループ討論Ⅱでは，次のような発言が相次ぎました。

　　○ゼロと思っていたけど，先生たちもどうしたらよいのか分からないと言っていたし，経済の問題などの話を聞いたら，ゼロにはしないほうがよいのかとも感じた。

　　○100点満点に何がいいかと思って聞いていたら，結局どれにも長短があるということなんだと感じた。

　　○（ゼロを支持していたけれど）可能なら使用せざるをえないという感じは少し持った。

　このようなゼロシナリオの「実現可能性」を疑う参加者の声は，複数のグループで確認されており，原子力発電をなくしたいと思いつつも，その実現可能性のハードルの高さに不安を感じ始めた参加者が少なからず存在したと推測できます。現状では，安全性と経済性を両立させるシナリオはない，原子力発電を一定程度動かすことが必要であるというメッセージとして専門家の意見を捉えた人が多かったのです（上木原，

9　全体会議の様子は次の URL より視聴することができます。http://www.cas.go.jp/jp/seisaku/npu/kokumingiron/dp/index.html（2020 年 11 月 10 日現在）

2013）。

【全体討論II】

　それらの不安を象徴的に示したのが，2日目の全体討論II[9]冒頭で提示された次のような質問です。

　　○現在の世論の状況で国策として原発ゼロに向かわせることができるのでしょうか。これは答えにくい質問かもしれませんがぜひ答えてください。それともしできるならばその具体的な工程表はどうなっているのか。

　　○できれば先生方全員にお聞きしたいと思っていますが，原発ゼロのシナリオはあると思うか，もしあるとする場合には，この国がどのような社会になるかということをお聞きしたいと思います。

　これらの質問に示されたように，参加者が繰り返し問うていたことは，①原子力発電ゼロシナリオは実現可能か，②その具体的な工程はどのようなものか，③原子力発電ゼロが実現した場合，社会はどのような状況になるのか，の3点であると言えます。そしてこの問いは，DPに限らず国民的議論の中で行われたさまざまな意見表明の機会のすべてにおいて，繰り返し問われたことでした。一連の討論フォーラムを経た上での参加者の意見変容の方向性は，一言でいえばゼロシナリオ支持者の増加（T2：41.1%→T3：46.7%）です[10]。

　パブリックコメントではゼロシナリオ支持者が約87%，意見聴取会で意見表明を希望した人の割合はゼロシナリオ支持者で約68%であったことを考えると，国民的議論の全体としてもゼロシナリオを支持する人が支配的であったことは否定できません。

（4）市民の討議を通じて見えてきたもの

　では支配的回答であったゼロシナリオは，どのような理由で支持されたのでしょうか。結論から先にいえば，エネルギー源としての優位性や安全性の評価という観点を超えて，「今ゼロシナリオを選択しなければ

10　ただしこの変容は一律ではなく，討論を経て，ゼロシナリオ賛成（T2）からゼロシナリオ反対（T3）に転じた者が8名，ゼロシナリオ反対（T2）からゼロシナリオ賛成（T3）に転じた者が13名存在しています。

エネルギー政策の流れ（原子力を使い続ける社会）を変えることはできない。変えるためにはゼロシナリオを選ぶべき」という戦略思考的な判断からゼロシナリオを選んだものと考えられます（上木原, 2013, 202）。ある小グループ討論Ⅱにおいてその終盤，初日の感想を述べる以外に一言も口を開いていなかった参加者たちが，モデレーターに促される形で次のように発言しています。

　　○原発ゼロがいいと思っていたけれど，ゼロにした部分をどうカバーするかという問題は大きいということはわかった。*でも，今やめないとなくならないから，なくすということをやって欲しい。*

　　○ゼロがいいと思っていたけれど，不確実なことが多すぎて，どれを選ぶにしてもスピードがどのくらいかという問題だと思う。それでもやはり不信感が強いから原発には反対したい。*なしくずし的に増えないのかという不安。*

「今やめないとなくならないから」「なしくずし的に増えないのかという不安」という言葉は，できることならば原子力発電ゼロシナリオを選びたいとする人々の考えを端的に示しています。ゼロシナリオを支持していた人々の中には，「2030年（まで）に原子力発電所ゼロ」の実現は容易ではないことは理解しつつも，「原子力発電所をゼロにしようとする方向性」もしくは「政策としてその方向性が表明されることを支持する」という意思を持っていた人が少なからず存在したのです。

（5）参加していた人々はどのような人であったのか

　当然のことながら，この結論を検討するにあたっては参加していた人々がどのような人々であったかについて考慮する必要があります。菅原（2012）が，DP参加者の男性比率が高いこと（67％）や，国勢調査データとの比較から，今回のDP参加者の集団の偏りの可能性を指摘するように，今回の参加者が必ずしも母集団である国民全体を代表しているわけではありません。参加者の中には，推進・反対の双方の方向性について強い，また固定的な意見を有していた人もいました。

　ただ上木原（2013, 133）が「エネルギーに関心がある人／ない人，こ

の問題に知識がある人／ない人，この種の場で発言することに意義を感じている人／いない人などさまざまな意見や立場の人が参加していたというように，強い主張を持つと言うよりは，できれば原子力発電ゼロシナリオを選びたい，どうすればそれは実現可能なのか，と悩む人々が少なくなかったのです」と記述するように，そこにいた人々は多様な意見や価値観を持つ人々でした。議論の場の設計次第では，年齢も立場も職業もそして原子力に対する意見や関心も多様な「ふつうの人々」が，学び，考え，話し合う場（フィシュキン，2011）を作ることは可能なのです。

（6）国民的議論の結果はどのように表現されたのか

　DP を含む今回の一連の国民的議論については，すべての国民的議論（パブリックコメント・意見聴取会・DP・各種説明会および報道機関等による世論調査）が終了した段階で政府が，その結果を検討するための有識者を交えた「国民的議論に関する検証会合」を設置しました。この検証会合は，2012 年 8 月 22 日，27 日，28 日の 3 回にわたって実施され，その議論のすべてはリアルタイムで公開され，またその後もインターネット上にその動画が公開されています[11]。その結論[12]は，「国民的議論」に用いられた手法の特徴を整理した上で，次のように導かれました。

　第 1 に，大きな方向性として，少なくとも過半の国民は原発に依存しない社会の実現を望んでいるということ，ただしその一方で，その実現に向けたスピード感については意見が分かれているということ。第 2 にパブリックコメントなど原子力発電ゼロの意思を行動で示す国民の数が多いという背景には，原子力に関する政策決定のあり方に関する不信，そして原子力発電への不安が極めて大きいという現実があること。第 3 に，国民は，2030 年のエネルギーミックスの数字（原子力発電比率）よ

11　国民的議論に関する検証会合の資料は次のリンクに掲載されています。http://www.cas.go.jp/jp/seisaku/npu/policy09/archive12.html（2020 年 11 月 10 日現在）
12　戦略策定に向けて〜国民的議論が指し示すもの〜http://www.cas.go.jp/jp/seisaku/npu/policy09/pdf/20120904/shiryo1-1.pdf（2020 年 11 月 10 日現在）

りも，大きな方向性の中でどういう経済社会を築いていくかに関心が高いことです。

　これらの議論を踏まえ，当時の民主党政権は，①40年運転制限制を厳格に適用する，②原子力規制委員会の安全確認を得たもののみ再稼働とする，③原発の新設・増設は行わないという三原則のもと，2030年代に原子力発電所の稼働ゼロを可能とするために，あらゆる政策資源を投入するという方針を打ち出しました[13]。

4.　市民参加の課題―2012年 DP を事例として―

（1）参加する市民とはだれか

　そもそも科学技術をめぐる市民参加の取り組み，特に DP のような手法において，「だれ」の声を「どのように」聴けば十分であると言えるのでしょうか。1つの方法は，ある種の国民の代表性を担保するために，無作為抽出の手法を用いることです。

　ただし参加者を募る入り口として無作為抽出を用いた場合でも，課題は存在します。2012年当時用いられていた電話による無作為抽出（Random Digit Dialing：RDD）方式では，対象の間口が固定電話を所有する人に限られるため，年齢分布が偏るという課題が存在しました[14]。

　また，仮に年齢や性別といった表層的な属性が母集団を反映していたとしても，この種のイベントに参加の意向を示す人々は，ある種の技能

13　しかしこの革新的エネルギー・環境戦略は，政府の方針として閣議決定はされず，「今後のエネルギー・環境政策については，『革新的エネルギー・環境戦略』を踏まえて，関係自治体や国際社会等と責任ある議論を行い，国民の理解を得つつ，柔軟性を持って不断の検証と見直しを行いながら遂行する」という一文のみが2012年9月19日に閣議決定されました。そのため，原子力のあり方を含む環境・エネルギー政策については，2012年12月の第2次安倍政権発足以降，ゼロベースでの見直しが行われ，2014年4月に閣議決定されたエネルギー基本計画では，原子力発電は重要なベースロード電源と位置づけられ，一定程度原子力発電を維持し続ける方向性が示されました。

14　2016年以降この問題は解消され，従来の固定電話に加え，携帯電話も対象とした併用式の RDD 手法が用いられることになりました。これにより，十分に対象とできていなかった携帯電話しか持たない層へのアクセスが可能となっています。

や姿勢を持つ人に限定されることは否定できません。あなたの家に突然電話がかかってきます。そして，調査の趣旨を説明され，旅費・宿泊費の実費と些少の謝金をお支払いするから，このテーマ（今回例示したDPの場合には日本のエネルギー政策の今後）について2日間，職業や年齢が異なるさまざまな人々や専門家と議論する場に参加していただけませんか，と尋ねられます。その時に，仮に物理的な条件（日程など）が可能であったとしても「ぜひ参加させてください」と即応できる人がどの程度いるでしょうか。「そんな場にいって意見なんて言えるのかな」「そもそも恥ずかしい」「ちゃんと議論についていける気がしない」さまざまな心理的な障壁があることは想像に難くありません（山内・八木，2014）。

それだけではありません。ある程度議論のベースを整えるために，議論の場に参加する前には資料（本章で示したDPの場合には32ページ）を読まなければなりません。この資料は，専門知識を持たない人であっても，理解しやすいように工夫されている場合がほとんどですが，そうであっても分量にハードルの高さを感じる人もいるでしょう。どんなに「ふつうの」人に集まってもらおうとしても，そこに集う人にはやはり一定のバイアスがかからざるをえないのです。

ではだからといってここに集った人が特殊な人々であったかというと，そうとも言い切れません。他の手法（意見聴取会やパブリックコメント）と比較すれば，圧倒的に「ふつうの人々」の声を抽出できる方法であることも，また事実なのです。日頃この問題について強い意見を持ち，発信しているわけではないけれども，せっかくの機会だから学んでみたい，発言してみたい，いろんな人の声を聴いてみたいと考えている人々。このような人が集い，考え，話し合った結果として出てくる声を形づくり，それを政策形成の一助とする。これが，本書で紹介するような「市民参加」においては，肝要なことと言えます。

（2）私たちはどのような専門家の話を聞きたいのか

もちろん，参加する人はだれかという問いは，専門家に対しても向け

　られます。東日本大震災，そしてそれに続いた福島第一原子力発電所の事故は，科学者・技術者に限らずいわゆる専門家というものに対する信頼を失墜させた事例として，私たちの記憶に刻み込まれました。人々は，専門家と呼ばれる人々を無条件には信用しなくなっているのです。この人は本当に私たち国民の立場に立って発言してくれているだろうか。この専門家は研究費をどこからもらっているのだろうか。意見の異なる2人の専門家のうち，どちらのいうことが自分にとって確からしく聞こえるのだろうか。確からしく聞こえる理由はいったい何なのだろう。人々は，自分にとって，自分たちの社会にとって重要な科学技術に関する判断をしようとする時，専門家を1人の人間として捉え，言語のみならず非言語の情報（表情や，振る舞いなど）を含めて，その人が何を主張しようとしているのか吟味します。

　原子力という特別な分野の話において，その理論的・技術的専門性は専門家の側が優位であることは否めません。一方で実際に運用される現場，例えば会社の中で，人々がどのように振る舞う傾向があるのか，経営が厳しくなった時に組織がどのように経費を削減する傾向があるのか，組織内のモラルの低下がマネジメントにどのような影響を与えうるのか，といった社会の営みに関する知識は，私たち個々人の中に経験に裏打ちされた形で存在します。その社会人としての常識に照らし合わせた時に，専門家の意見は本当に適切なものなのか。そう考える時，必要な知識は，「専門家が多く一般市民が少ない」という非対称，かつ固定的な関係はありません。その問題のどの部分に着目するかによって，言い換えるならどの価値を重視するかによって，変わりうるものだとも言うことができるのです。

　だからこそ，その解決方法の模索を専門家だけに委ねるのではなく，市民が参加して行うことが不可欠になります。どのような社会を欲するのか，どのような価値を優先するのかは，専門家ではなく，私たちが決める問題なのです。

（3）議論の結果はどのように利用されるべきか

　2012年のエネルギー・環境に関する国民的議論の結果は，「国民の少なくとも過半は原発がない社会を望んでいる」という形で表現されました。さらに2012年9月に示された「革新的エネルギー・環境戦略」では，この結果を踏まえて2030年代に原子力ゼロを目指すために政策資源を最大限投入するという戦略が示されました。しかし国民的議論の結果を強く反映しようとする方向で，政策が示されたにもかかわらず，それが

> **コラム** 　何の目的で，だれの声を聴くのか
>
> 　国民的議論が展開された2012年の夏の状況について，少し紹介したいと思います。2012年の夏は，福島第一原子力発電所事故から1年余が過ぎた時期です。直後の状況と比較すれば落ち着いてきたとはいえ，この時期の福島第一原子力発電所をめぐる状況は予断を許さないものでした。また事故後初の原子力発電所の再稼働についての政府決定に対し，国会周辺では脱原発デモが毎週金曜日夜に定期的に行われている状況でした。当時の菅直人首相が「脱原発宣言」をし，産業界を中心にそれに対する異論も噴出し，国論を二分するといっても過言ではない状況だったと言えます。
>
> 　そのような中で，本文でも紹介した「意見聴取会」をめぐってある問題が発生しました。意見聴取会は，全国11都市において，3つのシナリオに対してそれぞれ3名ずつを割り当て，そのシナリオを支持する人がどのような考えを持つかを話し，それに対して政府関係者が回答するという方式で運営される予定でした。しかし2番目に開催された仙台において，一般市民の発言枠で一般市民として応募した人が電力会社の社員であることを明言した上で，「会社の考えをまとめて話す」として「20〜25％が最も当社の考え方に近い」と発言，政府関係者や電力会社によるいわゆる「やらせ」の疑惑が生じました。このことに対する世論の反発は強く，結果として意見聴取会を主催していた政府は，電力会社社員には意見聴取会での発言を辞退するよう求める方針を決定しました。
>
> 　こうした経緯もあり，意見聴取会は，3つのシナリオに対して，それぞれ3人ずつ意見表明をする形式であったものが，第4回目からは，意見聴取会への応募者の意見の比率に応じて発言者の数を決める（応募者の多くは0％シナリオの支持者であったため，意見聴取会の発言者のほとんどが0％シナリオの支持者となり，20〜25％を指示する人の声はほとんど表に出ない）形式に変わりました。
>
> 　意見聴取会を含む国民的議論が行われた背景を踏まえれば，電力会社社員に

閣議決定の中に盛り込まれることはありませんでした[15]。それに対する批判も少なからずあります。

　一方で国民的議論の結果は，常に「直接的に」政策決定に反映されるべきものとも言い切れません。私たちの社会に大きな影響をもたらし，かつ，将来世代の選択肢をも規定する重要な政策決定においては，国民

15　前述注 13 参照。

辞退を求める政府の方針もやむをえなかったといえるかもしれません。しかし，そもそも意見聴取会はどのような目的によって行われたのかを考え直せば，そうとも言い切れない部分があります。

　前述の通りこの「国民的議論」はいくつかのタイプの国民の意見の抽出と議論の場を組み合わせる形で成立しています。①世論調査は，大まかな国民の意見（どのシナリオの支持率が高いか）を知るため，②パブリックコメントは，支持するシナリオによらず強い関心を持つ人々の意見を深く抽出するため，③意見聴取会は，3 つのシナリオを支持する人々が意見を述べ，また政府関係者が回答することにより，3 つのシナリオの弱点について吟味し，またそのプロセスを公開するため，④討論型世論調査は，この問題についてそれほど関心が高くない人が，自らの考えを吟味する場を経験した上での意見を抽出するため，⑤個別説明会は組織としての強い利害関係者の意見を抽出するために実施されるという具合です。

　つまり③の意見聴取会では，3 つのシナリオのそれぞれを支持する人が，どのような根拠により，自らの主張を展開するかが重要であったということになります。もちろん国民的議論において「電力会社の立場から……」と組織の主張を行ったこと自体は大きな問題であり，是正されるべきです。一方で，意見聴取会の実施目的に照らし合わせれば，世論の反発を理由に運用方法そのものを変更してしまったことにも，課題が残ります。

　電力会社関係者は別の意見を述べるチャンネルを持ちうるのだから，あの場で意見を述べる必要はないという主張もあるでしょう。しかし一方で，電力会社の職員だから「国民的議論」から排除されても問題ないのでしょうか。では，その家族，電力会社の関連の会社の社員はどうでしょうか。それらの人々は，どのような理由で国民の意見を聴く場から排除されてよいのでしょうか。だれがどのような国民的議論に参加するのか，これは一時の世論に影響を受けることなく，目的と内容に応じて吟味される必要があるのです。

的議論の結果以外にも考慮されるべき重要な要素がある，と言い換えればよいでしょうか。そのため，科学技術に関わる重要な意思決定においては，市民の参加が重要であると同時に，市民が望んだ方向とは異なる政策決定が行われることも考慮しなければならないという，相反する状況が存在するのです。

　このような考えに対して，「国民的議論とはいっても単なるガス抜きじゃないか」「アリバイ作りのために国民の声を聴いているふりをしているだけじゃないか」というような批判も出るでしょう。現状の科学技術をめぐる問題，特に福島第一原子力発電所の後に公開された過去の原子力に関する政策決定のあり方を踏まえれば，そのような批判が出ることは当然です。しかしそれらの批判を踏まえた上でも，討論型世論調査やパブリックコメントなどを通じて表現された市民の声を可能な限り具体的に参照する回路を作り，市民の声を前提として実現可能性を検討し，専門的知見も加味した上で，あくまでも政治的責任として決定することが肝要なのです。

　一方で，科学技術に関する政策決定において市民の声を聴く場合には，その開始前の段階において，どのような手続で議論の結果を活用するかを明示することは重要です。その背景には，DP での参加者の発言にもあった専門家集団や政府に対する根強い市民の不信があります。どのように使われるのかが明確でない国民的議論は，市民との信頼ではなく，さらなる疑念を生む可能性があるのです。

　重要なことは，市民の声を踏まえた上で，どのような政策が採用されたのか，市民の声が強く採用された，もしくは採用されなかった理由は何なのかを含めて，そのすべてが公開されることです。どのように市民の声を聴き，それがどう反映されたのかというプロセスを社会に開くことによってしか，本当の意味で，ガス抜きやアリバイ作りという批判に応えることはできません。重要なことは結果ではなくプロセスとその公開の仕方なのです。

🔔 研究課題

1　自らが，福島第一原子力発電所の事故後に体験したことや考えたことを振り返りつつ，改めて「エネルギー・環境をめぐる国民的議論」のウェブサイトを参照しながら，本章で紹介した国民的議論（市民参加の大きな取り組み）は，どのような意味で改善すべき点があったのかについて考えてみましょう。

2　本章でも紹介した「エネルギー・環境をめぐる国民的議論」の結果や，ウェブサイトに掲載されている結果を踏まえて，改めて，原子力発電の是非（再稼働の是非）について考えてみましょう。

引用文献

エネルギー・環境の選択肢に関する討論型世論調査実行委員会 (2012)「エネルギー・環境の選択肢に関する討論型世論調査結果報告」(https://www.cas.go.jp/jp/seisaku/npu/kokumingiron/dp/index.html (2020 年 11 月 10 日現在))

フィシュキン，ジェイムズ・S.，曽根泰教監修，岩木貴子訳 (2011)『人々の声が響き合うとき：熟議空間と民主主義』早川書房.

「革新的エネルギー・環境戦略」策定に向けた中間的な整理 (https://www8.cao.go.jp/cstp/gaiyo/yusikisha/20110811/siryosen2-1-1.pdf)

Select Committee on Science and Technology (2000) Science and Society：Third Report, House of Lords, UK Par (iament)

曽根泰教，柳瀬昇，上木原弘修，島田圭介 (2013)『「学ぶ，考える，話しあう」討論型世論調査—議論の新しい仕組み—』ソトコト新書.

菅原琢 (2012)「討論型世論調査（DP）を考える」日本世論調査協会 2012 年度第 2 回研究会 (http://www.japor.or.jp/pdf/201202kennkyuukai.pdf)

八木絵香 (2013)「エネルギー政策における国民的議論とは何だったのか」『日本原子力学会誌』55 (1)，pp. 29-34.

山内保典，八木絵香 (2014)「気候変動リスク管理における『市民』の役割」『科学技術社会論学会第 13 回年次研究大会予稿集』pp. 25-26.

柳瀬昇 (2012)「公共政策をめぐる民主的討議の場の実験的創設——わが国における初めての本格的な討論型世論調査の実施の概況」『駒澤大学法学部研究紀要』No.

70, pp. 55-144.

柳瀬昇（2013）「公共政策の形成への民主的討議の場の実装—エネルギー・環境の選択肢に関する討論型世論調査の実施の概況—」『駒澤大学法学部研究紀要』71, pp. 53-186.

参考文献

エネルギー・環境の選択肢に関する討論型世論調査実行委員会（2012）「エネルギー・環境の選択肢に関する討論型世論調査結果報告」（https://www.cas.go.jp/jp/seisaku/npu/kokumingiron/dp/index.html（2020年11月10日現在））

フィシュキン，ジェイムズ・S., 曽根泰教監修，岩木貴子訳（2011）『人々の声が響き合うとき：熟議空間と民主主義』早川書房.

国会事故調東京電力福島原子力発電所事故調査委員会調査報告書（https://dl.ndl.go.jp/info:ndljp/pid/3514600（2020年11月10日現在））

篠原一（2004）『市民の政治学』岩波書店.

篠原一編（2012）『討議デモクラシーの挑戦—ミニ・パブリックスが拓く新しい政治』岩波書店.

曽根泰教（2002）「情報社会と公共性」佐々木毅，金泰昌編『21世紀公共哲学の地平〔公共哲学10〕』, pp. 312-314.

曽根泰教，柳瀬昇，上木原弘修，島田圭介（2013）『「学ぶ，考える，話しあう」討論型世論調査—議論の新しい仕組み—』ソトコト新書.

田村哲樹編（2010）『語る—熟議／対話の政治学』風行社.

東京電力福島原子力発電所における事故調査・検証委員会報告書（https://www.cas.go.jp/jp/seisaku/icanps/（2020年11月10日現在））

柳瀬昇（2015）『熟慮と討議の民主主義理論：直接民主制は代議制を乗り越えられるか』ミネルヴァ書房.

柳下正治（2014）『徹底討議 日本のエネルギー・環境戦略』ぎょうせい.

5 │ 食をめぐるリスクと市民参加

三上直之

BSE（牛海綿状脳症）と遺伝子組換え（GM）作物の問題は，日本でも，1990年代末から2000年代にかけて，食をめぐる市民参加の焦点となりました。本章では，これら2つのテーマについて，日本でミニ・パブリックスを用いた市民参加の議論を行った事例を紹介しつつ，食をめぐるリスクに関する科学技術への市民参加の実践について学びます。

《**キーワード**》 遺伝子組換え（GM）作物，BSE問題，コンセンサス会議，討論型世論調査

1. 日本における食をめぐるリスクの状況と市民参加

（1）食をめぐるリスクの基本的性格

食の安全をめぐる課題と言えば，日本の場合，1960年代頃までは，作物や家畜の疾病などに起因する収量低下や，それに伴う栄養不足の問題，病原性細菌による食中毒などの健康被害が中心でした。その後，食料供給が安定すると，有害化学物質による食品汚染や，農薬による健康への影響，さらには食品への放射線照射や，遺伝子組換え（GM）食品などによる「未知の危害」に関心が集中するようになります（中嶋，2016）。

作物の収量低下やそれに伴う栄養不足が問題の中心だった時代には，食についての危害は，気象条件にせよ，作物の病気にせよ，その多くが人々の意思には関係なく外部からやってくるものとして（第1章で導入した「危険/リスク」の区別で言えば「危険」として）認識されていたことでしょう。その後，懸念の焦点が，人間が作り出す新たな科学技術による危害へと移っていく過程は，食の安全の問題がリスクとして捉えられるようになっていく変化として理解できます。細菌による食中毒のような昔からある健康被害に対しても，とくに1990年代以降，衛生管理の

仕組みが整えられていきますが，これも，損害や災難を自らの決定の帰結として捉え，対処する様式があまねく行き渡るという意味で,「リスク社会」化を表す動向と言えます。

　食をめぐるリスクは，日常的であると同時に，多面的で複雑な問題です（リスコミ職能教育プロジェクト，2019）。食べ物は，その大部分が植物や動物に由来する多種多様な物質で構成されています。これらが人体という複雑なシステムに取り込まれ，どのようにふるまい，どのような影響を及ぼすのかということ自体，個人差も大きく，長期的な影響などを含めると相当の不確実性があります。農業や水産業の現場に視野を広げ，食料生産を取り巻く条件まで考慮に入れると，気象条件や環境負荷の問題，生産技術の安定性など，リスクの要因は増えます。

　さらに，社会的・文化的な側面も大きな鍵を握っています。農林水産業から食品の製造，流通販売，外食産業，そして最終消費者に至るまでの食料供給までの流れを，1つのまとまりとして捉えてフードシステムと呼ぶことがあります。このフードシステムの観点から，私たちが日常的に消費している食品について考えてみると，多くの場合，国境を越えた多様な関係者が介在し，それぞれの利害に基づいて行動しています。最終的な消費の段階では，地域や家庭の慣習や文化的背景，ライフスタイル，個人の嗜好などの要素も絡んできて，複雑性は一層増大します。

（2）食をめぐるリスクの噴出と市民参加

　欧州において BSE 問題や，GM 作物・食品をめぐる論争が起こった1990 年代中頃から 2000 年代にかけては，日本でも，食の安全を揺るがす問題が相次ぎました。2000 年，雪印乳業大阪工場で製造された低脂肪乳などが黄色ブドウ球菌に汚染され，関西一円で 1 万人を超す被害者[1]を出す戦後最大とも言われる集団食中毒が発生しました。同社の北海道

1　厚生省（当時）の報告書「雪印乳業食中毒事件の原因究明調査結果について——低脂肪乳等による黄色ブドウ球菌エンテロトキシン A 型食中毒の原因について（最終報告）」（2000 年 12 月）によると，報告があった有症者の数は 1 万 4,780 人に上りました。

の工場において，原材料の脱脂粉乳を作る過程で，生産設備のトラブルによって細菌が発生していたことを認識しながら，製品をそのまま出荷していたことが原因でした。これをきっかけとして，他の食品メーカーなどでも衛生管理の不備や異物混入などの不祥事が明るみに出て，食をめぐるリスクが多くの人々の不安の対象となりました。

この頃すでに日本でも，GM作物・食品の扱いが大きな問題となっていました。1996年に米国などでGM作物の商業栽培が始まり，食用油や加工食品の形でナタネや大豆，トウモロコシ，ジャガイモなどが輸入され始めると，まもなく日本の消費者の間でも食品としての安全性や環境影響などに関する不安が広がりました。当時，GM食品の安全性確認は企業の自主的な届け出によるものであり，表示制度もありませんでした。消費者団体などからは，安全性確認や表示の義務化を求める声が強まり，1990年代末頃には，大手スーパーが自社開発製品に独自にGM不使用の表示を行う動きも出てきました。政府はGM食品の安全性審査と表示を，それぞれ義務化する制度を，2001年に新しく始めました。

こうした状況の中，2000年に開かれたのが，農林水産省による「遺伝子組換え農作物を考えるコンセンサス会議」でした（小林，2004；第3章参照）。この会議は，GM作物に関して今後，消費者の懸念に対応するためどのような研究開発を行うべきかについて提案を受けることを主な目的としたものであり，GM食品の安全性審査や表示についての政策を直接のテーマとしたものではありませんでした。とはいえ，食をめぐるリスクに対して社会的な関心が高まり，行政への不信も強まる中で，行政機関の側でも，従来の閉鎖的な政策決定の方法が手詰まりになり，市民参加や対話を含む，新たなガバナンスの形が模索され始める状況を象徴する動きでした。

（3）BSE 発生の確認と，リスクアナリシスの導入

こうした中，決定的な打撃となったのが，2001年9月，日本国内で初めてBSEの発生が確認されたことでした（神里，2005）。第2章で見たように，BSEは1980年代に英国で発生して以来，世界的な問題となっ

ていましたが，農林水産省は国内での発生を予期した対策を十分に取っておらず，食品衛生を所管する厚生労働省との間での連携も足りないままでした。国内でのBSE発生が確認された後，牛肉の消費が著しく落ち込み，生産者などから対策を求める声が上がる中，政治主導で急速に対応が進められます。同年10月には，国内のと畜場で処理されるすべての牛を対象として，特定危険部位の除去と焼却処分に加えて，BSE検査（いわゆる「全頭検査」）を行うという，世界的にも最も厳しい対策がとられました。しかし，食の安全に関する不安や不信が広がっていた状況で，一旦落ち込んだ牛肉の消費は，なかなか回復しませんでした。

　政府は2001年11月，厚生労働大臣と農林水産大臣の私的諮問機関として，学識経験者や消費者団体の代表などからなる「BSE問題に関する調査検討委員会」を設置し，この問題に対する政府の対応の検証と，その後の畜産行政，食品衛生行政のあり方についての調査検討を委ねます。直接の市民参加こそなかったものの，会議は全面的に公開で行われ，事務局を務める行政側が筋書きを決めるのではなく，実質的に委員主導で行われました。このような進め方は当時としては珍しいものでした。

　2002年4月にまとまった同委員会の報告書では，BSE問題への行政対応の問題点として，「危機意識の欠如と危機管理体制の欠落」「生産者優先・消費者保護軽視の行政」「政策決定過程の不透明な行政機構」などが厳しく批判されました。そして，行政は消費者の健康保護を最優先し「消費者とのリスクコミュニケーションを重視し，情報の公開と提供，参加と対話を強めるべき」と強調されました。

　これを可能にするため，報告書では，食品安全の分野で当時すでに国際的標準となりつつあったリスクアナリシス（リスク分析）の枠組みを，日本にも導入することが提言されました。リスクアナリシスとは，食品のリスクを低減するための仕組みで，「リスク評価」と「リスク管理」「リスクコミュニケーション」の3つの要素で成り立っています。科学的な知見に基づく「リスク評価」と，リスク低減のための政策を検討・実施する「リスク管理」とを分離することにより，さまざまな利害関係から独立した立場でリスク評価を行えるようにすることがポイントです。加

えて，リスク評価やリスク管理を担う機関と，消費者を含む多様な関係者の間での情報交換，意見交換としての「リスクコミュニケーション」も，リスク分析の不可欠な要素とされています。

　この提言を受けて，日本でもリスク分析の仕組みを実現するための制度の検討が行われます。そして，2003 年に食品衛生法が改正されるとともに，新たに食品安全基本法が制定され，リスク評価を担う機関として内閣府に食品安全委員会が設置されました。GM 食品の安全性審査も，この食品安全委員会で行われるようになりました。ちなみに，GM 作物の栽培に伴う環境影響については，2003 年に新たに制定された「遺伝子組換え生物等の使用等の規制による生物の多様性の確保に関する法律」（通称「カルタヘナ法」）に基づいて審査される仕組みができました。

　1990 年代の欧州で，科学技術への市民参加の取り組みが進んだ 1 つの契機としては，GM 作物・食品をめぐる社会的論争や，英国におけるBSE 対策の失敗がありました。日本でも，GM 作物・食品や BSE の問題を通じて，食の安全性に関する人々の不安や不信が強まり，食をめぐるリスクについての対話や市民参加が行われるようになりました。

　次に，これら 2 つの問題についてミニ・パブリックス（第 2 章第 3 節参照）を用いた市民参加の事例を見てみましょう。

2.　GM 作物の栽培に関するコンセンサス会議

（1）GM 作物の栽培に対する規制の動き

　先述の通り，日本国内での GM 作物の栽培に関してはカルタヘナ法のもとで生物多様性への影響評価が行われることになり，食用とする場合については食品衛生法に基づく安全性審査が義務化されました。これら両面において問題のない作物・食品のみが流通，栽培を認められる仕組みができたわけですが，屋外での栽培が行われる可能性が現実のものとなるに伴い，生産者や消費者の間では，在来の品種との交雑・混入や，生態系への予期せぬ影響などに対する懸念が強まりました。

　これを反映して，2003 年頃から各地の自治体で GM 作物の栽培を規制する動きが出てきます。国の安全性審査や，生物多様性影響の評価を

経た作物であっても，屋外での栽培にあたっては，自治体独自に届け出や許可を求めるというルールが，各地で作られるようになります。都道府県レベルでは，2004年以降，12の自治体で条例や，行政による指針（ガイドライン）の形で規制が設けられています。

　このうち北海道では，一般作物との交雑や混入，それによる生産上や流通上の混乱を防止するためのルールとして，2005年3月に「遺伝子組換え作物の栽培等による交雑等の防止に関する条例」（GM条例）が制定されました[2]。屋外の田畑でGM作物を栽培しようとする場合などに適用され，試験栽培は届け出制ですが，商業栽培をする場合には知事の許可が必要とされます。これまでに実際に栽培が行われたケースはありませんが，栽培する場合には，交雑防止のための措置として作物ごとに確保すべき隔離距離も定められています。許可を得ずに屋外での商業栽培を行った者には1年以下の懲役または50万円以下の罰金が科されるなどの罰則規定もあります。

　条例の制定に至る過程では，厳しい規制を求める消費者団体や生産者団体などと，開発・利用を進めたい研究者や産業界，一部の生産者との間で意見の対立がありました。また，条例制定後に専門家らの議論で検討された交雑防止のための隔離距離は，当時の研究結果をもとに割り出した交雑限界の距離に，2倍の安全係数をかける形で定められました。科学的知見に不確実性がある一方で，交雑や混入の防止を強く求める生産者や消費者の意見があることに配慮した結果であったと言えます。

　北海道のGM条例による規制は，こうした経緯で始まりましたので，施行後も数年おきに，隔離距離の妥当性や，条例自体の存続の是非について，調査や議論を踏まえて見直し検討が行われることになりました。

（2）北海道のGMコンセンサス会議の実施過程

　そうした議論の一環として，2006年から2007年にかけて，北海道が

2　GM条例と同時に，食の安全に関する基本条例として「食の安全・安心条例」も制定されました。BSEや雪印乳業の集団食中毒を始めとする食品関係の不祥事で揺らいだ食の安全への信頼を取り戻すことが強く意図された条例制定でした。

主催して，「遺伝子組換え作物の栽培について道民が考える「コンセンサス会議」」（以下，「GMコンセンサス会議」）が開かれました（渡辺, 2007）。幅広く道内の一般市民の参加を得てGM作物の問題を議論し，近い将来に行われるGM条例の見直し検討に生かす趣旨で行われた会議でした。農林水産省の外郭団体が2000年に行ったGM作物に関するコンセンサス会議と比べると，北海道の会議は，道内におけるGM作物の栽培を規制する条例の見直し検討という政策判断に密着した形で開催された点が特徴です。日本においてこうした形でミニ・パブリックスが活用された例として，第4章で取り上げたエネルギー政策に関する討論型世論調査がありますが，GMコンセンサス会議は，これと並ぶ代表例と言えます。

　新たな技術の社会的影響の評価は，異なる立場の間での鋭い対立や論争を含みます。そのため，コンセンサス会議のプロセスと結果が信頼に足るものとなるためには，中立的な立場の組織が運営を担うことが重要です。GMコンセンサス会議の場合，生産者団体や消費者団体の関係者，GM作物の研究者，市民参加の研究者など8人が知事から委嘱を受け，実行委員会が組織されました。実行委員会の委員やスタッフとして，科学技術への市民参加や科学技術コミュニケーションを専門とする北海道大学の研究者や学生も運営に参画しました[3]。

　議論の主役となる市民パネルは，チラシや新聞広告を通じて公募され，全道から89人の道民の応募がありました。実行委員会において，年代と性別，居住地域のバランスを考慮して抽選を行い，10代から60代の男女15人を選出しました。コンセンサス会議の日程は，標準的な設計（第2章第2節を参照）では，準備会合も含めて数回の週末を使い7〜8日間で行われますが，短縮した形式で行われることもあります。GMコンセンサス会議の場合，図5-1の通り，4度の週末を使って，計5日間の日程で実施しました。2006年11月から12月にかけて，準備会合にあたる第1回〜第3回会議を行い，翌2007年2月に本会議にあたる日程を，2日間で行いました。第1回と第4回の会議には実行委員会が選んだ専門家

3　筆者も実行委員会委員と，コンセンサス会議の進行役（ファシリテーター）を務めました。

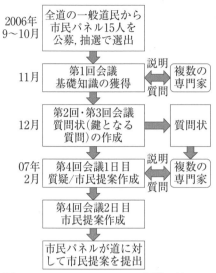

2006年 9〜10月	全道の一般道民から市民パネル15人を公募、抽選で選出
11月	第1回会議 基礎知識の獲得 ⇄ 説明／質問 → 複数の専門家
12月	第2回・第3回会議 質問状（鍵となる質問）の作成 → 質問状
07年 2月	第4回会議1日目 質疑／市民提案作成 ⇄ 説明／質問 → 複数の専門家
	第4回会議2日目 市民提案作成
	市民パネルが道に対して市民提案を提出

図 5-1　GM コンセンサス会議の流れ
出典：コンセンサス会議実行委員会（2007）を
　　　もとに筆者作成。

が出席し，第4回では市民パネルからの質問状（鍵となる質問）に回答しました。

　質問状は，GM 作物の栽培に対して推進・反対の立場の研究者など 8 人の専門家から第1回会議で話を聞き，その後，第2回，第3回会議において市民パネルだけで議論してまとめました。「交雑を完全に防止するのは可能ですか」「北海道の農業に，遺伝子組換え作物の栽培は必要ですか」「農家は遺伝子組換え作物に頼らなければならないのですか」など，道内における栽培や，それを規制する条例に直接関係する質問のほか，**表 5-1** のような幅広い論点が盛り込まれました。

　この鍵となる質問は，次の会議で回答を担当する複数の専門家に送られました。そして，2007 年 2 月に 1 泊 2 日で行われた第 4 回会合では，1 日目にこの質問状をもとに，第 1 回とは別の 8 人の専門家から話を聞き，2 日目には 15 人の市民パネルだけで議論し，最終的に約 10 ページの市民提案をまとめました（**表 5-2**）。

　北海道における GM 作物の栽培への是非をめぐる市民パネルの議論は，最後まで対立しました（小林，2007）。北海道では環境保全型農業，有機農業などに力を入れるべきであり，GM 作物の栽培には慎重でなければならないとする意見と，GM 作物は北海道の農業・経済の活性化に寄与する可能性があり，積極的に導入すべきとする意見とが折り合わず，市民提案でも，議論の経過も含めて賛否両論が併記されました。同時に，道民の同意が得られない段階では，条例による規制を緩めるべきではないという点は，全員が一致する形で結論に盛り込まれました。

表5-1　GM コンセンサス会議「鍵となる質問」
（専門家への質問状）（骨子）

１．安全・安心の視点から
　（1）食品としての安全性
　（2）表示
　（3）自然・環境への影響
　（4）遺伝子組換え技術そのもの
　（5）第三者機関による安全性評価の方法

２．誰のため何のための遺伝子組換えなのか
　（1）消費者に与える利益と不利益
　（2）北海道農業にとって栽培は必要か否か
　（3）経済の側面からみた遺伝子組換え作物

表5-2　GM コンセンサス会議「市民提案」（骨子）

１　安全・安心の視点から
・長期摂取による世代を越えた慢性毒性試験の実施
・アレルギーへの影響についての研究の推進
・表示における非意図的な混入許容率の1%未満への引き下げ（現行は5%）
・醤油，油などの GM 食品の表示の義務化
・慎重な研究推進と一般の人にも分かりやすいデータの公表
・行政と専門家が広く道民と対話する機会の設定
・国の食品安全委員会への消費者や生産者などの様々な立場の人の参加または
　第三者機関の設置

２　消費者と生産者の視点から
・GM 食品に関する表示の徹底（再掲）
・消費者として GM 作物の栽培には消極的だが，閉鎖系での研究は継続
・エネルギー，医薬品など，北海道経済の側面からの GM 作物栽培の検討

３　北海道にとっての遺伝子組換え作物栽培
・GM 作物の栽培については，慎重な意見と積極的な意見を併記
・徹底的な議論を行う場の継続的な設定
・道民の同意が得られない段階では，道が商業栽培に踏み切らないことを明言

出典：コンセンサス会議実行委員会（2007）をもとに筆者作成（表5-1・5-2）。

（3）コンセンサス会議の意味

　こうした議論の経過も含めて，会議の結果は道の審議会である食の安

全・安心委員会へ報告され，その後の GM 条例の見直し検討に際して参照されました。2020 年 3 月までの間に，3 度の見直し検討が行われましたが，条例は 2005 年の制定当時のまま改正されていません。

GM コンセンサス会議の開催当時，会議の開催経過や結果は地元メディアでも報道されました。最終的な市民提案について「意見まとまらず」「合意形成の難しさ露呈」といった見出しで報じた新聞もありました。この見出しだけを読むと，会議は失敗したという印象を受けますが，市民参加の意義はもう少し慎重に評価する必要があります。

上に紹介した市民提案の内容からも読み取れるように，GM コンセンサス会議の議論は，GM 作物の栽培に対する意見の相違が，より本質的には北海道農業の将来像に関する対立であることが明らかになる過程でもありました。コンセンサス会議の議題となるようなテーマは，専門家の間でも意見の対立がある問題です。一般から集められた市民が，いかにバランスのとれた情報を得て，長い時間をかけて議論するとはいえ，数日間の議論で完全な合意が得られることのほうが珍しいと考えるべきでしょう。ミニ・パブリックスを用いた科学技術への市民参加の取り組みの意義は，対立のある問題について熟議を経た結論を導くことができるということだけではありません。狭い意味では合意に至ることはできなくても，市民の幅広い関心を軸に議論を深め，問題の本当の対立点がどこにあるかを明らかにできるところにも，その意味はあります。

3. 日本における BSE 問題と討論型世論調査

（1）日本における BSE 問題

第 1 節で見た通り，日本では 2001 年 9 月に初めて BSE が確認された直後，国内のと畜場で処理されるすべての牛について，一頭一頭検査する「全頭検査」の政策が導入されました。その後，2003 年に設置された食品安全委員会において，この全頭検査も含む BSE 対策のあり方についてリスク評価が行われました。その結果，反芻動物の骨や肉に由来する飼料（肉骨粉）を牛に与えないことや，異常プリオンが蓄積する部位をと畜場での処理の段階で除去することなどの対策の効果が，改めて明

らかになりました。一方で，BSE 検査の効果は限定的であり，検査の対象を全頭から 21 カ月齢以上の牛に限定しても，BSE 感染牛を人が食べて感染するリスクはほとんど増えない，という評価がなされました。

これに基づいて，政府は 2005 年に BSE 検査の対象を 21 カ月齢以上の牛に限定する政策変更を行いました。しかし，と畜場のある全国の自治体は 20 カ月齢以下の牛について独自に検査を継続しました。事実上，全国共通の政策として全頭検査の体制が維持されたのです。

その後，飼料規制を中心とした対策が進んだ結果，2003 年以降に生まれた牛からは BSE が検出されない状態が続き，自治体が独自の政策として行っていた全頭検査の継続を含めて，BSE 検査のあり方が，議論にのぼるようになります。健康な牛も含めて，月齢を問わず全頭検査を行う政策は日本独自のものであり，同様の検査を実施していない諸外国から牛肉の輸入を再開するにあたって条件を揃える必要もありました。

当時，自治体が全頭検査を行う理由は「消費者に対する安全・安心の確保」や「地場産牛肉のブランド力の維持」などとされていました。消費者が全頭検査を求めており，他の自治体が継続するなら自分の所だけやめることはできない，という状況にありました。

その一方で，北海道では，もともと肉牛の生産が多いことに加えて，20 カ月齢前後の比較的若い時期に出荷するホルスタイン種の割合が非常に高いという固有の事情があります。北海道にとっては，すべての牛が BSE 検査の対象となるか，それとも 21 カ月齢以上の牛だけが対象となるかは，費用負担などの面でとくに大きな違いがあったのです。

（2）討論型世論調査の実施

そこで，筆者が参加する研究グループでは 2011 年 11 月，札幌市民を対象として，BSE 問題についてバランスのとれた情報提供と熟議を経た意見を明らかにする試みとして，討論型世論調査を行いました（BSE 問題に関する討論型世論調査実行委員会，2013）。先述の GM コンセンサス会議の時とは異なり，研究者集団が主催する社会実験です。得られた結果を広く発信し，社会的な議論に役立てることを狙いとして，北海道

新聞社の協力を得ました。討論前に一般から無作為抽出した市民を対象として行う世論調査の実施方法について助言を受けるとともに，討論イベントの結果を紙面で詳しく取り上げてもらいました。

　討論型世論調査の一般的な方法は第4章で紹介しましたので，参照してください。この時は，札幌市の協力を得て，市内から20歳以上の市民，3,000人を無作為抽出し，全頭検査継続の是非を中心として，BSE問題についての質問票調査を郵送で行いました。この際，討論イベントの参加者募集も同時に行い，応募のあった420人の中から，年代と性別のバランスを考慮して170人を抽選し，北海道大学に集まってもらい（実際に参加したのは151人），丸1日かけて討論イベントを行いました。

　参加者には，事前に約20ページの情報資料を郵送し，読んできてもらいました。当日の朝，募集時と同じ質問票に答えてもらい討論を始めました。討論は前半と後半に大きく分け，前半は「BSE問題のこれまで」をテーマとして，BSE問題の経緯や対策の状況，その効果などについて議論しました。後半は「今後のBSE対策」をテーマとして，とくに全頭検査を中心としたBSE対策の今後のあり方について，話を進めました。前半・後半とも，まず1時間半ほど，市民参加者のみで約15人ずつのグループに分かれて，自由に話し合ってもらいます（**図5-2**）。その後，参加者全員で集まり，専門家を交えて，グループ討論の中で出てきた質問を取り上げながら，質疑応答を行います（**図5-3**）。

（3）結果とその意味

　コンセンサス会議と異なり討論型世論調査では，参加者の間で話し合いを通じて合意を図ることはしません。各自が，異なる意見を持つ他の参加者と話し合いつつ考えを深め，その結果は，会議終了直後に行うアンケート調査で集約します。その質問項目は，募集時，そして討論開始前と同じです。つまり，討論型世論調査では一般的に，3回のアンケートを行うことになります。1回目は，情報提供や議論をする前の意見であるのに対して，2回目は情報資料を読んで知識を得た状態，そして討論直後の3回目は情報提供を踏まえて参加者同士議論をし，さらに疑問点

図 5-2　討論型世論調査のグルー　　　図 5-3　討論型世論調査の全体会
**　　　　プ討論　　　　　　　　　　　　　　　　（専門家との質疑応答）**

出典：BSE 問題に関する討論型世論調査実行委員会撮影（図 5-2・5-3）。

について専門家の話も聞いた後の意見です。

　では，最大の焦点だった全頭検査の是非についての意見は，3 回のア
ンケートでどのように変化したでしょうか（**図 5-4**）。

　北海道における全頭検査への賛否を 7 段階でたずねた結果，1 回目の
調査では，4 割以上の人が，最も強く賛成と答え，どちらかと言えば賛成
という 2 番，3 番の回答も合わせると，およそ 3 分の 2 の人が，全頭検査
に賛成していました。これが，情報資料を読んで会場に集まった時点で
行った 2 回目の調査では，賛成と答える人が若干減少します。そして討
論イベントが終わった後の 3 回目の調査では，反対と答える人が 40％を
越しました。ただその時点でも，最も強い賛成の人が約 20％，どちらか
と言えば賛成の人も合わせると，3 分の 1 程度が賛成と答えている点も
注目されます。参加者が，他の人の意見や専門家からの説明を聞きつつ
熟慮し，自分の意見を見直し，結果として意見を変えた人も多くいた一
方で，中には熟慮の結果，意見を変えるには至らなかった人もいるとい
うことだと考えられます。とはいえ，全体として，全頭検査に賛成から
反対方向へのシフトが起こっていることは事実であり，全頭検査の根拠
とされてきた「消費者の意向」というのが，固定的なものではなく，情

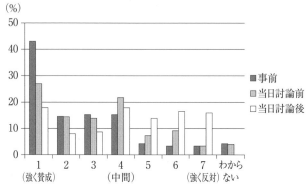

図 5-4 「BSE 全頭検査」に対する討論型世論調査参加者の意見の変化

出典：BSE 問題に関する討論型世論調査実行委員会（2013）

報提供や熟慮を通じて変化しうることが読みとれる結果となりました。

討論イベントの様子は新聞やテレビで報道されたほか，協力機関であった北海道新聞の紙面には，後日，1ページを割いて結果を解説した記事も掲載されました。またこの調査の詳しい結果は，報告書の形で公表するとともに，北海道の BSE 問題の担当部局に情報提供しました。先のコンセンサス会議とは異なり，この討論型世論調査自体は政策決定に接続したものではありませんでしたが，その後，2013年6月をもって，北海道を含む全国の自治体では，BSE 検査の対象月齢が国の基準に沿って引き上げられ，全頭検査の体制は終了しました[4]。

4. ミニ・パブリックスを用いた議論の意義

ここで紹介した2つの事例を踏まえて，食のリスクのような生活に密着したリスクの問題に，ミニ・パブリックスを用いる利点について考えてみましょう。

4　その後も，国の BSE 対策については段階的に見直しが行われ，2017年4月には，健康な牛については月齢を問わず，と畜場での BSE 検査は行われないようになりました。病気が疑われる牛に対する BSE 検査や，異常プリオンがたまる特定部位の除去などの対策は引き続き実施されています。

コラム	対話の場づくり

　GMコンセンサス会議の結論が両論併記となった例からもわかるように，リスクの捉え方は，それぞれの経験や立場，価値観などによって大きく異なります。市民参加を進める上では，そうした異なる感じ方，考え方を持つ人が，いかに対等に話し合い，一緒に考えられる場をつくるかが重要です。食をめぐるリスクについて消費者や生産者，行政，研究者らによる対話の場づくりを手がけてきた吉田省子さん（北海道大学農学研究院客員准教授）らは，次のような点が特に大切だと指摘しています（リスコミ職能教育プロジェクト，2019）。

　第1に，ステップを踏んだ対話の発展です。北海道でのGM作物の問題でも，コンセンサス会議が開かれるまでに，利害関係者を交えた大小さまざまな対話の場が設けられ，遺伝子組換え作物の栽培を規制する条例を始めとするルールづくりの議論がありました。全道から一般市民の参加を募るコンセンサス会議は，そうした対話の積み重ねの上に実現したものでした。

　第2に，問題のフェイズ（段階・局面）に応じた参加の仕方の工夫です。吉田さんは2010年頃から2010年代半ばにかけて，BSE問題が沈静化して検査体制が緩和される中，北海道の消費者や生産者，行政関係者らの間での対話の場づくりを行った経験から，変化するフェイズに対応しつつ継続的に対話を行う重要性を実感したと言います。残された問題への消費者の不安を取り上げつつ，課題を整理して将来を展望できるよう対話の場を企画したそうです。

　第3に，こうした対話の場づくりを中立的な立場で担う役割も欠かせません。日本の場合，大学がそうした役割を担うべき一つの機関ではないかと吉田さんは考え，自ら対話の場づくりを行うとともに，議論の進行役となるファシリテーターを含めた，対話の場づくりを行える人材の育成にも取り組んでいます。

　第1に，いわゆる「素人」目線での問い直しが可能になるという点が挙げられます。準備会合で質問状を準備した上で専門家との対話に臨むコンセンサス会議のやり方が典型的ですが，ミニ・パブリックスには，あらかじめ行政や専門家の側が設定した枠組み自体を参加者の側から問い直すしかけが盛り込まれています。

　第2に，議論を通じて意見変容が起こりうることが強みとして挙げられます。ミニ・パブリックスでは，無作為抽出などの方法で参加者を集めますので，議論の対象となるテーマについて，あらかじめ強い利害や主義主張を持たない人が参加者の中心となります。BSE問題に関する討論型世論調査の例で見たように，多くの場合，議論が進むに従って，参加者の意見は変化していきます。こうした熟議を経た意見は，即座に回

答を求める一般の世論調査などでは捉えることが難しいものであり，日々の生活の中で，ともすれば十分な熟慮の機会を欠いたまま固定的に捉えられているリスクについて社会的に見つめ直す手がかりともなるでしょう。

その他，必ずしも生活に深く関わるテーマを取り上げる場合に限りませんが，ミニ・パブリックスにはいくつかの長所があります。例えば，議論を通じた合意形成の試みと対立点の明確化という効果が挙げられます。テーマについて狭い意味での合意が得られなくても，何をめぐって意見が対立しているのかを明らかにすることができれば，それを社会的議論の次のステップに生かすことが可能になります。

また，議論の結果を政策決定の参考意見として活用することができるのも利点です。ミニ・パブリックスによって，一般の人々が，仮にあるテーマについてバランスのとれた情報と，議論の機会を与えられたとしたら，何を考え，どのような結論を出すかを知ることができます。ミニ・パブリックスでの議論内容や結論には，通常，法的拘束力はありませんが，自治体や政府の政策決定にあたっての重要な参考情報として生かすことができます。

市民参加による議論が求められる食と科学技術の問題としては，GM作物・食品，BSE の他にも，例えばナノテクノロジーの食品への応用（立川・三上編著，2013）や，ゲノム編集技術を応用した作物・食品（三上・立川，2019）が挙げられます。自らの身に降りかかる損害や災難につながりうる決定を，だれがどのように行っているのかに対して，私たち一人ひとりが敏感にならざるをえないのがリスク社会であるとすると，生活に密着した食をめぐるリスクの問題が，科学技術への市民参加の取り組みを促す契機となってきたのには十分な理由があります。ミニ・パブリックスの諸手法は，すべての人に直接関わる身近な問題でありながら，科学技術と深く関わるテーマについて，幅広く一般の市民の参加による議論を行う有効な手段を提供してくれるものと言えます。

🔋 研究課題

1　本章で扱った GM 作物や BSE の問題の他に，市民参加が必要だと思う食をめぐるリスクの問題を挙げ，何を目的として，だれが参加して，どのような方法で議論を行うのがよいか考えてみましょう。

2　食をめぐるリスクの問題に関する市民参加の議論を，真に有意義なものとするために必要なことは何か考え，列挙してみましょう。

3　コンセンサス会議などのミニ・パブリックスと政策決定との望ましい関係について，さまざまな可能性を想定して考察してみましょう。また，政策決定に参照意見を提供する以外に，ミニ・パブリックスが果たしうる役割についても考えてみましょう。

引用・参考文献

BSE 問題に関する討論型世論調査実行委員会（2013）『BSE 問題に関する討論型世論調査報告書』.

神里達博（2005）「BSE/牛海綿状脳症/狂牛病にみる日本の食品問題」藤垣裕子編『科学技術社会論の技法』東京大学出版会，pp. 101-131.

小林傳司（2004）『誰が科学技術について考えるのか──コンセンサス会議という実験』名古屋大学出版会.

小林傳司（2007）『トランス・サイエンスの時代──科学技術と社会をつなぐ』NTT出版.

コンセンサス会議実行委員会（2007）「遺伝子組換え作物コンセンサス会議評価報告書」.

三上直之・立川雅司（2019）『「ゲノム編集作物」を話し合う』ひつじ書房.

中嶋康博（2016）「食の安全・信頼の構築と経済システム」斎藤修監修，中嶋康博・新山陽子編『食の安全・信頼の構築と経済システム』農林統計出版，pp. 1-14.

リスコミ職能教育プロジェクト（2019）『食と農のリスクコミュニケーションハンドブック（改訂版）』.

立川雅司・三上直之編著（2013）『萌芽的科学技術と市民──フードナノテクからの問い』日本経済評論社.

渡辺稔之（2007）「GM 条例の課題と北海道におけるコンセンサス会議の取り組み」『科学技術コミュニケーション』1, pp. 73-83.

6 | 高レベル放射性廃棄物処分問題と市民参加

八木絵香

　本章では，原子力発電所を使い続けてきた国々にとって避けることができない問題となっている「高レベル放射性廃棄物処分問題」を事例として，さまざまな市民参加の取り組みについて紹介します。その取り組みは，実施主体という観点からは，①行政や事業者主導のもの，②研究者を中心に実践研究[1]の一環として行われているもの，③ボトムアップ的に市民団体が実施しているものに分類することができます。

　この章では，①の取り組みを中心に，国内で処分地に関する公募が開始された2002年以降の取り組みに焦点を当て，紹介します。その上で，高レベル放射性廃棄物処分問題をめぐる市民参加の意義や可能性と，その限界についての考察を深めていきます。

《キーワード》　高レベル放射性廃棄物処分問題，双方向シンポジウム，総量管理，暫定保管，web版討論型世論調査，市民参加の限界

1. 高レベル放射性廃棄物処分問題とは何か

（1）高レベル放射性廃棄物処分に関する方向性

　高レベル放射性廃棄物とは，原子力発電の運転に伴って発生する使用済み燃料のうち，放射能レベルが高く長期に管理する必要がある廃液と，高温の溶かしたガラスを固めたもの（ガラス固化体）のことを指します。

1　科学研究費補助金による研究では，日本学術会議社会学委員会の取り組みとして実施された「Web会議システムを用いたオンラインDP（討議型世論調査）の社会実験（研究代表者・坂野達郎）」や「高レベル放射性廃棄物（HLW）処理・処分施設の社会的受容性に関する研究（研究代表者：松岡俊二）」などがあります。そのほかにも，「高レベル放射性廃棄物処分政策における「構造災」再生産メカニズムの検討（研究代表者・寿楽浩太）」のように高レベル放射性廃棄物処分問題について，市民参加の実践も含めて理論的に検討した研究もあります。

高レベル放射性廃棄物の放射能レベルが低下するまでには，長い時間がかかるため，長期にわたり人間の生活環境から遠ざけ，隔離し続ける必要があります。高レベル放射性廃棄物処分問題は，日本の原子力政策，すなわち日本のエネルギー源の1つとして，原子力発電をいつまで，どの程度使うかという問題と切り離して考えることはできませんが[2]，本章では高レベル放射性廃棄物処分問題を「原子力発電所の使用済み燃料を，国内のどこで，保管・管理するか」という狭義の問題として一旦は捉え，この問題と市民参加の関わりについて考えていきます。

（2）高レベル放射性廃棄物処分とは

　高レベル放射性廃棄物処分に関する法律（特定放射性廃棄物の最終処分に関する法律）では，原子力発電環境整備機構（NUMO）が，地層処分を実施する主体として定められています。

　日本では，人間環境から長期かつ安定的に隔離するための方法として，地下深くの安定した岩盤の中（日本では地下300メートル以上深い地層）に高レベル放射性廃棄物を「地層処分」する方法を採用することが決まっています。高レベル放射性廃棄物の取り扱いについては，地層処分以外にも，宇宙処分や海洋投棄，氷床処分（南極の氷の下に閉じ込める），地上での長期管理などが検討されましたが，現状では，地層処分が国際的に共通した最善の選択肢とされ，日本以外の諸外国でもその方式[3]が採

2　国内では，原子力発電の運転により発生する使用済み燃料を，再処理という工程を経ることにより，取り出したウランやプルトニウムを再利用しつつ，廃棄物の量を抑える「核燃料サイクル」を推進する方針を採用しています。本文で，高レベル放射性廃棄物のことを「原子力発電の運転に伴って発生する使用済み燃料のうち，放射能レベルが高く長期に管理する必要がある廃液」と「高温の溶かしたガラスを固めたもの」と表現しましたが，この「廃液」が発生するのは，再処理を行うためです。この核燃料サイクルを前提とした原子力政策の方針には，福島第一原子力発電所事故の以前からさまざまな批判がありましたが，その政策の見直しを問う声は，日本学術会議（2012）が示すように，根強くあります。
　高レベル放射性廃棄物処分問題を考えるためには，処分地選定という個別的な問題を取り出して議論するのではなく，原子力政策全体ののあり方も含めた議論が必要です。

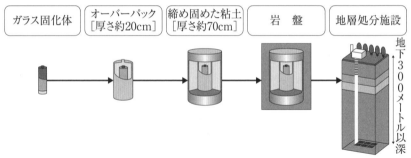

図6-1　地層処分の仕組み

出典：資源エネルギー庁ウェブサイト https://www.enecho.meti.go.jp/category/electricity_and_gas/nuclear/rw/hlw/hlw01.html#h02（2020年11月10日現在）をもとに作成

用されています。

　地層処分では，最終的には岩盤の中に，空間（坑道）を掘り，そこに高レベル放射性廃棄物を処分します。具体的には放射性廃棄物（ガラス固化体）は，厚い金属の容器（オーバーパック）に格納され，水を通しにくい粘土で覆われた上で，一定の間隔を空けて，安定した岩盤に1本ずつ埋設されます。この埋設後しばらくの期間（40年程度）は，状況を監視し続けます。そして将来的には空間のすべてを埋めもどし，人が直接的には関与できない形にするという方法が基本的な考え方となっています（**図6-1** 参照）。

（3）場所の選定方法

　高レベル放射性廃棄物の物理的な処分方法についても議論がありますが，市民参加でこの社会問題を考えるという観点でいえば，「どこに処分

3　地層処分のプロセスが先行しているのは，北欧のフィンランドやスウェーデンです。日本もこれらの国の事例に学びながら，さまざまな研究開発を進めています。一方で，両国と日本とでは状況が大きく異なる部分があることも事実です。両国は，そもそも原子力発電所の数が日本より少なく，再処理も行わない直接処分方式（使用済み燃料を十分に冷やしたのち，そのまま専用の容器にいれて埋設する）を取っています。地質の状況や発生する地震の頻度や影響も異なるため，海外で行われていることがそのまま国内でも適用可能とは，簡単に言い切れないことも事実です。

場を作るのか」「その場所の選定をどのように行うのか」という論点も重要です。

　処分地を選ぶ際は，①文献調査，②概要調査，③精密調査の 3 つの段階の調査を行うことが，2000 年 6 月に公布された「特定放射性廃棄物の最終処分に関する法律（最終処分法）」により定められています。3 つの調査の概略は，次のとおりです。

① 　文献調査：対象となる地域の地質に関する資料や論文を収集し，火山，活断層，隆起・侵食などの自然現象による影響や，また将来において採掘される可能性がある鉱物資源などがないか，について検討する。

② 　概要調査：地上からの調査（ボーリング調査，地表踏査，物理探査など）により，活断層の有無を調べると同時に，地下水の流れやすさや岩盤の強さなどを調べる。

③ 　精密調査：地下に建設する調査のための坑道（トンネル）を使って，岩石の強度や地下水の化学的な性質（アルカリ性，酸性など）などについて調べ，処分場としての性能や安全性を総合的に評価する。

　これらの調査は段階的に行われ，①文献調査から②概要調査，②概要調査から③精密調査に進むためには，国が知事と市町村長の意見を聞き，反対の場合には次の調査には進まないことが明示されています。

（4）政策の動向

　処分事業を行う主体として設立された NUMO は，2002 年 12 月から処分地の調査を受け入れてくれる地方公共団体を公募しています。2000 年代後半には，いくつかの地方公共団体が文献調査に応じようとする動きもありましたが[4]，実際の文献調査の応募にまではいたりませんでし

4　もっとも社会的注目を集めたのは，2006 年から 2007 年にかけての高知県東洋町の事例です。当時の町長が町議会に諮らないまま文献調査に応じようとしたことが明るみとなり，文献調査に応じるか否かで町政が大混乱に陥りました。それらを受け，直接民意を問うための町長辞職，町長選挙となりましたが，結果として反対派の候補者が当選を果たし，文献調査の申し入れはしないという結論に至りました。

た。また福島第一原子力発電所の事故以降，原子力政策全般に対する強い世論の反発もあり，調査の開始には至らない状況が続いていました。

　しかしこの間，何も動きがなかったというわけでもありません。福島第一原子力発電所事故の後，2012年には日本学術会議による政策見直しの提言（日本学術会議，2012）と，それに対応する原子力委員会の見解（原子力委員会，2012）が公表され，2013年5月に政府も「総合エネルギー調査会」に小委員会（放射性廃棄物ワーキンググループ）を設置，など，政策の軌道修正を念頭に置いた動きが続きました。その後，2013年12月に最終処分関係閣僚会議が創設され[5]，さらに国の小委員会でも議論が続けられ，2015年5月には「特定放射性廃棄物の最終処分に関する基本方針」が改定されました。現在の処分事業はこの基本方針にのっとって運営されています。

　加えてここで言及すべきことは，2012年の学術会議による政策見直しの提言とあわせて，原子力政策に関して批判的な立場をとるグループからも，高レベル放射性廃棄物処分問題に関する政策の方向性に関する批判がなされたことです（原子力市民委員会，2014）。批判のポイントにはいくつかのものがありますが，①高レベル放射性廃棄物の処分を考える前提として，核燃料サイクル政策を含む原子力政策そのものを見直す必要があること，②具体的には，総量管理（まずは原子力発電をどの程度使うのかを決めて，排出される使用済み燃料の総量を決めること）と，それらの政策の見直しのために暫定保管（すぐに地層処分事業に着手しない）の施策への変更を行うこと，の2つが，そのポイントと言えます。

（5）高レベル放射性廃棄物処分をめぐる「市民参加」

　一方で，現状の政策を批判する側も，政策を進める側も共通して指摘

5　この背景には，2013年11月に日本記者クラブにて小泉純一郎元首相が，「原発ゼロ」論を唱えたことがあります。小泉氏は会見の中で，国内で高レベル放射性廃棄物を処分することは相当に困難であるとの認識を述べた上で，高レベル放射性廃棄物の最終処分場が定まらないままに原子力発電所の再稼働を行うことに，強い懸念を示しました。

している事項があります。それは一言でいえば，高レベル放射性廃棄物
処分問題を「解決」するためには，市民参加の取り組みが重要であると
いうことです。

　日本学術会議（2012）は，「討論の場の設置による多段階合意形成の手
続きの必要性」を指摘し，その際には，「公正な立場にある第三者が討論
過程をコーディネートすること」が重要であるとしています。市民参加
に関する指摘は，閣議決定された「特定放射性廃棄物の最終処分に関す
る基本方針（2015）」の中にも含まれており，調査地区の選定にあたって
は，「多様な関係住民が参画し，最終処分事業について，情報を継続的に
共有し，対話を行う場」を作っていくことが望ましいことが明記されて
います。

　しかし，現状の政策を批判する側と政府が考える「市民参加」のあり
方には，決定的な違いがあります。前者は，総量管理と暫定保管を念頭
におき，原子力政策全体の変更を前提とした市民参加の必要性を主張し
ています（**図 3-1** で示した「開示フェイズ」や**図 3-4** で示した「アイデ
アや意見の抽出」）。一方で政府は，「可逆性（処分方法の見直しの可能性）」
や，それを実現するために埋設した高レベル放射性廃棄物の「回収可能
性」を確保することは否定しないものの，あくまでも地層処分を前提と
して事業を進め，それをどのように社会実装していくか（**図 3-1** で示し
た「収束フェイズ」や**図 3-4** で示した「計画案の作成や選択肢の絞り込
み」）という観点で，市民参加に関する取り組みの必要性を強調していま
す。加えて，政府が念頭におく市民参加の取り組みには，核燃料サイク
ルの是非を含めた原子力政策の見直しは含まれていません。

　これは，対象となる科学技術についての市民参加の議論を，どのフェ
イズに位置付けて，何の目的で行うのか，つまり「ゼロベース（既存の
政策の全面見直しも視野に入れて）」で行うのか，既存の政策の枠組みを
踏襲した上で，政策オプションを選択する場面で行うのかという論点で
す。高レベル放射性廃棄物処分をめぐる市民参加では，この点が非常に
重要なポイントとなるのです。

2. 高レベル放射性廃棄物処分問題をめぐる
   市民参加の試み

（1）批判的市民グループによるシンポジウム「本音で語る原子力政策」

　日本国内において原子力に否定的な立場で活動する著名な団体の1つは，1975年に設立された（NPO法人化は1999年）NPO法人原子力資料情報室です。原子力資料情報室は，「原子力に関係した産業界から独立した市民の立場で，原子力利用の危険性に関するいろいろな資料を集め，調査・研究を行い，そこから得られた情報を，世界中の市民の活動に役立つようにさまざまな形で提供」することを目的として，活動を継続しています。

　この原子力資料情報室と高木学校[6]の共同プロジェクトとして，1998年12月に高レベル放射性廃棄物の地層処分を批判的に検討する活動を開始した「地層処分問題研究グループ」という市民グループがあります。発足当初は，地層処分の技術的な根拠の出発点となった旧・核燃料サイクル開発機構の技術報告書「わが国における高レベル放射性廃棄物地層処分の技術的信頼性——地層処分研究開発第2次取りまとめ（1999）」を原子力政策に批判的な立場から検討し，その後も論文や報告書の執筆と並行して，公開討論会などを開催してきました。

　高レベル放射性廃棄物をめぐる市民参加という文脈でいえば，国内における端緒は，この地層処分問題研究グループが主催したシンポジウム「本音で語る原子力政策[7]」にあると言うことができます。このシンポジウムの特徴は，主催者は高レベル放射性廃棄物をめぐる政府の方針に批判的であるにもかかわらず，その批判的な主張を広く世の中に伝えることを目的としてではなく，「（原子力について）推進する側と反対する側，

6　原子力資料情報室の代表を務め，1997年に「ライト・ライブリフッド賞」を受賞した故・高木仁三郎は，その賞金をもとに1998年に「高木学校」を設立しました。高木学校は，「市民の立場から問題に取り組む市民科学者の育成」を目指して，さまざまな研究，活動を続けている団体です。

7　シンポジウムの詳細については，地層処分問題研究グループのウェブサイトを参照のこと。http://www.geodispo.org（2020年11月10日現在）

そしてどちらとも明確に判断しかねる人々のあいだで，議論を共有できる点」を模索しようとした取り組みであったことです。

　登壇者は地層処分問題研究グループのウェブサイト[7]に記されていますが，地層処分政策に責任を負う立場の資源エネルギー庁の担当者，事業を推進する NUMO の技術者，原子力について批判的な論客である研究者が一堂に会し，「原子力に推進，反対にかかわらず説得力があると感じられる選択肢や考え方，議論のポイントは何なのか確かめあい」，それを世の中に開こうとする試みは，高レベル放射性廃棄物問題に関する情報や意見をバランスよく世の中に提示し，ステークホルダー同士の相互理解にもつながる画期的なものでした。2003 年 7 月に Part I（再処理）として原子力政策全般について議論したのち，2003 年 12 月には Part II（地層処分を考える）として，高レベル放射性廃棄物処分問題にも言及しています[8]。

（2）資源エネルギー庁による「双方向シンポジウム」

　このシンポジウムを一歩進めた形で展開しようとしたのが，資源エネルギー庁による「双方向シンポジウム—どうする高レベル放射性廃棄物—[9]」です。このシンポジウムは，地層処分問題研究グループの実践を踏まえ，推進する側と反対する側が，組織や運動を背負って硬直した態度のまま主張し合うのではなく，原子力についての考え方が違う者同士でも共有できる点がないかを丁寧にすり合わせ，論点を可視化することで，より多くの人々に高レベル放射性廃棄物処分問題について考えてもらうことを目的に設計されました。

　高レベル放射性廃棄物処分問題にかかわらず，社会的にコンフリクトが強い科学技術の問題について，異なる意見を持つ人同士の中でも共通

8　この試みは，第 10 章で紹介する交渉学の枠組みで市民参加を捉えた場合，高レベル放射性廃棄物に関する「立場と利害」を区別し，その調整の可能性を公開の討論を通じて模索したものであると言えます。

9　このシンポジウムに関するすべての映像は，下記ウェブサイトで公開されています。https://www.enecho.meti.go.jp/category/electricity_and_gas/nuclear/rw/library/library04-1.html（2020 年 11 月 10 日現在）

して指摘される事項は,「公正な（公平な）対話の場が必要」ということです。これは学術会議がその提言の中で,議論や社会的合意形成の場を「公正な立場にある第三者」がコーディネートするべきであると主張したこととも整合的です。しかし,では,「公正な（公平な）対話の場」は,どのようにして成立しうるのでしょうか。これを考慮して設計されたのがこの双方向シンポジウムです。

　双方向シンポジウムは,シンポジウムの実施にかかる企画のすべてを,原子力に関する異なる見解を持つ者により構成された「事務局会議」で決定しています。事務局会議のメンバーは,**表6-1** に示すように資源エネルギー庁の職員,事業実施主体である NUMO の技術職員もいれば,地層処分問題研究グループとしてこの事業を批判的に検討している人も含まれています。

　「コンセンサス会議」の企画運営委員会と同じような役割を担う「事務局会議」に,高レベル放射性廃棄物処分に関する意見を異にするメンバーを混在させ,メンバー全員の合意を取りながらシンポジウムを設計・実施することにより,現状の政策を推進する側にとっても,批判する側にとっても「公正」な対話の場を実現することを目指したのです。それにより多様な論点を,推進側・反対側が共有できる形で可視化した上で,それを広く社会に公開することで,市民参加の入り口を開こうとしたのが,この双方向シンポジウムの取り組みでした。

　またこのシンポジウムは,

表6-1　事務局会議のメンバー構成

北村正晴	株式会社テムス研究所
志津里公子	地層処分問題研究グループ
高木章次	核のゴミキャンペーン
竹内光男	原子力発電環境整備機構（NUMO）
長野浩司	一般財団法人電力中央研究所
伴英幸	地層処分問題研究グループ
八木絵香[10]	大阪大学

10　本章の筆者である八木は,この事務局会議メンバーの一人として,シンポジウムの企画設計に関わっています。また2010年以降のすべてのシンポジウムにおいて,当日のメインファシリテーターとして参加していることを付記します。

表6-2　双方向シンポジウム「どうする高レベル放射性廃棄物」実績

2010年度	高レベル放射性廃棄物処分問題に係る意見の異なる専門家同士の討論。テーマは「なぜ，東京に地層処分施設をつくろうとしないのか」「納得できる廃棄物の処分とは」「情報公開と市民のかかわり」など。
2011年度	中断
2012年度	日本学術会議の回答（2012）を踏まえた企画。杤山修氏（公益財団法人原子力安全研究協会）および舩橋晴俊氏（法政大学）が登壇し，「地層処分」「暫定保管」の切り口に，地層処分以外の方法の検討を含めた討議を行った。
2013年度	この問題に強い関心を持たない「ふつうの人々」が感じる疑問や不安という観点から企画。登壇者は事務局会議メンバー。
2014年度	この問題に強い関心を持たない「ふつうの人々」が感じる疑問や不安という観点から企画。登壇者は事務局会議メンバー。

　このような場のしつらえがなければ，直接的に議論する機会が少ない意見が異なる専門家同士に，異なる立場の主張に対する理解を促す効果も期待するものでした。このシンポジウムだけでその目的が十分に達成できたとは言いきれませんが，市民参加の前に，見解を異にする専門家同士が，まずは相互の理解と信頼を獲得していくことは，市民参加の取り組みを実際の政策決定プロセスに反映させていくためにも重要です。

　過去に実施された双方向シンポジウムの概要は，**表6-2**に示す通りです。2010年度と2012年度は，高レベル放射性廃棄物処分問題に係る意見の異なる専門家同士が登壇するスタイルで運営されています。意見が異なる専門家同士が壇上で激論を交わすというよりは，両者が共有できる点がないかを丁寧にすり合わせ，論点を可視化することを目的として開催されています。2013年度と2014年度は，この問題に強い関心を持たない「ふつうの人々」が感じる疑問や不安について，広く社会と共有するために，モニター会社を利用して（高レベル放射性廃棄物処分問題には関心がない）一般参加者を募り，それらの人々の疑問や懸念，アイデアについて，事務局会議メンバーが応答するというスタイルがとられています。

（3）「双方向シンポジウム」の困難と課題

　双方向シンポジウムの枠組み，すなわち，異なる意見を持つ人同士で協働して市民参加の取り組みを企画運営し，そのプロセスと結果を社会に公開する方法は，一定程度定式化できたと言えます。しかし，意見を異にするメンバーを混在させ，全員の合意を取りながらシンポジウムを設計・実施するということのハードルは，非常に高いものでした。

　シンポジウムタイトルはどうするのか，そもそも高レベル放射性廃棄物処分問題のどこに焦点をあててシンポジウムのテーマを設定するのか，核燃料サイクルを含む原子力政策の是非まで判断に入れるのか，登壇する専門家としてふさわしいのはだれか，インターネット中継をするのかしないのか，告知の媒体としてどの新聞を使うのかなど，高レベル放射性廃棄物処分問題に直接つながる意見の相違から，それを取り巻く諸状況についての認識の共有まで，現状の政策を推進する側も批判する側も合意した上で，シンポジウムを企画することは，ねばり強い議論の時間を関係者に要求することになりました。

3. 高レベル放射性廃棄物処分問題をめぐる 「市民参加」の意義と限界

（1）高レベル放射性廃棄物処分問題をめぐる「市民参加」の位置付け

　本章で紹介してきた，高レベル放射性廃棄物をめぐる双方向シンポジウムの試みは図1-3で示した「情報提供」や「意見聴取」の段階の試みであると言えます。また別の観点でいえば，「ステークホルダーの学習（相互理解）」と「一般市民の学習の機会の提供」を志向するものであると言うことができるでしょう。

　高レベル放射性廃棄物処分問題のように，意見や立場が極端な論争状態にある科学技術の問題は，一般市民が入り口としての基本情報にアクセスしようとした時に，賛成か反対の極端に偏った主張や情報しか発見できないことが少なくありません。これらの試みはそのような状況に対して，参加の入り口段階から，バランスよく偏りのない情報を提供し，原子力政策についての賛否の違いがあっても，高レベル放射性廃棄物処

分について共有できる視点はないのか，逆に明らかに意見が異なっている主張はどこなのかを，参加者自身が考える機会を提供するものでした。

　一方で，コラムで紹介したような web 版討論型世論調査の試みは，政策オプションとしての「選択肢の絞り込み」を念頭に置いています。また，その意見聴取の対象者を，パブリックコメントや説明会・意見聴取会などに参加する知識や関心が高い層ではなく，かといって一般的な世論調査により意向を聴取される市民の声でもなく，幅広い人々を対象とした上で，それらの人々が十分に吟味した際に生成される意見を取り出そうとするものだと言えます。

（2）熟議の結果は，どのように政策に反映されるのか

　高レベル放射性廃棄物処分に関する市民参加の取り組み，特に行政や事業者主体で行われる取り組みには，限界があることも事実です。

　日本国内では，日本学術会議による政策見直しの提言（2012）と，それに対応する原子力委員会の応答（2012）以降，この問題に関する国民の関心喚起と信頼感の醸成のため，本章で紹介した双方向シンポジウムも含め，さまざまなシンポジウム，ワークショップ等が実施されています。このことについては，改善の必要性が指摘されつつも，「総じて，明瞭性・透明性・応答性が高い水準」で実施されているという肯定的評価を受けています（原子力委員会放射性廃棄物専門部会，2016）。この肯定的な評価は，「この問題への国民の理解を得るための」取り組みが進んでいるという意味で，現行の地層処分政策を推進し，後押しすることへと繋がります。

　本章で繰り返し述べたように，高レベル放射性廃棄物の処分問題のありように対して否定的な見解を持つ人の主張は，この問題を「高レベル放射性廃棄物の地層処分をどのように進めるのか」という問題に矮小化するのではなく，原子力政策全体の見直しも含めて考えていくべき，というものです。その意味では，この問題をめぐる現状の市民参加の取り組みは，前提となる大きな構造（地層処分の推進）には手をつけないままに，多様な市民が参加するという「形」だけが整い，ミクロなレベル

で進化を遂げているとも指摘することができます。参加者の募集の方法，議論のテーマの設定，当日の運営方法や，情報提供資料のあり方，そのいずれもが市民参加の取り組みを考える際に重要な論点になりますが，大きな構造の変化には繋がらないままに，その手法をミクロなレベルで改変し続けることは，市民参加と言いつつも，結局は「事業推進ありき」の大きな枠組みから逃れられていないと批判することもできるのです。

図 1-3 では，市民参加の段階を①情報提供，②意見聴取，③決定への

| コラム | 高レベル放射性廃棄物処分をめぐる討論型世論調査の試み |

　本文中でも紹介したように，日本学術会議は 2012 年 9 月に「高レベル放射性廃棄物の処分について」と題する回答をとりまとめ，そこでは「総量規制と暫定保管」という現状の原子力政策の根本からの見直しを前提に，「市民参加」を含むいくつかの提言が行われています。これを具体化するための取り組みの 1 つとして日本学術会議社会学委員会は，高レベル放射性廃棄物の処分問題をテーマとした web 版の討論型世論調査を実施しています（日本学術会議社会学委員会討論型世論調査分科会，2016）。

　討議参加者は，インターネット調査会社を通じて募集され，男女比・年齢分布・居住地域などを層化抽出条件として用いて調整された結果，最終的には101 人の参加となりました。参加者は，第 4 章で紹介した通常の討論型世論調査の方法と同様に，募集時，討議直前，討議直後の 3 回にわたり，質問紙を用いた意向確認を受けています。

　今回の討論型世論調査では，特に「地層処分 vs 暫定保管・総量管理」「処分地立地の方針と負担・便益の分担」の 2 つをテーマに議論が行われました。これは学術会議の回答（2012）で主張された，今後の高レベル放射性廃棄物の処分の方向性に沿った内容となっており，学術会議が提案する政策の方向性を，市民がどのように考えるかを問う設計になっていたことがわかります。そして，この討論型世論調査の結果からは，次のようなことが示唆されています。

・地層処分に対する賛成者の割合は，討議前から討議後にかけて，有意に増加し，処分地を受け入れるという参加者の割合も増加する。このことと討論型世論調査という手法の活用により，漠然とした不安を客観的なリスクと捉えることができる可能性や，自らの責任を回避しないという倫理的選択を促す手がかりになる可能性がある。

・地層処分に関する支持が増加するのと同時に，しばらく時間をかけて広く国民的議論を行うべきであるとする暫定保管への支持も高まった。この判断の背景には，地層処分と暫定保管を対立する概念として捉えるのではなく，地層処分の必要性や安全性は理解しつつも，その危険性の認識や，安全性を確

関与，④協働，⑤権限委譲の5段階にわけて考えましたが，⑤権限委譲がなされない状況で，丁寧な市民参加の場を設計し展開することは，ともするとそこに参加する人々が，自らが望まない政策であるにもかかわらず，事業を推進することの正統性に荷担することになるというジレンマを含むものなのです。この論点については，本書で紹介する他の事例も含めて，第13章，第14章でもう少し議論してみたいと思います。

実にするための技術の実現までには長い時間を要すると参加者が認識したことがあると推測される。また，高レベル放射性廃棄物の総量に関する社会的合意がないままに，その処分方法について議論することに対する異議も暫定保管を支持する理由になっていると考えられる。

・討議を通じて参加者は，この問題を将来世代に押し付けるのではなく，自己責任で解決すべきであり，30年（一世代程度）の間に何らかの方向性を示すべきであると考えている。

　これらの結果は，総合資源エネルギー調査会 電力・ガス事業分科会原子力小委員会放射性廃棄物WG中間とりまとめ（2014）で整理された内容とも整合的です。つまり，①高レベル放射性廃棄物については，将来世代の負担を最大限軽減するため，長期にわたる制度的管理（人的管理）に依らない「最終処分」を可能な限り目指すことが必要であり，「管理」と「最終処分」は排他的な関係性にはないこと，②そのためには，原子力発電を利用してきた現世代が，最終処分に向けた取り組みを具体的に進めていくことが必要であること，その際には，③最終処分ありきで進めることに対する社会的支持が十分でないことも踏まえ「市民（国民）の参加による」議論を行っていくことが不可欠であることが，今の高レベル放射性廃棄物処分問題に求められていることであるということができます。

　またこの討論型世論調査は，web会議システムを通じて討議を行っていることも特徴の1つですが，主催者らの報告によると，web版であっても実空間上の討論型世論調査と同様の意見や態度変容が起こることが確認されています。COVID-19の影響により社会の中にさまざまなオンライン会議システムが定着したことも，このような方式の活用の後押しをするでしょう。web版の実施は，実空間での実施よりは相対的に低コストの運用が可能であり，また参加する側の物理的障壁を下げる効果も見込まれるため，「市民参加」手法の展開においても今後の新しい展開が見込まれます。

● 研究課題

1　高レベル放射性廃棄物の処分（地層での保管）は，その影響が超長期にわたることから，将来世代にとって不利益にならないような配慮をもって，その意思決定を行うことが必要とされています。本章で紹介した「可逆性」や「回収可能性」という概念を用いつつ，この種の問題の将来世代への配慮を実現する方法について考えてみましょう。

2　本章では，高レベル放射性廃棄物処分問題への市民参加の取り組みが重要である一方で，政策決定に直接反映できないことは，「自らが望まない政策であるにもかかわらず，事業を推進することの正統性に荷担することになるというジレンマ」を含むことについて言及しました。これらを踏まえつつ，政策決定に市民の声を直接反映させることの意味と限界について考えてみましょう。

引用文献

原子力委員会放射性廃棄物専門部会（2016）最終処分関係行政機関等の活動状況に関する評価報告書（http://www.aec.go.jp/jicst/NC/senmon/hosya_haiki/houkoku.pdf（2020 年 11 月 10 日現在））

原子力市民委員会（2014）「原発ゼロ社会への道——市民がつくる脱原子力政策大綱」（http://www.ccnejapan.com/20140412_CCNE.pdf（2020 年 11 月 10 日現在））

核燃料サイクル開発事業団（1999）「わが国における高レベル放射性廃棄物地層処分の技術的信頼性—地層処分研究開発第 2 次取りまとめ」（https://www.jaea.go.jp/04/tisou/houkokusyo/dai2jitoimatome.html（2020 年 11 月 10 日現在））

日本学術会議（2012）「回答　高レベル放射性廃棄物の処分について」（http://www.scj.go.jp/ja/info/kohyo/pdf/kohyo-22-k159-1.pdf（2020 年 11 月 10 日現在））

日本学術会議社会学委員会討論型世論調査分科会報告（2016）「高レベル放射性廃棄物の処分をテーマとした Web 上の討論型世論調査」（http://www.scj.go.jp/ja/info/kohyo/pdf/kohyo-23-h160824-2.pdf（2020 年 11 月 10 日現在））

総合資源エネルギー調査会 電力・ガス事業分科会 原子力小委員会 放射性廃棄物 WG（2014）「放射性廃棄物 WG 中間とりまとめ」（https://www.meti.go.jp/committee/sougouenergy/denryoku_gas/genshiryoku/houshasei_haikibutsu_wg/re port_001.pdf（2020 年 11 月 10 日現在））

特定放射性廃棄物の最終処分に関する基本方針（2015 年 5 月 22 日閣議決定）
（https://www.meti.go.jp/shingikai/enecho/denryoku_gas/genshiryoku/pdf/
012_s03_00.pdf（2020 年 11 月 10 日現在））

八木絵香（2009）「『原子力に関するオープンフォーラム』の試み」『Communication Design』2, pp. 113-132.

参考文献

原子力委員会（2012）今後の高レベル放射性廃棄物の地層処分に係る取組について（見解）（http://www.aec.go.jp/jicst/NC/about/kettei/121218.pdf（2020 年 12 月 1 日現在））

原子力発電環境整備機構（NUMO）ウェブサイト（https://www.numo.or.jp（2020 年 11 月 10 日現在））

原子力市民委員会ウェブサイト（http://www.ccnejapan.com（2020 年 11 月 10 日現在））

原子力資料情報室ウェブサイト（https://cnic.jp（2020 年 11 月 10 日現在））

寿楽浩太（2013）「高レベル放射性廃棄物処分の『難しさ』への対処の道筋を探る――求められる知の社会的な共有と『価値選択』の議論」『科学』83（10），pp. 1164-1173.

寿楽浩太（2015）「高レベル放射性廃棄物処分における『安全』の『難しさ』をめぐって――日本学術会議と経済産業省における最近の議論とその含意」『科学』85（3），pp. 307-313.

松本三和夫（2012）『構造災――科学技術社会に潜む危機』岩波書店.

資源エネルギー庁ウェブサイト「放射性廃棄物について」（https://www.enecho.meti.go.jp/category/electricity_and_gas/nuclear/rw/（2020 年 11 月 10 日現在））

鈴木達治郎（2017）『核兵器と原発　日本が抱える「核」のジレンマ』講談社.

竹内純子（2014）『誤解だらけの電力問題』ウェッジ.

吉田英一（2012）『近未来科学ライブラリー・シリーズ 13　地層処分―脱原発後に残される科学課題』近未来社.

吉岡斉（2011）『新版 原子力の社会史―その日本的展開』朝日新聞出版.

7 │ 超スマート社会と市民参加

工藤　充

　本章では，まず第1節で，日本の科学技術イノベーション政策[1]が目指す「超スマート社会＝Society 5.0」という社会像を概観し，そして，その実現に向けてどのような市民参加のあり方が期待されているかについての概要を示します。次に第2節では，超スマート社会を構成する技術の具体的な例として生体認証技術を取り上げ，リスクに関するどのような新しい問いが生じているかについて俯瞰します。最後に第3節では，そうした新しいリスクに対応するための市民参加の先行的な海外事例を2つ紹介し，日本で同様の取り組みを行う上での留意点について考察します。

《キーワード》　超スマート社会，Society 5.0，共創，生体認証，自動運転

1. 科学技術イノベーション政策と超スマート社会 ＝Society 5.0

（1）超スマート社会＝Society 5.0

　「超スマート社会＝Society 5.0」は，現在の日本が国策として推進する科学技術イノベーション政策の目指す社会像です。政府が5年ごとに打ち出す，国としての科学技術の政策的振興のあり方を示した「第5期科学技術基本計画」（内閣府，2016）においても，「『超スマート社会』を未来社会の姿として共有し，その実現に向けた一連の取組を更に深化させつつ『Society 5.0』として強力に推進し，世界に先駆けて超スマート

1　第3章で触れたように，現在，日本の科学技術政策は，研究開発の成果が社会課題の解決に資することや，社会の中での新しい価値創造につながることを目指す「科学技術イノベーション」にその重心を移しつつあります。そうした背景に鑑み，本7章（および12章）では，他章において「科学技術」として論じられているものに対して「科学技術イノベーション」の用語を当てています。

社会を実現していく」と述べられています。Society 5.0 の「5.0」という数字が示すように，超スマート社会は，これからの私たちの社会を歴史上で5番目のフェーズに位置づけられる社会として構想するものです。これまでに狩猟社会（Society 1.0），農耕社会（Society 2.0），工業社会（Society 3.0），そして情報社会（Society 4.0）と発展を遂げてきた社会の延長にありながら，それまでの社会とは一線を画す超スマート社会とは，一体どのような社会なのでしょう。

　科学技術基本計画によれば，超スマート社会とは「ICT を最大限に活用し，サイバー空間（仮想空間）とフィジカル空間（現実世界）とを融合させた取組により，人々に豊かさをもたらす」社会です（内閣府, 2016, p. 11）。ここで鍵となるのは，データ・情報です。私たちが暮らす現代の情報社会（Society 4.0）では，特定のサービスや目的に合わせて開発された情報機器を通じて生成されたデータは，インターネットを通じて集約され，用途に応じた分析が行われ，サービスの向上に用いられていました。それに対して超スマート社会（Society 5.0）では，IoT（モノのインターネット）という言葉で示されるような，フィジカル空間の隅々まで行き渡ったセンシング機器によって，質の高い膨大な量のデータが「ビッグデータ」としてサイバー空間を構成します。こうして集まったデータは，従来の私たちの情報処理技術で扱うことのできる量を大きく超えるものですが，人工知能（AI）技術の発展によって解析が可能となります。その結果として，例えばモビリティ（人・モノの移動）の領域では，車両の自律走行による交通事故の減少や高齢者や障がい者への移動支援，渋滞や混雑を最小限に抑えた効率的な公共交通サービスの提供が目指されています。また医療・介護の分野では，健康に関する生体情報をリアルタイムに計測・記録することが可能となり，そしてそれらがビッグデータとして解析されることによって，早期の疾病発見や健康促進に活用されるようになる，そんな可能性が議論されています。さらには，人があらかじめ思いもつかなかったような形でデータとデータが結びつき，新たな価値を持つサービスが生まれたり，社会課題や地域課題に対する革新的な解決策が生まれたりするかもしれません。こうした特徴を持

つ「超スマート社会＝Society 5.0」は，「地域, 年齢, 性別, 言語等による格差なく，多様なニーズ, 潜在的なニーズにきめ細かに対応したモノやサービスを提供することで経済的発展と社会的課題の解決を両立し，人々が快適で活力に満ちた質の高い生活を送ることのできる，人間中心の社会である」ことが期待されています（内閣府, 2017, p.2）。

（2）Society 5.0 に向けた共創的科学技術イノベーション

　良いことずくめのように聞こえる超スマート社会。しかし，これまでにはなかった快適さや利便性, さらには新しい価値創造といった恩恵を社会に広くもたらすことに期待が寄せられる一方で，社会に対する新たな課題や懸念, そしてリスクを生じさせる可能性はないのでしょうか。

　内閣府のSociety 5.0のウェブサイトには，次のような文言が掲げられています。「Society 5.0では，ビッグデータを踏まえたAIやロボットが今まで人間が行っていた作業や調整を代行・支援するため，日々の煩雑で不得手な作業などから解放され，誰もが快適で活力に満ちた質の高い生活を送ることができるようになります。[改行]これは一人一人の人間が中心となる社会であり，決してAIやロボットに支配され，監視されるような未来ではありません。」（内閣府, n.d.)

　とは言え，実際には，Society 5.0の実現に必要とされる情報通信, センシング, AIを構成する科学技術の研究開発や，それらの社会実装にあたっては，次節で例を示すように，法制や倫理といった科学技術の社会的な側面にさまざまな検討事項が生じることも予見されています。そのため，科学技術政策では，科学技術の研究者だけではなく，関係する多様なステークホルダーや，市民を含む社会の成員との対話・協働を通じた「共創」という形で研究開発や社会実装に取り組んでいくことの必要性を指摘しています。Society 5.0に向けての，そのような「共創的科学技術イノベーション」について，第5期科学技術基本計画は次のように述べています。「科学技術の社会実装に関しては，遺伝子診断, 再生医療, AI等に見られるように，倫理的・法制度的な課題について社会としての意思決定が必要になる事例が増加しつつある。新たな科学技術の社会実

装に際しては，国等が，多様なステークホルダー間の公式又は非公式の
コミュニケーションの場を設けつつ，倫理的・法制度的・社会的課題に
ついて人文社会科学及び自然科学の様々な分野が参画する研究を進め，
この成果を踏まえて社会的便益，社会的コスト，意図せざる利用などを
予測し，その上で，利害調整を含めた制度的枠組みの構築について検討
を行い，必要な措置を講ずる。」（内閣府，2016，p. 47）

　このように，Society 5.0 を実現するための科学技術イノベーション
の推進には，社会の多様な成員との共創的な取り組みが重要であること
が政策として明記されており，本書で紹介する多様な形態の市民参加も，
そうした取り組みを構成するものとして理解できます。そして，共創的
な科学技術イノベーションの実現のためには，対象とする科学技術イノ
ベーションが社会に対してどのようなリスクを生ずる，または生じうる
ものなのかを，そうした市民参加の仕組みを通じて丁寧に検討していく
ことが重要です。センシングによる多種多様なデータの生成や，生成さ
れたデータを集約，共有，蓄積するための情報通信システム，そしてそ
のデータを分析して新しい価値や意義を発見・創造する AI。これらの科
学技術の研究開発を推進し，その先に見えてくる超スマート社会＝So-
ciety 5.0。そこで私たちはどのようなリスクに，どのように向き合うこ
とが求められるのでしょうか。次節では，超スマート社会と関連の深い
「生体認証技術」を取り上げ，その倫理的・法的・社会的な問いについて
概観します。

2.　生体認証技術の社会的な課題

（1）　生体認証技術の概要と社会への実装

　生体認証とは，「人の身体的な特性・特徴や行動的な特性・特徴に基づ
いて，その人物を自動的に識別・確認すること」（村松，2018，p. 2）と
定義されます。生体認証に用いられる具体的な身体的特性・特徴の代表
的なものとして，顔，眼（虹彩，網膜），指紋，DNA などが挙げられま
す。同じく，行動的な特性・特徴の代表的なものとしては，筆記や歩容
（人が歩く動作・様子）などが挙げられます。生体認証を行うためには，

ここに挙げたような身体的・行動的な特性・特徴に見られる個人レベルでの差異を検出することができるだけの精度を持つ技術，すなわち生体認証技術が必要となります。

例として顔認証技術を見てみましょう。顔認証と一口に言ってもさまざまな様式がありますが，基本的なところでは，認証の対象とする顔の含まれる画像から，まずは「顔」に相当する部位を検出し，検出された顔画像に対して位置合わせ（正規化）を行い，そこから認識に用いるための特徴をデータとして抽出し，そのデータに基づいて顔の認証および識別を行うことになります。そして，たくさんの顔データを収集したデータベースの構築と，そのデータをAI，特に深層学習によって顔認証システムに取り込むことにより，認証の精度は飛躍的に向上しつつあります（槇原，2018，pp.18-25）。

生体認証技術は，現在，私たちの暮らしのさまざまな場面ですでに実用化が進んでいます。もっとも身近な生体認証技術の使用例としては，本人確認のための手段としての利用ではないでしょうか。例を挙げると，最近のパソコンやスマートフォン等のパーソナルデバイスにおいては，デバイスへのログインに際して指紋や顔を対象とした生体認証を用いることはもはや珍しいことではありません。他にも，建物や部屋へのアクセス管理のために入り口に個人認証用の機器を設置したり，コンサート会場における入場者管理のために入場ゲートで生体認証技術を用いることも増えてきています。同様に，飛行機の国際線に乗った際に到着地の空港で受ける入国審査では，入国者の顔とパスポートの顔写真との照合をかつては入国審査官が目視で行っていましたが，これも近年では顔認証技術を用いたシステム（パスポートの顔写真をスキャンし，同時に入国者の顔をカメラで撮影し，本人確認を行う）の活用が浸透しつつあります。このように，本人確認のための生体認証技術は，近年ずいぶん身近になってきた技術と言えるでしょう。

上に例を挙げたような顔認証の活用は，本人確認を必要とする個人と，その個人が顔認証システムにあらかじめ登録しておいた自分自身の顔データとを「一対一」で照合させることによって可能となります。それ

に対して，生体認証データを「一対多」の形で照合することによる活用形態もあります。これは，あらかじめ多数の個人から生体認証情報を集めたデータベースを構築しておくことにより，必要な際に，ある人がそのデータベースに含まれる個人なのかどうかを瞬時に判定するものです。そのような生体認証技術の具体的な活用事例として，犯罪捜査が挙げられます。例えば米国においては，「次世代個人識別・州間写真システム（NGI-IPS）」と呼ばれる，2,500万人近い犯罪者の顔写真からなるデータベースを連邦捜査局が保持し，2015年から本格的に運用され，犯罪捜査に用いられています（岸本，2018，pp. 52-53）。

　他にも，ショッピング等の場での消費サービスの向上や万引き防止の目的で，小売店が来店者の顔情報を収集し，来店履歴や購買履歴とマッチングするシステムも実際の運用が始まっています（読売新聞，2015）。丸善ジュンク堂書店では万引き防止の目的から，万引きの疑いのある客の顔認証情報を集めてデータベース化しました。そして，店舗内の監視カメラで来店者の顔認証を行い，このデータベースに照会をかけることにより，データベースに登録された客が来店した場合にアラームで素早く店員に通知するようなシステムを運用しています。

（2）生体認証技術のリスクと社会的受容性

　ここまで見てきたように，生体認証技術は，私たちの暮らしの色々な場面にすでに導入・実装されており，生活の中で利便性や安全性を高めるための役割を担っています。そして，生体認証のためのカメラやセンサーの存在に気づいているか否かにかかわらず，私たち自身も生体認証技術の対象となっていることが分かります。

　普段の暮らしの中では，私たちは社会の中で機能しているこうした生体認証技術に対して，特段の不安や懸念を抱くことはあまりないかもしれません。とはいえ，生体認証技術は，その使い方に適切さを欠いた場合に，さまざまな形でリスクをもたらすことになります。そうしたリスクのうち，私たち自身に直接的に関わる最たるものは，私たちのプライバシーに対するリスクと言えるでしょう。

　「プライバシー」という言葉は，「私事。私生活。また，秘密。」（松村，2019，p. 2417）といった事柄・概念を指す言葉として私たちの日常生活の中でも広く用いられていますが，それを守る権利としての「プライバシー権」は，1890年に米国で「放っておいてもらう権利（right to be alone）」として提唱されたのが世界で最初とされています（宮下，2015）。その意味するところの身近さを考えると意外なことですが，プライバシー権の法制的な意味については実はまだ明確な定義が定められておらず，今でも活発な議論が続いています。最近では日本においては個人情報保護法の改正（2017年5月施行）が，欧州連合EUでは一般データ保護規則（General Data Protection Regulation，略してGDPR。2018年5月施行）の導入があり，それらをめぐって多くの報道もなされたので，皆さんもそうした議論を耳にする機会があったかもしれません。こうした議論の活発さが示唆するように，法制的な取り扱い（何が合法で何が違法か）に明確な線引きができなくとも，私たちがどのようなプライバシー権を保有し，それはどう守られるべきかを考えていくのは大切なことです（宮下，2017）。

　それでは以下に，2014年に生体認証技術を公共空間で用いることに対して社会の中で巻き起こった議論を題材に，生体認証技術が私たちに投げかけるリスクに関する問いについて考えていきましょう。

（3）大阪駅ビルでの生体認証技術の実証実験をめぐる議論

　「大阪駅ビル　顔で追跡　カメラ90台　行動把握」という見出しの記事が，2014年1月6日付けの朝日新聞朝刊に掲載されました（朝日新聞，2014）。7段組と割と大きめのこの記事が報道するのは，JR大阪駅・駅ビル「大阪ステーションシティ」で同年4月から開始されることが発表された，生体認証技術の研究開発のための実証実験です。実験の主体は，日本の情報通信インフラの整備を所掌する総務省によって所管される，独立行政法人（現在は国立研究開発法人）の情報通信研究機構（略称はNICT）です。NICTが2013年11月にプレスリリースを通じて発表した実験の内容は，「大阪ステーションシティ内に映像センサーを設置し，映

像センサーにより施設内の状況を映像データとして取得し [,] 得られた
映像データは，施設内において，特定の個人が識別できない形に処理を
行ったのち，処理後のデータを用いて，人の流量や滞留の度合い等の時
間毎変化の集計や統計処理を行 [う]」というものでした (NICT, 2013)。
資料にはさらに，映像センサーが約 90 台設置されることや，顔画像から
100 種程度の特徴量データを抽出すること，顔画像はデータ抽出後にす
ぐ消去すること，データから顔画像の復元ができないこと等も記載され
ています。

　この実証実験計画は，先の朝日新聞を含めたマスメディア各社によっ
て報道されましたが，その内容は，実験計画についての記述にとどまら
ず，個人情報保護やプライバシー保護といった観点から同実証実験に対
する問題点や懸念に言及するものでした。また，いくつかの市民団体か
らは，実験の中止を求める要望も出されました。さらに，実験に対する
一般の人々の懸念や不安の声も NICT に対して寄せられました。

　こうした社会からの反響を受け，2014 年 3 月，NICT は「市民の方々の
中に本実験に対するご懸念の声があること，政府においてもパーソナル
データの利活用について現在検討中であること，また，有識者の方々か
らも本実験に係る個人情報保護等の制度的な課題や技術的な課題のみな
らず，市民の方々のご懸念にも十分配慮した対応が必要とのご意見も頂
いた」ことを理由に，実験を延期することを発表しました (NICT, 2014)。

　この事例が私たちに投げかけるのは，生体認証という，私たちの身体
が技術を通じて情報化され，それが管理されることに起因するリスクに
ついての問いです。この実験はそもそも，大阪ステーションシティのよ
うな大規模複合施設において，災害発生時のような非常時に迅速かつ効
率的に人々を避難誘導する上で必要となる人流統計の作成を目的とした
生体認証技術の開発を目的に設計されました。つまり，公共の利益に資
することの期待される公益的な技術開発であり，また，撮影される人々
の生体認証情報がプライバシー保護，個人情報保護，情報セキュリティ
の観点から危険に晒されることのないよう，注意深い検討も行われてい
ました。それにもかかわらず，上に述べたような社会からの懸念や不安，

反発を惹起したということが，生体認証という技術に対する人々の受け止め方の複雑さを示唆しています。

　実験延期の判断を受け，NICT は情報法制の有識者からなる「映像センサー使用大規模実証実験検討委員会」を設置し，肖像権やプライバシー権の保護，個人情報保護法，情報セキュリティ確保といった点から，実験計画を改めて精緻に検討しなおしました。その結果，被撮影者のプライバシー権や個人情報の保護に関する法制的な瑕疵は認められなかったものの，被撮影者を含む一般の人々が自身の生体認証情報を収集されることに対して抱くさまざまな不安感や嫌悪感に対して配慮する必要があることの認識が，実験主体の側に欠けていたことが指摘されました。同委員会による調査報告書（2014）の中では，「個人を特定されたり，年齢性別等の属性情報を取得されたり，特定されなくても一人ひとり同定され追跡されたりすることへの嫌悪感や，監視社会への恐怖感」（p. 6）や，「顔画像や顔識別に必要な情報は生体情報であり，一度取得されると将来にわたる追跡が可能になることや，ネット上に流出してしまうと消去が困難になるとの認識」（p. 6）が人々の間にあったことが，この実証実験に対する社会からの反発を招いた背景としてあったと述べられています。

　大阪ステーションシティにおける，生体認証技術を用いた大規模な人流統計取得のための実証実験に対する社会からの反応は，人々が生体認証技術の何を「リスク」と感じているのかについての示唆を与えるものです。ここで注意が必要なのは，一般の人々や社会が，顔認証技術や生体認証技術のすべてについての拒絶を表明したわけではなく，その関係性はもっとアンビバレントなものであるということです。本節の（1）で述べたように，生体認証技術はすでに私たちの暮らしのさまざまな場面に実装されていますが，一方では私たちは，それらの技術の存在を特に強く意識することもなく，その利便性やそれがもたらす安全性という利益を日々享受しながら暮らしています。しかし他方では，生体認証技術の大規模な実証実験を目の前にし，その技術のもたらしうるリスクに対して強い不安や懸念を覚えたりもします。このことは，私たちと科学技

術の関係が，静的で安定したものではなく，私たちの一人ひとりが置かれた状況やそれぞれの持つ価値観，科学技術との接点の持ち方といったさまざまな要素によって大きく影響される，非常に動的なものであることを示していると言えるでしょう。そしてだからこそ，次節で述べるような市民参加の仕組みが大切になってきます。

3. 科学技術イノベーションを市民と「共創」する

（1）SurPRISE プロジェクトの事例

　前節で述べたように，生体認証技術のような，超スマート社会のための新しく萌芽的な科学技術は，人々の受け止め方やリスクとの向き合い方などの姿勢がまだまだ落ち着いておらず，また，技術やその研究開発のプロセス自体から発するリスクについても，その顕在化の仕方を予見することが非常に困難です。その意味では，研究開発や社会実装に当たっての社会からの反応を推し量ることが非常に難しい領域であると言えるでしょう。

　そして，こうした難しさこそが，超スマート社会における科学技術の研究開発・社会実装を，市民参加を通じた共創的なやり方で行っていくことの必要性を示しています。すなわち，研究開発や制度整備に携わる人々が広く一般の人々と議論を行うことにより，自らの携わる科学技術の研究開発や社会実装のあり方を社会全体として築き上げていく「共創」の必要があるということです。近年では，そのような共創的な科学技術イノベーション（第1節（2）参照）の進め方がさまざまに試みられています。以下に，生体認証技術を主要な項目として含む研究開発の共創に向けた取り組みについて，海外の事例を1つ紹介します。

　この取り組みは，欧州で2012年2月から2015年1月にかけての3年間にわたって行われたプロジェクトで，その略称を「SurPRISE」といいます（SurPRISE, 2015）。SurPRISE は「Surveillance, Privacy and Security」の略称で，プロジェクトの主目的は，「セキュリティ＝安心・安全」と「プライバシー」の関係性について考え直すことにありました。プロジェクトの主な対象となる技術は，スマートフォンによる位置情報

特定，スマート監視カメラ，そしてディープ・パケット・インスペクション（DPI）といった監視型のセキュリティ技術（プロジェクトではSur-veillance-Oriented Security Technologies，略してSOSTsと総括されています）です。SurPRISEプロジェクトが立ち上げられた背景には，SOSTsが防犯のためのセキュリティ向上に資するものである一方で，他方ではSOSTsによって守られる人々のプライバシーを侵害しかねないものであるという，長く議論されてきたセキュリティとプライバシーの間のトレードオフ関係に対する問題意識がありました。セキュリティとプライバシーが相互排他的な関係にあるのであれば，SOSTsの研究開発や社会実装によるセキュリティの強化は，人々のプライバシーを侵すことにつながってしまう。しかし本当にそうなのか。人々がセキュリティをどのように捉え，また，同じくプライバシーをどのように捉えているかについてもっと深く踏み込んで調べてみれば，プライバシーを守りながらもセキュリティを高めるようなSOSTsのあり方が見えてくるのではないか。SurPRISEプロジェクトを立ち上げた人たちはそのように考えました。

　この目的を達成するためにSurPRISEプロジェクトでは，「市民サミット」と「小規模市民会合」という2種類の市民参加の手法を組み合わせることにより，市民自らがセキュリティとプライバシーの関係性を考え，その考えを可視化する取り組みを実施しました（表7-1 Sur-PRISEプロジェクトの市民参加手法の概要）。以下に，その具体的な手続きについて見ていきましょう。

　まず市民サミットですが，第2章でも紹介したミニ・パブリックスの形になるよう（すなわち，職業的にSOSTsと関係のある人を除いて，人口動態的な代表性を保てる構成になるように）選ばれます。そして選ばれた参加者は，市民サミット実施に先立ち，SOSTsに関する情報冊子を受け取り，SOSTsについての基本的な事項について予習しておきます。そして当日は，6〜8人ずつ1つのテーブルに着席し，モデレータも1名同席します。そして，最初にSOSTsについてのビデオクリップ（1つのSOSTにつきおよそ7分間）を視聴し，情報冊子から学んだSOSTsに

表7-1　SurPRISE プロジェクトの市民参加手法の概要

	市民サミット	小規模市民会合
実施した国の数	9ヵ国	5ヵ国
実施した回数	12回	5回
参加者の総数	およそ1,800名	およそ200名
要した時間	6～7時間	3時間
議論に先立ち参照した情報	情報冊子 ビデオクリップ	情報冊子
議論した SOSTsの数	3種類	5種類

ついての知識を思い出すと同時に，グループディスカッションに向けて自分自身の考えを整理します。さらに，異なる分野からの専門家を相手にSOSTsについて簡単な質疑応答を行い，SOSTsについてのさらに補足的な知識を得ると同時に，SOSTsへの賛成意見，反対意見といった異なる立場の意見にも触れることになります。このような多段階的な形でSOSTsについての理解を深め，議論の準備が整うと，いよいよディスカッションに移ります。ディスカッションは全部で3ラウンドにわたって行われます。最初の2つのラウンドでは，ディスカッションの題材としてグループに与えられた2種類の具体的なSOSTのそれぞれについて，長所や短所，恩恵やリスクといったことについて話し合います。その際には，単に賛成・反対といった立場を表明するだけでなく，なぜそのように考えるのかの理由についても共有するようにします。そして最後の3ラウンド目では，それまでの2つのラウンドのディスカッションを元に，国レベル，また欧州レベルでの関連政策形成に向けて，提案・提言をそれぞれのグループでまとめ，発表します。

　小規模市民会合も，基本的な部分では市民サミットと同様に，議論の主題となるSOSTsに対する意見をお互いに述べ合いながら，セキュリティ，監視という行為，そしてSOSTsに対して人々がどのような感情を抱いているのかについて，ディスカッションを通じて掘り下げていきます。そ

して，欧州で SOSTs 関連の政策形成に携わる政治家に向けて，SOSTs の
あり方や政策が注力すべき点についての提案・提言を作成します。

SurPRISE プロジェクト全体としては，前者の市民サミットを欧州の
9 カ国（オーストリア・デンマーク・ドイツ・ハンガリー・イタリア・ノ
ルウェー・スペイン・スイス・英国）において 12 回実施し，各国でおよ
そ 120～250 人程度ずつ，全部でおよそ 1,800 人の一般市民からの参加
がありました。後者の小規模市民会合は，欧州の 5 カ国（デンマーク・
ハンガリー・イタリア・ノルウェー・スペイン）において実施，それぞ
れの国で 35～40 人程度ずつ，全部で 200 人程度の参加がありました。こ
れら 2 種類の市民参加実践から得られた全部でおよそ 300 の政策提案・
提言は，SurPRISE プロジェクトのメンバーによって 20 に構造化して
集約され，それらはさらに専門家・関係者によるワークショップの中で
議論されました。このワークショップは，欧州委員会，政策実務，セキュ
リティ産業，技術開発，法制機関，データ保護機関，市民グループといっ
た多様な実務領域からの参加者によって行われたものです。こうして，
SurPRISE プロジェクトから欧州の政策関係者に向けて，個人データ収
集・利活用の監督・管理に当たる機関を強化することや，SOSTs に関す
るテクノロジーアセスメント（第 2 章第 2 節（1）参照）を実施すること
などを求める，全部で 16 項目からなる政策提案・提言が作られました。
また同時に，人々が SOSTs に対する受容・非受容の態度を決定する上
で重要な項目についてもリストにまとめられました。

このようにして，SurPRISE プロジェクトは，市民サミット，小規模
市民会合という 2 種類の市民参加実践を組み合わせ，欧州の 9 カ国，全
部でおよそ 2,000 人の欧州市民からの声を，SOSTs に関連した政策提
案・提言として集約しました。この提案や提言が実際のどの程度まで，
欧州における SOSTs 関係の政策形成や法制整備に影響を及ぼしたのか
を明確に示すことは容易ではありません。ですが，前節でも触れた一般
データ保護規則（GDPR）という，個人に関する情報の取り扱いについ
ての厳格な法制の導入を決めたことからも読み取れるように，欧州はプ
ライバシー権や個人データの保護に向けてしっかりとした制度作りをす

ることに注力しており，そのために市民の声を聞いて政策形成につなげ
ていこうとする意識が政策レベルで共有されているように思えます。こ
こで紹介した SurPRISE プロジェクトも，そのプロジェクト資金の大部
分（プロジェクト費用総額€4,401,820 のうち，€3,424,109）を，欧州
連合 EU としての研究・技術開発のための基盤的な資源配分を行うプロ
グラム（Seventh Framework Program，略して FP7）からの助成を受け
実施されています。このことは，SOSTs の技術開発や社会実装を行う上
では，SurPRISE プロジェクトのような市民参加の仕組みを通じて，広
く社会の人々の声に耳を傾け，関連した制度整備に反映していこうとす
る取り組みが重要であるという政策的な認識の表れであると理解するこ
とができます。

（2）モラル・マシンの事例

　本節（1）の SurPRISE プロジェクトは，一般の人々が一堂に会して対
話を行うことを中心とした市民参加のプロジェクトでしたが，科学技術
イノベーションの共創には他にもさまざまな形があります。以下では，
インターネットを通じた市民参加の可能性を示すプロジェクトについて
見ていきましょう。

　こちらは，米国のマサチューセッツ工科大学・メディアラボの研究チー
ムによって行われた，「モラル・マシン」（Moral Machine）と題された，
自動運転自動車をテーマとした大規模オンライン調査（クラウドソース）
のプロジェクトです（Awad et al., 2018）。自動運転自動車は，超スマー
ト社会のような近未来社会のモビリティを実現する上で重要な位置付け
にあり，日本を含む多くの国でその研究開発と社会実装が急がれていま
す。自動運転自動車は，自動車の運転に関わる「認知」「判断」「操作」
という 3 つの手続きを自動運転技術によって代替するものですが，特に
「判断」に関する手続きを AI に委ねることに関連して，いわゆる「トロッ
コ問題」という倫理的な問題がしばしば議論されてきました（清水, 2017,
pp. 32-34）。トロッコ問題というのは倫理学ではよく知られた思考実験
で，他者の命を犠牲にすることで誰かの命を救うことができるというジ

レンマを前に，どのような判断を下すかを問うものです。モラル・マシンは，AI を搭載した自動運転自動車がこのジレンマにどのように回答すべきかという倫理的・道徳的な問いに対して，研究開発や法制整備に従事する人たちと一般の人々が協働して対応策を考えていくことを支援する取り組みとして解釈することができます。

　それでは，もう少し具体的にこのモラル・マシンの内容について見てみましょう。例えば次のようなシナリオについて，みなさんはどのように考えるでしょうか。「あなたの乗った自動運転自動車のブレーキが故障してしまいました。前方の横断歩道では高齢の歩行者1名が横断を開始しており，このまま自動車が直進すればこの歩行者が事故の犠牲となります。ハンドルを切って歩行者を回避すると，歩道の壁に直撃しあなたが事故の犠牲となります。このような状況で，自動車の人工知能はどちらの判断を下すべきでしょう？」モラル・マシンでは，自動運転自動車に関するこうした倫理的・道徳的意思決定を問うシナリオを13種類用意し，2016年からの18ヶ月間の間に，233の国・地域に暮らすおよそ230万人からインターネット上での回答を得ました。回答結果の分析からは，人々が人工知能によるどのような判断を倫理的・道徳的と受け取るかについては，ごく少数の例外（動物の命よりも人命を，少数よりも多数の命を，年齢のより若い者の命を救うことを優先する）を除いては世界で統一的な見解があるわけではなく，宗教，文化や慣習，社会的・経済的な要因によって異なることが示唆されました。すなわち，自動運転自動車の運転の判断を行う AI を，世界で統一的な倫理的・道徳的なルールに則って設計することが極めて難しいことを示すものでした（Awad et al., 2018）。

　さて，上に書いたようなことが明らかとなったことはもちろんそれ自体がモラル・マシンの成果として重要ですが，同時にこのプロジェクトは，市民参加を通じた共創的な自動運転技術の研究開発や政策・制度整備のあり方に示唆を与えるものでもあります。モラル・マシンが取り上げている倫理的・道徳的なジレンマは，避けて通ることのできない重要で倫理的な問いでありながら，どちらかを選んでおけば技術開発として

正解というものではありません。また，変わり続ける社会の技術観とともに揺れ動くであろう人々の倫理的・道徳的な価値判断に合わせて，望まれる対応策も変わっていくことが予想されます。だからこそ，モラル・マシンというプロジェクトが，オンラインプラットフォームへの参加という形で自身の意見を直接的に表明することのできる機会を社会の多くの人に提供できたということは，アンケートへの回答結果から得られた知見よりも大きな意義があると言えるのではないでしょうか。モラル・マシンの成果を報告する論文の中で，プロジェクトの設計・実施に携わった著者らも，プロジェクトの意図について次のように述べています。「自動車が倫理的な判断を下すことになる前に，まずは私たちがどのような判断を望んでいるのかということを，アルゴリズムの倫理的・道徳的な部分の設計に当たる会社や，その規制に当たる政策形成者に対して伝えるために，世界的な対話（conversation）が必要です。［改行］モラル・マシンは，そんな対話のきっかけを作ろうとしたもので，世界中から何百万もの人々の参加がありました。」（Awad et al., 2018, p. 63, 和訳は著者）。モラル・マシンは，実際に開発者・政策形成者と一般の人々が相互に意見を交わすという意味での「対話」ではありませんでしたが，自動運転自動車の倫理的な判断に対する考え方や価値観の多様性を知り，それをきっかけに他者との対話が始まり，また，自分自身の思索をさらに深めていく機会を得るという意味では，「対話」と呼ぶにふさわしい要素も備えていたと言うことができるでしょう。

（3）科学技術の推進を前提としない市民参加へ

　本節ではここまで，SOSTs および自動運転技術をそれぞれテーマとする SurPRISE とモラル・マシンという2種類の市民参加の実践事例について論じました。これらの事例は2つとも海外（欧米）のものですが，そこで取り上げられた SOSTs や自動運転技術はどちらも，「超スマート社会＝Society 5.0」という日本の科学技術イノベーション政策の指向する社会像の実現においては重要な位置付けにあり，したがって，私たちが市民参加を通じた共創的科学技術イノベーションを目指す上で多くの

示唆を与えてくれるものです。

　しかし，これらの実践事例を参照する上では，単に実践の形式（大規模な市民サミットやインターネット調査）を追随することばかりに気を取られないよう，注意が必要です。大切なのは形式ではなく，何のために市民参加を行うのか，という理由・目的です（第1章第3節を参照）。これに関して，過去の市民参加の事例を注意深く検討した研究では，科学技術に関して人々が不安や懸念に感じる側面を先回りして表面的に取り繕ろうことによって人々の科学技術に対する無批判な受容性を追求したり，科学技術の推進に対する人々の「合意」を取りつけようとする方向に「市民参加」という仕組みが用いられてしまうことが，これまでに必ずしも少なくなかったことが指摘されています（第12章第3節（1）参照）。私たちも，SurPRISE やモラル・マシンのような市民参加の取り組みを，例えば「これから社会に登場しつつある萌芽的な技術に対する人々の突発的な強い反発（いわゆる「炎上」）を巧みに回避するための手段」として解釈し，そんな取り組みを共創的科学技術イノベーションの仕組みとして組み込もうとするのであれば，それは市民の「動員」にこそなれ，「参加」とは呼べないでしょう。

　科学技術イノベーションの進展によって超スマート社会＝Society 5.0 を実現することは，社会の多くの側面において効率性や生産性，安全性を高めることにつながり，公共の利益に資することだと期待できますが，だからといって，これからの私たちの社会のあり方を最初からその方向だけに押し込めて考えていては，生体認証技術のような萌芽的な科学技術から生じうる予測不可能なリスクへの対応が遅れるだけでなく，私たちの社会や科学技術イノベーションの持つ可能性を閉じ込めてしまうことにもつながりかねません。現代のリスク社会においてまず求められているのは，どのような社会像・価値観を社会として追求していきたいのかについて，多様な立場からの人々が集まり話し合い，その話し合った内容を大切にしながら物事を決めていくことであり，市民参加とはつまり，そんな物事の決め方を可能とするような仕組みと言えるのではないでしょうか。

🎸 研究課題

1 　「超スマート社会＝Society 5.0」が描く近未来社会において用いられている技術のうち，あなたが最も実装への期待を抱く技術を 1 つ選んでください。その技術が社会に実装されるに当たって，社会の人々が抱くかもしれない不安や懸念にはどのようなものがあるでしょうか。考えてみましょう。
2 　その上で，あなたの周りの人の意見も尋ね，感じ方の違いやその理由について話し合ってみましょう。

引用文献

朝日新聞「大阪駅ビル　顔で追跡」(2014 年 1 月 6 日付朝刊 p. 1).

Awad, Edmond et al. (2018) "The Moral Machine experiment." *Nature 563*, pp. 59-64.

独立行政法人情報通信研究機構 NICT (2013)「大規模複合施設における ICT 技術の利用実証実験を大阪ステーションシティで実施」(2013 年 11 月 25 日付けプレスリリース).

独立行政法人情報通信研究機構 NICT (2014)「大阪ステーションシティでの ICT 技術の利用実証実験の延期について」(2014 年 3 月 11 日付けプレスリリース).

独立行政法人情報通信研究機構 NICT 映像センサー使用大規模実証実験検討委員会 (2014) 調査報告書.

岸本充生 (2018)「海外の法規制及び社会動向：米国」国立国会図書館調査及び立法考査局編『生体認証技術の動向と活用』pp. 52-70.

槇原靖 (2018)「モダリティ別の技術動向：顔」国立国会図書館調査及び立法考査局編『生体認証技術の動向と活用』pp. 18-25.

松村明編 (2019)『大辞林第四版』三省堂.

宮下紘 (2015)『プライバシー権の復権：自由と尊厳の衝突』中央大学出版部.

宮下紘 (2017)『ビッグデータの支配とプライバシー危機』集英社.

村松大吾 (2018)「モダリティ別の技術動向：生体認証（バイオメトリクス）とは」国立国会図書館調査及び立法考査局編『生体認証技術の動向と活用』pp. 2-8.

内閣府 (2016)「第 5 期科学技術基本計画」.

内閣府（2017）「科学技術イノベーション総合戦略 2017」.

内閣府（n.d.）「Society 5.0」.（https://www8.cao.go.jp/cstp/society5_0/index.html.
　最終アクセス日：2020 年 8 月 8 日.）

清水直樹（2017）「自動運転における AI 活用の課題」国立国会図書館調査及び立法
　考査局編『自動運転技術の動向と課題』pp. 21-34.

SurPRISE（2015）SurPRISE Brochure- The Project in a Nutshell.

読売新聞「顔データ化 客は知らず」（2015 年 12 月 28 日付朝刊 p. 29）.

参考ウェブサイト

モラル・マシン（http://moralmachine.mit.edu）

SurPRISE（http://surprise-project. eu）

独立行政法人情報通信研究機構 NICT 映像センサー使用大規模実証実験検討委員会
　（https://www.nict.go.jp/nrh/iinkai/iinkai.html）

8 | 災害リスクと市民参加―事例篇―

矢守克也

　災害リスクは，防災・減災の専門家や自治体職員だけで対応できるものではありません。この分野にも積極的な市民参加が求められています。身のまわりに潜む災害リスクを，専門家や自治体の助けを借りながらも，市民が自らリサーチし，リスク軽減策をプランニングし，実践へと移すための取り組みが数多く実践されています。ただし，市民参加を有意義な形で実現するためには，それにふさわしい仕掛け・ツール・場が必要です。本章では，筆者が手がけてきた試みを中心に具体的に紹介します。

《キーワード》　災害リスク，防災・減災，ゲーミング，避難，サイエンスミュージアム，災害情報

1. 防災ゲーム「クロスロード」

（1）「実話」がベース

　防災ゲーム「クロスロード」は，災害への備えの場面や災害後に起こるさまざまな問題を自らの問題として考えるためのゲーム型の防災教材です[1]。阪神・淡路大震災（1995年）で被災地が得た学びを共有・継承することを主目的として，大震災から10年目にあたる2005年に，筆者らが開発・公表しました（矢守・吉川・網代，2005）。「クロスロード」とは「分かれ道」のことで，そこから転じて重要な選択や判断を意味します。

　「クロスロード」は，被災地や防災活動の現場によく見られるジレンマ―「こちらを立てればあちらが立たず」という矛盾や葛藤―を素材として，ゲーム参加者（市民や自治体職員など）が，二者択一の設問に

1　「クロスロード」（登録商標）の詳細は，下記のウェブサイトをご覧ください。
https://maechan.net/crossroad/

「YES」または「NO」の判断を下すことを通して，防災を「他人事」ではなく「わが事」として考え，同時に相互に意見を交わすことをねらいとしています。具体的な設問（ジレンマ）としては，例えば，「学校教育の早期再開にはマイナスですが，不足する仮設住宅を運動場に建てますか―YES（建てる）/NO（建てない）」，「家族同然の飼い犬を，犬嫌いの人もいるかも知れない避難所に連れて行きますか―YES（連れて行く）/NO（連れて行かない）」など，自治体の防災関係職員，あるいは，一般市民にとって身近な，しかし切実な問題が多数取りあげられています。

　今では多数のバージョンが存在する「クロスロード」の最初のバージョン「クロスロード（神戸編）」の素材は，上述の通り，1995年の阪神・淡路大震災の際，地元自治体の職員や被災者が実際に直面したジレンマです。言いかえれば，「クロスロード」に含まれる設問はすべて，市民や自治体職員が現実に経験した「実話」です。その点で，架空の設定のもとで考えをめぐらす訓練とは違って，「なるほど，当時，関係者はこんな風に考えてこう振るまったんだ」という真に迫った実感を，「実話」や当時の統計データとともに得ることができます。

　なお，「クロスロード」には，その後，災害時のボランティア活動に焦点を絞った「災害ボランティア編」，「津波対策編」（東日本大震災の経験がベース），「熊本地震編」など，新たなバージョンが多数加わりました。これらの中には，筆者（研究者）が作成した「神戸編」とは異なり，災害を経験した被災者（市民）が中心になって作成したものもあります。この点は，本書のテーマ「市民参加」という観点から重要となるポイントの１つですので，次章（第９章）で詳しく触れることにします。

（２）プレー方法―グループ討議が中心―

　「クロスロード」の進め方は，概略，図8-1の通りです。5～7人程度でひと組（グループ）になったゲーム参加者が，カードに記された設問について，自分ならどうするかをまず１人で考えます。次に，判断の結果を一人ひとりに配られたYES/NOのカードで一斉に提示します。YES/NOの意見分布に応じてポイントが与えられ，最後に，グループで設問

図8-1　「クロスロード」のプレー方法

について討議し，上述した「実話」や当時の統計データなどが紹介され
たテキストや解説書を見ながら理解を深めていきます。なお，実際のプ
レー場面を，次章の**図9-1**に示しておきました。

　ポイントになるのは，自分の見解を表明する点と参加者の意見を交換
する点です。言いかえると，「クロスロード」は，「こういう場面では，
こうするのが"正解"だ」を伝える手法ではありません。全設問とも，
YES/NO のいずれかが"正解"だと決まっているわけではないのです。
そうではなく，災害リスクと向き合うときに出会う難問を知り，それに
対して市民が自らの見解を持ち，—ときには専門家も交えて—多様な見
解をぶつけあうことを「クロスロード」は目指しています。

（3）プレー場面のサンプル—子どもの発想—

　「クロスロード」を活用した防災ゲーミングの様子を具体的に紹介し
ておきましょう。以下は，小学生たちがプレーしている場面です。その
日示された設問は，次のようなものでした。「大地震が起こって，小学校
に 300 人が避難してきました。現在，200 人分の弁当が届いています。こ
の 200 人分をすぐに配りますか？」。多くの子どもは，「公平にするほう
がいい，全員ないとかわいそう」として「NO」を支持しました。

　しかし，「YES」を支持する子どももいました。「お年寄りや小さな子
から配る」や「少しずつ分けて食べる」は，大人からもよく出る意見で

すが，このとき子どもたちが示した「若い人から先に食べて元気になっ
て，外からどんどん食料を運んでくる」という考えには，「なるほど，そ
うくるか」と筆者自身，感心させられました。実は，この意見を述べた
のは，少々やんちゃそうな男の子たちでした。「やんちゃそうな」という
のは，同じ子たちが別の設問に次のように答えていたからです。

「災害に備えて準備していた非常持ち出し袋を持って避難所にきまし
た。袋には3日分の水と食料が入っています。一方，避難所には何も持っ
ていない家族がたくさん避難してきています。その前で袋を開けて食べ
ますか？」 この設問については，「みんなの分が揃ってからにする」，
「こっそり開ける」など「NO」の意見が多いなか，この子たちは，「ぼく
たちは YES，自慢しながら見せびらかして食べる」と楽しげに話してい
ました。

現実に大きな災害が起きたとき，この男の子たちは，持参した水や食
べ物をその場で取り出して食べるのでしょう。しかし同時に，たぶん周
りの人にも分けてあげると想像します。その上で，不足する食料の調達
のために働いてくれるだろうと思います。実際，阪神・淡路大震災や東
日本大震災の被災地でも，「ふだん悪ふざけをしていた子がよく働いて
くれた，見直した」という声をしばしば耳にしました。

上で述べた通り，「クロスロード」は，マニュアル（言いかえれば，正
解集）信仰の強い防災業界には珍しく，正解のない教材です。実際の被
災地では，正解がない難問が続出します。あらかじめ想定していた正解
集（マニュアル）が通用しない状況になっていることが多いからです。
そんなとき，「クロスロード」を通して培われた力，つまり，予定してい
た正解通り行動するのではなく，「そのとき，その場で，みんなで"成解"
を作り出す」（第9章第1節で詳述）力量が大切になります。子どもたち
はその片鱗を見せてくれました。

2. 津波避難訓練支援アプリ「逃げトレ」

（1）マンネリ化する避難訓練

多くの方は，子どもの頃から何度も避難訓練を経験したことでしょう。

しかし，真剣に取り組んだことは実はあまりないという人も，残念ながら多いと思われます。避難訓練がマンネリ化している，あるいは参加者がほとんどいないといった課題について，これまで，専門家は「だから，防災意識の低い人は困る」などと，その責任を市民（訓練参加者）の方に押しつけがちでした。

　しかし，立ち止まって考えてみると，「この訓練なら，自分や自分の大切な人の命を守れそうだ，ぜひ積極的に参加したい」と多くの市民が思えるような訓練を，専門家が提供できていなかったことのほうが問題ではないか。つまり，十分な市民参加を促す訓練手法がなかったことが問題なのではないか。筆者は，このように考えました。本節で紹介する津波避難訓練支援のためのスマートフォンのアプリ「逃げトレ」は，この問題意識に沿って開発しました。

（2）「逃げトレ」の概要と 5 つのポイント

　「逃げトレ」は，スマートフォンの GPS 機能を利用することによって，スマートフォンを携帯して実空間を避難する訓練参加者が，自らの現実の空間移動の状況と，そのエリアで想定される津波浸水の時空間変化の状況を示した動画，この両方をスマートフォンの画面で，同時に，しかも訓練中リアルタイムに見ることができ，かつ事後的にもその様子を確認できるアプリです[2]。

　「逃げトレ」について，「市民参加」という観点から重要となるポイントをあらかじめ結論的に指摘しておきましょう。全部で 5 項目あります。第 1 に，集団ではなくて 1 人で（も）気軽に実施できること，第 2 に，自然現象（津波の動き）と人間行動（避難行動）の両方が「見える化」（可視化）されていること，第 3 に，避難が成功したのか失敗したのかに関する判定・評価が訓練参加者（市民）に直ちにフィードバックされること，第 4 に，いつ，どこへ，どこを通って，だれと逃げるかは，すべ

2　「逃げトレ」（登録商標）は，「内閣府戦略的イノベーション創造プログラム」（2014年度〜2018 年度）の支援をうけて開発したものです。アプリのダウンロード（無料）や活用方法については専用ウェブサイト（https://nigetore.jp/）を参照ください。

て訓練参加者（市民）が主体的に決めることができること（後出の（4）項を参照），そして，最後に，訓練を通して得られた避難行動データはすべて蓄積され，それ以降の訓練や避難計画づくりに役立てられること（この点は第9章で詳述），以上5点です。

(3)「逃げトレ」を用いた訓練の手続き

「逃げトレ」のシステム構成と主な機能について，以下，スマートフォンに実際に表示される画面遷移をたどりながら紹介しましょう。

「逃げトレ」を起動した地点（スマートフォンが取得するGPS位置情報）に応じて，当該地域の地図が自動的に画面に表示されます（図8-2）。画面には，アプリを立ち上げた当事者の現在位置（矢印で指示した丸印），当該地域で予想される津波最大浸水域，および，高台や避難ビルなど自治体が指定した避難場所（点線で囲んだ丸印）が示されています。この画面は，津波ハザードマップ（津波防災マップ）と内容的に同じものです。つまり，「逃げトレ」は，通常，地域住民にのみ配付されることが多いこうしたマップ情報を，観光客などの一時来訪者に対しても，しかも，その場所で提示する機能を持っています。

「訓練開始」が開始されると，図8-3のような画面があらわれます。ここでは，矢印で示しているように，画面左から右へと訓練参加者が避難してきたことが示されています。この移動記録は，訓練参加者の移動に従って連続した点の軌跡として表示されます。このとき，点の色が，訓練参加者の現在位置まで津波が到達するまでの余裕時間に応じて，緑（浸水域外），黄緑（30分以上），黄（15分以上30分未満），橙（5分以上15分未満），赤（5分未満），黒（津波に追いつかれた状態）と変化します。

加えて，画面には，その場所に津波がくるまでの余裕時間（3分24秒），地震が発生してからの経過時間（1時間51分36秒），および，その場所での予想津波浸水深（3メートル）も表示されています。同時に，その時点で津波が浸水してきている領域が表示されており（この画面では，画面左側の海岸沿いと上側の河川沿岸から浸水が始まっています），この領域は動画として徐々に拡大していきます。さらに避難を継続して，安

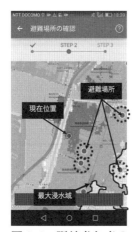

図 8-2　訓練参加者の現在位置，避難場所，津波浸水エリアを示した画面

図 8-3　訓練中のサンプル画面①（画面左が海，参加者は左から右へ向かって移動中）

図 8-4　訓練中のサンプル画面②（参加者は左上から右下に移動し，浸水域外へ脱出中）

全な領域（浸水想定域外）に出た段階における様子が図 8-4 です。ここでは，訓練者は，矢印で示したように，画面左上から右下の方向へ避難してきており，各時点での現在位置を示す点の色が，当初の赤や橙から黄や黄緑を経て緑へと変化しています。

　以上の仕組みにより，訓練参加者は，訓練中常に，自分の現在位置（避難行動）と浸水しつつある津波との関係をモニタリングすることができます。なお，いったん避難失敗の状態（黒色表示）になっても，訓練そのものは継続可能で，アプリもそのまま稼働します。

　訓練後には，判定とふりかえりを行います。まず，当該のトライアルが，最終的に「成功」したのか「失敗」したのかについて示されます。訓練の成否が具体的に示されないことが多いという従来型の訓練における最大の弱点を補うことを意図した仕組みです。次に，当該訓練の時間経過の全貌，すなわち，開始時点から完了時点までの参加者の移動軌跡

と津波浸水状況の時間変化とを重ねた様子を1つの動画として見ることができます。すなわち，図8-3や図8-4を一部として含む一連の状況を動画として見ることができるわけです。これにより，訓練参加者は，自身の避難行動と津波浸水の状況との関係性を地図上で，しかも時間を追って理解することができます。

　さらに，この同じ動画を，避難開始のタイミングが訓練で実際に設定した時間よりも早かった場合，遅かった場合（たとえば，「あと10分早くスタートしていたら」）を仮想的に設定して，その状況をシミュレーションして表示することも可能です。以上の情報は，スマートフォン内に「訓練アルバム」として保存できるので，新たに訓練を実施した際，以前に行った訓練結果と比較することもできます。

（4）「逃げトレ」が引き出した市民参加

　本節の最後に，津波防災，特に避難訓練に関する市民参加という面における「逃げトレ」の貢献について，もう一度おさえておきましょう。最大のポイントは，(2) 項で4つめのポイントとして指摘したことです。つまり，どのように逃げるのかについて，万一津波が発生した場合に実際に避難することになる当事者（市民）が，自ら考え，試し，検証するためのツールになっている点です。自分の逃げ方を自分で考えるのは，一見至極当然のことのようです。しかし，従来の避難訓練では，市民は受け身の状態に置かれ，この当たり前が実現できていなかったのです。

　実際，このことは，次のような利用形態によく反映されています。例えば，高知県黒潮町では，児童施設の管理者と子どもたちが，近所に複数ある避難施設（避難タワー）のどちらを利用するのがよいか，「逃げトレ」を用いて比較検証し（図8-5），その結果をもとに避難マニュアルを作りました。高知県須崎市では，スマホを使うのが苦手な高齢者を地元の高校生が支援する形で「逃げトレ」を活用し，一人ひとりに最適な避難方法を模索し，それを世帯ごとの個別避難マップとして地域住民に提供しました。千葉県いすみ市では，小学生が「逃げトレ」を活用して複数の逃げ方を比べた結果を夏休みの自由研究課題としてレポートを仕上

図 8-5　複数の避難施設への避難訓練結果の検証

げました。

3. 「満点計画学習プログラム」と 「地震サイエンスミュージアム」

（1）「満点計画学習プログラム」

　2009 年 12 月，筆者らは京都府の山間部に位置する京丹波町の下山小学校を訪れ，小学生（5，6 年生）とともに 1 台の地震計を学校の片隅に設置しました（**図 8-6**）。この「満点地震計」という名の新型地震計は，筆者が勤務する防災研究所が進めている「満点計画」の一環として設置したものです（阿武山観測所，2018）。「満点計画」は，新たに開発された小型・安価で保守の容易な地震計を数多く（「万点」）に設置して充実した観測網を作ることによって，理想的な，つまり，「満点」の地震観測を行おうとする最先端の内陸地震観測研究です。

　ところが，大きな問題が 1 つありました。設置場所の確保に苦労しているというのです。同僚の地震学者からこの話を聞いた筆者は「それなら，学校に置いてはどうか」と思いたちました。そうすれば，研究者は設置場所を確保できるし，地震計の保守やデータ回収作業も省力化できます。「満点地震計」は最新式で，小学生にも十分取り扱える程度にまで簡素化されているからです。他方で，学校側にとっても，「満点地震計」と連動した防災教育（その後，「満点計画学習プログラム」と呼ぶように

図8-6　小学生による「満点地震計」
　　　の設置
　　　（京都府京丹波町下山小学校）

なりました）は，マンネリ化した避難訓練に代表される平凡な防災教育に新風を吹き込むメリットがあります。「理科離れ」対策にもなりそうです。

　いろいろハプニングもありましたが，子どもたちのがんばりに加えて先生方のご支援もあり，この取り組みは順調に進みました。下山小学校では，その後10年以上にわたってずっと，代々の6年生が地震観測と地震計の保守を担当してくれています。同小は「地震計のある小学校」なのです。

（2）地震サイエンスに「一役買う」小学生

　何よりも大切なことは，「満点計画学習プログラム」では，「本物」の地震研究（サイエンス）に小学生たちが「一役買っている」，あるいは「一枚噛んでいる」という点です。これは「オープンサイエンス」（第9章第3節）とも関連する重要なポイントです。小学生たちが担当しているのは，研究全体の，文字通り，万分の一（多くの観測点のうちのたった1つ）かもしれません。しかし，そこで得られたデータが実際に最先端の地震研究，つまり「満点計画」に活かされていますし，そのことが子どもたちに分かるように授業の内容も工夫しています。

　近年頻発する災害をうけて，防災教育に対する関心は一定の高まりを見せています。しかし，防災教育が，「教えられる市民（子ども）vs. 教える専門家」の構図をとるとき，その多くが，逆に，市民（子ども）と専門家とを分断するという結果をもたらしていないでしょうか。「素人には素人用に分かりやすく編集した情報だけを知らせておけばよい」，「子どもなんだから，水消火器を使った訓練で十分だろう」。この種の態度です。これでは，「本物」と「まがい物」の溝，ひいては，社会（市民）とサイエンス（専門家）の溝はいっこうに埋まらないばかりか，かえっ

て広がるばかりです。

　もちろん、防災のプロの世界と市民の世界との間にちがいはあります。しかし、両者は断絶しているのではなく、その間につながりがあることを皆が実感するような形で、防災教育は実施される必要があります。「満点計画」という地震研究の最先端も、その最前線はデータや数式ばかりではなく、むしろ、セメントをこねて機器を固定するといった具体的で身体的な作業です。こうした地道な作業—そう言えば、「生まれて初めてセメントをこねた」と言っていた児童がいました—が、「本物」の地震研究とつながっているという実感を子どもが持つことが、科学への市民参加を底辺から支えることになると思われます。

（3）阿武山観測所——地震サイエンスミュージアム

　京都大学阿武山観測所は、京都大学防災研究所が全国に展開している現役の観測施設の1つで、大阪府高槻市の小高い山の上にあります（図8-7）。阿武山観測所は、1930年（昭和5年）に建設されました。そのため、日本における地震学の草創期に導入され、その後の地震学の発展を支えた歴史的価値のある地震計が当時の姿のままで多数保存されています（阿武山観測所，2018）。

　少しだけ例を挙げましょう。水平・垂直それぞれの方向のゆれを計測する機械ユニットが、各約1トン（車1台分の重さ）もある最初期のウィーヘルト地震計、米ソ冷戦時代に地下核実験の察知目的にも使われた米国製のプレス・ユーイング式地震計（核実験は地震とは異なる独特の震動を生むため検知できる）、そして、現代の最新鋭地震計の1つ、「満点地震計」（先述）などです。

　「これだけの施設を観測所としてだけ使うのはもったいない。サイエンスミュージアムとして活用

図8-7　京都大学防災研究所阿武山地震観測所

しよう」。筆者がこう考えたのは2010年頃でした。折から，2011年3月，東日本大震災が発生し，地震学を中心とする防災学に対する社会の風当たりが大きくなっていました。地震学が事前に予測していたものよりもはるかに大きな規模の地震と津波が発生し，盤石だったはずの防潮堤も多くが機能せず甚大な被害をもたらしたからです。「想定外だったでは済まされない」，新聞紙上にはそんな見出しも躍っていました。逆風と言えば逆風でしたが，まさに（防災）科学と市民との対話が求められているとも言えました。

　ミュージアムの中心は歴史的な地震計群ですが，もう1つ工夫したことがありました。それが，所内の地震計を見てまわるガイドツアーのガイド役を市民（ボランティアスタッフ）にお任せするという仕組みです。この方々は「阿武山サポーター」と呼ばれることになり，今も20名程度の方がアクティヴに活動されています。「阿武山サポーター」はもともと市民ですが，観測所が主催する講習会を受け，十分なトレーニングを受けてからガイド役としてデビューされていますので，知識も経験も十分です。

　実際，ガイドツアーの終了後に実施するアンケート調査の結果を見ると，本職の研究者が案内したときよりも，「阿武山サポーター」が担当した場合のほうが来場者の評価が高いといった，苦笑いしたくなるような現象も起こっています。きっと，市民の目線をもったサポーターの方が，子どもを含めた一般の方がどんなことに興味を持っているのか，逆に何を理解しにくいのかがよく分かるからでしょう。

　さらに，学校の夏休み期間には，サポーターが指導役となって，子どもたちを対象に手作りの地震計（ペットボトル地震計）を製作する特別プログラムも開催しています。こちらも，地震計の基本となる仕組みがよく分かる上に，夏休みの課題としても最適なので，毎年好評を博しています。加えて，一部のサポーターは，過去の地震データの解読・解析作業，大阪府北部地震（2018年）の余震観測活動などにも従事してきました。地震サイエンスの根幹部分への市民参加も進めているわけです（第9章第3節でも再論）。

4.「避難スイッチ」

(1) 肝心なのは情報と行動のブリッヂ

　近年，豪雨災害が相次いで発生し，「またしても高齢者が逃げ遅れた」，「避難指示は出ていたのに……」など，特に避難に関わる問題が課題視されています。このとき，課題解決の定番として登場するのが，避難情報（防災情報）です。情報を拡充・改善することで何とかしようという方策です。しかし，筆者の考えでは，避難をめぐる課題の多くは，「情報」そのものではなく，「情報と行動のブリッヂ」（橋渡し・ひも付け）がうまくいってないために生じています。情報がなかったから生じた被害，情報が不十分だから発生してしまった犠牲よりも，情報そのものは豊富に存在していたにもかかわらず，それを避難という行動に結びつけるための肝心のブリッヂが十分ではなかったために起きる被害が，実際のところ多くを占めています。

　ところが，ここ十数年，繰り出されてきた対策のほとんどは，上位警報の新設（たとえば，「特別警報[3]」），表現の改定（たとえば，「避難準備情報」から「避難準備・高齢者等避難開始」へ，「レベル化」など），情報の空間的・時間的精度の向上（たとえば，10キロメッシュが1キロメッシュに，6時間更新が1時間更新に），情報伝達メディアの最新化（「スマホでもご覧いただけます」）など，「情報」本体の改善です。

　筆者としては，肝心なことは，専門家が「情報」を改善することではなく，情報と行動をブリッヂする作業，言いかえると，専門家の研究成果とその市民による情報活用をひも付ける活動だと考えています。そして，この活動を，「避難スイッチ」をキーワードとして各地で進めています（矢守・竹之内，2018）。

(2)「避難スイッチ」を市民参加で作る

　「避難スイッチ」を作成・運用するための活動（市民参加のワークショッ

3　特に重大な災害が起こる恐れがあることを警告するための警報。

158

プなど）では，スイッチの素材として，身近な異変，（狭義の）防災情報の2つがあることを伝え，このうち防災情報については，あふれる情報をむしろそぎ落とし，自らの行動に活用する少数に絞り込むことを地域住民に対して推奨しています。

　例えば，兵庫県宝塚市川面地区では，同地区における避難にとって重要な情報（同地区を流れる武庫川の水位情報など）だけをピックアップしたWEBサイトを地域住民と一緒に作っています（竹之内ら，2020）。「水位が×メートルを超えたら，自主防災組織のメンバーを招集するスイッチ，さらに×メートルに達したら高齢者に避難を呼びかけるスイッチ」など，「避難スイッチ」を合い言葉に，専門家が提供してくれる既存の情報と自分たちの避難行動をブリッヂするための活動を進めているわけです。

　三重県伊勢市辻久留地区でも，河川管理者，地元自治体に気象台職員など，専門家の協力も得た上で同種の市民参加型ワークショップを繰り返してきました（竹之内ら，2015）。この成果として，同地区の「避難スイッチ」に関連する情報を，地区内のスーパーマーケットや学校に設置した独自のモニターで日頃から見られるように工夫しています（図8-8）。

図8-8　スーパーマーケットに設置した情報モニター（三重県伊勢市辻久留地区）

　第1〜3節で紹介した事例と同様，この「避難スイッチ」の取り組みでも，市民が自らの生命と財産に関わる行動を起こすための判断材料（データ）を，専門家任せにせず，自分たち自身で生産し，管理し，利用するという姿勢が重視されています。防災サイエンスに対する「市民参加」の姿勢がここでも貫徹されているわけです。

🎸 研究課題

1　これまでに取り組んだことのある防災活動，あるいは，被災地での経験や被災地に関する報道などをもとに，自分なりに「クロスロード」の新しい設問を作ってみましょう。
2　避難訓練への参加率を向上させるための方法を考えてみましょう。その際，可能な限り，防災の専門家と市民（地域住民）が共同して実施できる方法を模索しましょう。

引用文献

阿武山観測所（2018）京都大学阿武山観測所公式ホームページ（http://abuyama.com/NEW/）

竹之内健介・中西千尋・矢守克也・澤田充延・竹内一男・藤原宏之（2015）「地域気象情報の共同構築の試行〜伊勢市中島学区における取組〜」『自然災害科学』34, pp. 243-258.

竹之内健介・矢守克也・千葉龍一・松田哲裕・泉谷依那（2020）「地域における防災スイッチの構築―宝塚市川面地区における実践を通じて―」『災害情報』18, pp. 47-57.

矢守克也・吉川肇子・網代剛（2005）『防災ゲームで学ぶリスク・コミュニケーション：クロスロードへの招待』ナカニシヤ出版.

矢守克也・竹之内健介（2018）「マイスイッチ・地域スイッチ―平成29年九州北部豪雨災害を踏まえて―」『地区防災計画学会誌』11, pp. 21-24.

参考文献

吉川肇子・矢守克也・杉浦淳吉（2009）『クロスロード・ネクスト―続：ゲームで学ぶリスク・コミュニケーション―』ナカニシヤ出版.

矢守克也（2013）『巨大災害のリスク・コミュニケーション―災害情報の新しいかたち』ミネルヴァ書房.

矢守克也（2017）『天地海人―防災・減災えっせい辞典』ナカニシヤ出版.

矢守克也・宮本匠編（2016）『現場でつくる減災学―共同実践の5つのフロンティア』新曜社.

矢守克也・GENERATION TIMES（2014）『被災地DAYS：時代QUEST―災害編―』弘文堂, p. 168.

9 | 災害リスクと市民参加─理論篇─

矢守克也

　前章（第8章）で紹介した事例を参照しながら，災害リスクに関して，市民参加型アプローチが必要とされるに至った背景，および，課題と展望について解説します。第1章でも登場した「リスク社会」では，「正解」ならぬ「成解」を市民参加で作りあげることが重要です。そのためには，専門家と市民が垣根を越えて，ともに共同当事者としてアクションリサーチ（研究的実践＝実践的研究）を実施する必要があります。この意味で，今後，災害リスクに関わる科学には，「オープンサイエンス」の性質がますます求められるようになるでしょう。
《**キーワード**》　リスク社会，アクションリサーチ，共同当事者，オープンサイエンス，正解と成解

1. リスク社会における防災・減災

（1）「人間対自然」から「人間対人間」へ

　災害リスクを対象とする防災・減災のためのサイエンスは，従来，「人間対自然」の戦いになぞらえられてきました。地震・津波，台風，集中豪雨，火山噴火など，突発的に人間・社会を襲ってくる災害の脅威を「敵」として，他方それと対峙する自分たちを「己」として位置づけ，自然災害に対してきびしい戦いを挑んでいるという構図です。

　災害という敵はたしかに強大ですから，この戦いは今も熾烈をきわめています。しかし，少なくとも現代日本社会においては，人間・社会の側も善戦していると言えます。例えば，戦後の1945年から1960年までの15年間，日本社会は，自然災害による死者が毎年平均1,000人を超えていました。しかし，1960年以降今日に至るまで，平均値は100人程度と10分の1に激減します──ただし，阪神・淡路大震災と東日本大震災

が発生した2つの年を除いてです。もちろん，これは，防災の専門家を中心とした防災サイエンスが生み出したハード（堤防，耐震建築など），ソフト（防災情報，防災教育など）両面の対策の賜物です。

　自然災害との戦いに目処が立ってくると，興味深い変化が現れます。主戦場が，「自然対人間」から「人間対人間」へと変化するのです。どういうことか解説しましょう。防災サイエンスは，例えば，台風に関する知識（台風の発生メカニズムや進路予測手法など）や，それをベースにした社会的な技術や仕組み（防潮堤の建設技術や暴風・大雨に関する予報システムなど）を生産してきました。しかし，これらの知識・技術は，副次的なリスクを伴います。例えば，防潮堤があるがゆえにゼロメートル地帯に住宅地が新たに広がり，そのために生じる被害，あるいは，台風情報が充実しているがゆえにギリギリまで逃げない態度が生まれ，そのために生じる被害などです。

　ここで，第1章で導入された本書の鍵概念「リスク社会」を再度参照しましょう。リスク社会においては，私たちを不安に陥れるリスクは人間社会の外部からくるのではなく，自らを取り巻く環境や人間自身を含む生命を「人間が勝手に変えたり，つくり上げたり，破壊することができるようになったことから発生する」のでした。つまり，典型的な「リスク社会」である現代の日本社会では，災害リスクは社会の外部（「自然」）からくるのではなく，「人間」自身が作り上げたものやこと（防潮堤や情報）から生じている面も大きいのです。「人間対人間」の戦いとは，このような意味です。

　このことの意味は，「安全神話の崩壊」，「想定外」という，阪神・淡路大震災および東日本大震災後，日本社会でもっともよく使われた言葉を思い起こすと，さらによく分かるでしょう。私たちは，脆くも倒壊してしまった高速道路や，事前の予測よりもはるかに大きな規模で市街地に押し寄せた津波に驚愕しました。一見すると，私たちは「自然」の猛威に驚いたように見えます。しかし，上の2つの流行語は，厳密にはそうではないことを示しています。それら自然の猛威を食い止め，そこから逃れるために役立つはずだった人間・社会のプロダクツ（耐震化された

構造物や津波情報）の脆弱性や無力さに驚いたというのが実情です。

その結果，私たちは，それらのプロダクツを生み出した防災サイエンスやその担い手たる専門家に対して自分たちがとっていた関係性—無条件信頼という関係性—を猛省しました。自分たちは，科学（者）に対する「神話」を抱いてきた，科学（者）に「想定外」があったのか，と。これは，「自然対人間」の範疇にはおさまらない，まさに「人間対人間」の領域に属する事柄です。

（2）「クロスロード」で培う「成解」をつくる力

第8章第1節で防災ゲーム「クロスロード」について紹介しました。ここでは，「クロスロード」が，「人間対人間」の戦いとしての防災を進めるためのツールであることを確認しておきましょう。「クロスロード」で，ゲーム参加者はそれぞれ，自分の意見・判断，および，その理由や根拠を述べます。ときには地域住民，防災の専門家，自治体職員など多様な参加者が意見交換を行うので，自分とは異なる意見や価値観の存在への気づきが得られます。「なるほど，そんな考え方もあるんだ」，「それは自分にとってまったく"想定外"だった」といった具合です。使い方によっては，さらに一歩進めて，重要な問題に関して事前に関係者の合意を形成しておくための手法としても用いることができます。

ここで重要なことは，「クロスロード」では，それぞれの設問（ジレンマ）について，いつでもどこでも，どのような状況でも通用する「正解」（普遍的な解：universally valid solution）は存在しないと仮定している点です。この点が，これまでの防災教育ツールにはあまり見られない「クロスロード」の最大の特徴です。つまり，「YES/NO」のうちどちらか一方が，いつでも，どこでも，どのような場合でも「正解」になるような設問は「クロスロード」にはもともと含まれていません。「クロスロード」は，「人間対自然」の戦いに（半ば）勝利した専門家があらかじめ設定した「正解」を市民が学ぶ（覚える）教材ではないからです。

防災対策の現場，あるいは被災地には，「こちらを立てれば，あちらが立たず」の問題が次々に起こります。しかも，いろいろな考え方を持っ

た多種多様な人々が社会には生活しています。しかしそれでも，それなりの結論—「成解」（socially acceptable solution）—を出して事を先に進めねばならない。「クロスロード」は，防災の本質をこのように捉えているのです。

　この意味で，「クロスロード」を作成するきっかけを与えてくれた，ある神戸市職員による次の言葉が，「クロスロード」の哲学の根幹を鮮やかに表現しています。それは，「そのとき，その場で，みんなで『成解』を作った」という言葉です。阪神・淡路大震災の被災地の最前線にあったこの職員は，「マニュアルに書いてあること，そして，その前提がすべて吹き飛んでいた」と当時を振り返っています。マニュアルとは，言いかえれば「正解集」です。あらかじめ専門家が定めていた「正解集」がまったく頼りにならなくなるのが，本当の大災害です。そうだとすれば，被災地で必要とされるのは，正解を覚え適用する力ではありません。「そのとき，その場で，みんなで成解を作る」ための力です。「クロスロード」は，そのためのやりとりの場，つまり，「人間対人間」の戦いの場を提供するための教材なのです。

（3）コミットメントとコンティンジェンシー

　「人間対人間」の構図への転換の意味を，別の事例からもう1つ紹介しておきます。それは，第8章第2節で扱った津波避難訓練支援アプリ「逃げトレ」です。「逃げトレ」の特徴の1つとして，自然現象（津波の動き）と人間行動（避難行動）の両方が「見える化」（可視化）されている点を指摘しました。これは，津波避難という課題に対して，まさに「人間対自然」の角度からアプローチしているように思えます。たしかに，そうとも言えます。しかし，「逃げトレ」の真価は，それだけにとどまらず，さらに深いところにあるのです。その点を2つのキーワード—「コミットメント」と「コンティンジェンシー」—を通して説明しましょう（詳しくは，杉山・矢守（2019）を参照）。

　「逃げトレ」のユーザーからよく聞く感想に，次のようなものがあります。「緊張感がある」，「あと何分で津波がくるか分かるので危機感を持

つ」,「津波が迫ってきて臨場感や切迫感を持てた」。これらの感想は，従来の避難訓練と比較して，「逃げトレ」を用いた訓練では，自らとった避難行動とその結果に対して，訓練参加者がより強い「コミットメント」（没入・傾倒）を示していることを表しています。これは，「逃げトレ」が「自然対人間」の戦いのさまを，これまでよりリアルに描いているからでしょう。

　ただし，より大切なのは，次の事実です。「逃げトレ」のユーザーは，他方で，こんな反応をしばしば示します。「避難失敗だったから，別の場所に逃げてもう一度試してみたい」,「もう少し早く家を出たら……」,「近所に暮らす高齢の親と一緒ならどうなるか……」など，すでに実現したトライアルとは別の可能性を確かめようとするのです。この反応は,「逃げトレ」を用いた訓練が，従来の避難訓練と比較して，現実に実現した特定のシナリオに対するコミットメントを高めるだけでなく，それを「ありうる可能性の１つ」として相対化し，そこから離脱する運動・作用，つまり，「コンティンジェンシー」をも高めていることを示しています。

　「コンティンジェンシー」とは，もともと偶然性，可能性という意味です。今回の訓練結果はたまたまこうなったけれど，そうならない（ならなかった）可能性もあるという理解の仕方です。アプリのユーザーが示した「他の避難方法も試してみよう」との姿勢は，文字通り，他の可能性を探ろうとするものであり，「逃げトレ」が人々の「コンティンジェンシー」を刺激したことを物語っています。

　「コンティンジェンシー」の重要性は，先に触れた「想定外」と関連づけると理解しやすいです。災害リスクとの対決において肝要なことは，（いったん）見いだされた「正解」に安住しないことでした。「逃げトレ」（専門家）が提示した「正解」（らしきもの）を，大切な知識として学びつつも，その「正解」に安住することなく,「人間対人間」の枠組みに立って，「自分の地域でもそれでよいか」,「他の避難方法もあるのでは」と，その時点で「逃げトレ」（専門家）が提示した「正解」の外側へと思考と実践を拡張する運動を手放さないことが重要なのです。

2.　アクションリサーチ

（1）共同当事者

　防災・減災の領域が「人間対人間」の構図へと移行することは，とりも直さず，防災・減災の領域における（これまでの）専門家と非専門家の関係性に変革が求められるということです。この変革のキーワードとなりうるのが，アクションリサーチです。アクションリサーチは，グループダイナミックス（集団力学）の創始者レヴィンが提起しました。アクションリサーチとは，現場の当事者と専門家（研究者）がともにこ<u>と</u>をなすこと，正確には，当事者と専門家がともに共同当事者としてこ<u>と</u>をなすことを通して，共同知を生みだすための研究活動，のことを指します（矢守，2010；2018）。問題解決を志向した実践的な研究のことだと説明されている場合もありますが，アクションリサーチの鍵は問題解決への関与自体というより，問題解決にあたって当事者と専門家とが形成する独特の関係性（共同当事者性）のほうにあります。

　アクションリサーチでは，現場の当事者に，半ば当事者となった専門家も加わった新たな当事者たち（もともとの当事者と区別するために，「共同当事者」と呼びます）による，新たな共同実践が開始されます。共同当事者による共同実践が開始されると，もはや，「第三者（例えば，専門家）/当事者（例えば，市民）」の枠組みの内部で，「第三者にしか分からない（見えない）ことがある」，逆に，「当事者にしか分からない（見えない）ことがある」といった単純な理解ですますわけにはいきません。

　しかも，両者の中途半端な折衷は，おそらく非生産的です。むしろ，共同当事者たちが，当事者性と第三者性の両極を大きく振れ動きながら縦横無尽に，それまでの境界線を横断する運動が重要になります。言いかえれば，共同実践に徹底的に内在しようとする運動（現場でともに生きようとする動き）と，それとは対照的に，徹底的に外在しようとする運動（現場から離れようとする動き）に，すべての共同当事者（もともとの当事者と，もともとの専門家含む）が従事するという状態が，理想的な構図です。

（2）「クロスロード」をめぐるアクションリサーチ

（1）項で述べたアクションリサーチにおける共同当事者とは，実際には どういうことを指すのでしょうか。第8章第1節で取りあげた防災 ゲーム「クロスロード」をめぐるアクションリサーチを事例にして具体 的に説明しておきます。

2017年4月（「クロスロード」の誕生から10年以上経過），筆者は，大 地震の発生から約1年が経過した熊本市にいました。熊本を訪れたのは， 「クロスロードのつどい全国大会in熊本」という催しに参加するためで した（図9-1を参照）。「クロスロードのつどい全国大会」とは，クロス ロードのオリジナルバージョンである「神戸編」が，幸い，好評をもっ て迎えられたことが契機となって，神戸，その後，熊本，福岡，高知， 静岡，広島，仙台，秋田，新潟など，全国各地に生まれた「クロスロー ド」のユーザーが定期的に開催している集まりのことです。中でも，そ の核になっているのは，クロスロード誕生の地である神戸のユーザーで， 「神戸クロスロード研究会」のメンバーでした。メンバーの多くは，クロ スロード作成の基礎研究として筆者ら（専門家）が実施したインタビュー 調査における調査対象者です。

第8章第1節で一部述べたように，「クロスロード」は，単に既存の出 来合いの教材として学習されるだけでなく，ユーザーによってプレーの 仕方が新たに開発されたり，熊本地震を含めて，相次いで発生した災害 のたびに，その経験を踏まえて， 専門家だけでなく，市民（被災者） や自治体職員の手で新しいバー ジョンが追加されたりしてきまし た。

熊本での催しの参加者は約100 人。うち半数は，仙台，広島，神 戸，高知など，熊本県外からの参 加でした。熊本地震の経験，とく に，同地震で課題となり新たに注

図9-1 「クロスロード」のプレー場 面（2017年4月，熊本市内）

目を集めた問題群を，「クロスロード：熊本地震編」の設問として整理して，次の世代，あるいは他地域にも共有したいという思いから熊本のクロスロード・ユーザーが企画したものでした。

　熊本のユーザーは，こんな設問を準備して筆者ら県外からの参加者を迎えてくれました。「あなたは避難所担当者。避難者の中に避難所になっている小学校の建物内へ入るのを怖がる人がいて，車を校庭にとめて外で生活させて欲しいと訴えてくる。運営マニュアルでは一般車の乗り入れは禁止となっているが，自家用車を受け入れる？　―YES（受け入れる）/NO（受け入れない）」。

　被災地の小学校で実際に避難所運営にあたった教員の方はこのように持論を述べていました。「『何で被災者が避難所に入れず，路頭に迷ってるんだ！』―どこかのえらい人がそう言ったらしいけど，それはマチガイだと思う。車中泊はみんなの工夫。田舎は1人1台だから足も伸ばせる。ちょっと走ったらすでに営業している銭湯もある。だいいち，余震が恐くて建物になんか入れない……」。第8章第1節で強調した通り，クルマ避難の是非という難問にも，もちろん「正解」などありません。むしろ，こうした設問やゲームを通した意見交換によって，現実の被災地の課題を肌感覚で共有することが非常に大切です。

　このように，この催しでは，熊本地震の当事者（被災者や自治体職員）がそれぞれの被災経験を設問の形で表現し，それをめぐって，熊本の被災者と阪神・淡路，東日本といった近年の大災害の経験者，さらに，南海トラフ地震など将来大災害に見舞われるかもしれない「未災地」の人たち，加えて防災の専門家らが意見交換を行いました。

（3）「クロスロード」が生んだ共同当事者

　以上の経緯でもっとも大切だと思っているのは，アクションリサーチが進むにつれて，そこに関わる人たちの関係性が，時に微妙に時に大きく変化してきたという事実です。例えば，クロスロード全国大会の企画・運営の中核を担い，「クロスロード」を活用した災害経験の伝承方法を探っているのは，もともとはインタビュー対象者だった自治体関係者や

市民です。研究されていた人が半ば研究する人へと変貌しています。また，熊本地震の被災者は，被災から1年も経たぬうちに，自らの経験を発信するための教材「クロスロード（熊本編）」を，専門家やかつて災害を経験した人たちの支援を得て作成しようとしました。被災者が専門家へと半ば変貌しています。逆に，元祖の神戸編を作成した筆者自身は，多様な災害のありようを非専門家が作成した「クロスロード」の新バージョンを通して学んでいます。その意味で，筆者は，純粋な専門家とはもはや呼べません。

「クロスロード」という名称は分かれ道という意味だと第8章で述べました。ただし，この言葉にはもう1つ，出会いの場という意味もあります。だから，「クロスロード」は，喩えて言えば，専門家と市民が出会い，災害経験者と未経験者が出会い，異なる災害の被災者同士が出会うための場を作っていると言えます。言いかえれば，「クロスロード」は，災害リスクについて学び，伝え，そして共有するためのアクションリサーチ（共同実践）をともに担う共同当事者を作るための活動にもなっているのです。

もちろん，この意味でのアクションリサーチ（共同実践）を立ち上げることは，それほど簡単なことではありません。市民（非専門家）による関与（例えば，第3節で触れる「観測・観察」，「解読・解析」などへの参加）の道筋を確保しにくい課題を使う場合や，そもそも市民がそれを「問題」として意識することが困難なテーマの場合，アクションリサーチの実施は困難を極めるでしょう。それと比べて，本章で扱っている防災・減災の問題は，専門家による研究蓄積も豊富ですが，同時に，市民が日常的に直接体感できる事象が多く，その分身近で，アクションリサーチの実施に向いていると言えるでしょう。

3. オープンサイエンス

（1）オープンサイエンス

本節では，災害リスクに関する専門家の活動に対する市民参加について，これまでとは別の角度から考えてみましょう。そのためのキーワー

ドは，「オープンサイエンス（シティズン・サイエンス）」（ニールセン，2013）です。

　「オープンサイエンス」は，現在，日本政府が総合的な科学技術政策の柱の1つとしても推進しているもので，科学的な研究を市民（非専門家）により開かれた活動へ変革する運動です。狭義には，より多くの人々が科学研究の基礎となるデータや成果にアクセス可能とすること（オープンデータ），また広義には，従来のサイエンス・コミュニケーションを拡張して，市民を含めより多くの人々が協力し，より多くの人々を巻きこみ，人々から信頼される科学研究を実現するための科学論・教育論を構築すること，とされています。つまり，「オープンサイエンス」は，市民参加型科学と呼べるものです。

　「オープンサイエンス」と災害リスク領域との接点として，現時点でもっとも有力視されているのが，「観測・観察」と「解読・解析」の2つの側面です。第1の「観測・観察」とは，科学的なデータの収集・測定・共有の局面を指します。実際，「オープンサイエンス」は，市民参加による自然現象の観察（例えば，渡り鳥や昆虫の生態観察）や観測（例えば，天体観測）の分野で先んじて推進されてきました。災害リスクに関連する分野でも，（2）項で紹介するように，内陸地震の観測活動や，いわゆる「ゲリラ豪雨」や内水氾濫など局所的・短期的な気象・水害事象の観測・観察活動に「オープンサイエンス」の思想が適用され始めています。

　第2の「解読・解析」は，文字通り，科学的なデータの分析の局面を指します。例えば，古文書や古地図など，人文社会科学系の学問の基礎となる資料の分析には，これまでも市民参加の枠組みが活用されてきました。災害リスクに関連する分野でも，近年，「みんなで翻刻プロジェクト」（加納，2017）という著名なプロジェクトが開始され，古文書等の解読を市民参加によって推進し，過去の地震・津波，台風といった災害事象に関する歴史的な解明作業が進められています。

　以下，項をあらためて，災害リスクに関する「オープンサイエンス」として位置づけうる事例をいくつか紹介し，その上で，本書全体のテーマである科学に対する市民参加という観点から「オープンサイエンス」

の意義と課題について述べます。

（2）「満点計画」——地震データの「観測」と「解析」

　最初に紹介する事例は，第8章第3節で取り上げた「満点計画」です。「満点計画」は，新たに開発された小型・安価で保守の容易な「満点地震計」を数多く（「万点」）設置して充実した観測網を作ることによって，理想的な地震観測を行おうとする内陸地震観測研究のことでした。

　「オープンサイエンス」の観点から見たポイントは，地震計の設置，保守・管理（メンテナンス），さらに，地震計から得られた地震波形データの分析作業に，子どもを含む市民ボランティアがあたっている点です。こうした市民参加型の活動は，大阪府北部地震（2018年），鳥取県西部地震（2000年）の発生地域で盛んに進められており，多数の観測点を有する研究活動を底辺で支えています。たとえば，**図9-2**は，観測所スタッフと市民が満点地震計を設置している場面で，**図9-3**は，地震計データから地震による波形とその他のノイズを分別する作業をしている場面です。以上のことは，「満点計画」では，「観測」および「解析」の局面において，地震観測研究で市民参加が実現していることを示しています。

図9-2　市民ボランティアによる地震計の設置場面（2018年6月，大阪府北部地震直後の高槻市内）

図9-3　地震計データの読み取り作業の場面（阿武山観測所内）

（3）「逃げトレ」──避難訓練データの「観測」と「解析」

　第8章第2節で紹介した「逃げトレ」を用いた津波避難訓練では，避難に関する「正解」が専門家から与えられるわけではありませんでした。そうではなく，「逃げトレ」は，いつ，どこに，だれと，どのように避難するのが適切かを市民自らが考え，試し，検証することを助けるツールだと述べました。これは，言いかえれば，「逃げトレ」を活用する市民たちが，避難行動に関するデータを自ら「観測」し，さらに「解析」し，それをもとに避難手法に関する知見を生みだすための実験的な研究活動を─まるで専門家（研究者）のように─実施しているということです（図9-4）。つまり，「逃げトレ」による訓練それ自体に市民参加型科学，言いかえれば，「オープンサイエンス」の要素が含まれています。

　さらに加えて，図9-5を見ると，「逃げトレ」は，別の意味でも，「オープンサイエンス」を実現するツールになっていることが分かります。図9-5は，複数のユーザーが別の機会に実施した訓練トライアルのデータ（訓練結果の移動データはユーザーの同意のもと，すべてサーバに蓄積されます）を合算して示したものです。言いかえると，それぞれ別の機会に訓練にトライした結果でも，同じ空間で実施されたデータであれば，「もしも，本番の災害同様に，みんながほぼ同時に避難を開始

図 9-4　「逃げトレ」の分析結果を見ながら避難方法について検討する地域住民（高知県黒潮町にて）

図 9-5　「逃げトレ」で得られた複数のデータをもとに予測・再現した集合的な避難行動

したら」という想定のもと，1つの集合的な避難行動の予測データとして表示できるのです。

　この結果をもとに，「この道に多くの人が集中している，集落として避難方針を変えたほうがいい」，「新たに避難場所を指定（新設）するとしたら，このあたりがよい」といった実践的な処方箋を引き出せます。この種の「観測」，「解析」を繰り返しながら，避難施設や避難行動のベターメントが図られていくわけです。このように，「オープンサイエンス」の考え方は，専門家（この場合，筆者ら）と地域住民，地元自治体がともに共同当事者となったアクションリサーチともよく馴染みます。

（4）「ソラヨミ」と「避難スイッチ」

　「ゲリラ豪雨」という新語に表れているように，近年の豪雨災害では，きわめて狭い範囲で，しかも短時間に変移する気象・水象現象が関与している場合が多くなりました。この種の現象は，気象台や河川管理者など専門家が展開済の観測網だけでは捉えきれないことも珍しくありません。そこで注目されているのが，一般市民による「観測」あるいは「観察」結果を，気象情報や防災情報として補完的に活用しようとする試みです。

　例えば，民間の気象会社ウェザーニューズは，長年，「ソラヨミ」，「ゲリラ豪雨防衛隊」などユニークなプロジェクトを実施してきました。そこで目指されているのは，局地的かつ短期的な現象を，スマートフォンや同社が貸与する手頃な「観測」機器を通して，広く市民から収集し，それらを独自に解析することで防災情報を生産すると同時に，情報ソースとなった市民（サービス登録者）に，情報をフィードバックすることです。市民の側から見れば，自ら防災情報の生産者となると同時に消費者にもなっているわけで，これも「オープンサイエンス」の枠組みで理解することができます。

　第8章第4節で説明した「避難（防災）スイッチ」の試みも，「オープンサイエンス」の性質を持った試みです。なぜなら，それは，豪雨災害について，避難のきっかけとなる情報や現象を，市民と専門家が共同で，

それぞれの地域社会，組織，家庭などで見いだし設定する活動を中核としているからです。例えば，宝塚市川面地区では，第8章で先述した通り，同地区を流れる武庫川の水位情報などの情報を利用しつつも，小河川のバックウォーター（逆流）現象，ため池の水位などが，市民による「観察」の結果として「避難スイッチ」として活用されています。さらに，土壌や河川の状況（土壌水分量や河川水位など）を市民が専門家の指導のもと独自の機器を通じて設置して「観測」する試みも始まっています。

（5）オープンサイエンス vs. アウトリーチ

　「観測・観察」や「解読・解析」を科学者と市民が共同で推進する「オープンサイエンス」は，従来から重要性が指摘されてきた「アウトリーチ」（サイエンス・コミュニケーション，災害リスク・コミュニケーションなどを含む）とは一線を画す新たな形式だということを理解する必要があります。

　「アウトリーチ」等は，サイエンスカフェ，参加型ワークショップなど，その手法が，いかにユーザーフレンドリーな形式，言いかえれば，市民に親しみやすい形式をとっていても，サイエンス本体はあくまで科学者（専門家）だけが推進するもので，そこで生産された知識や技術が，市民（非専門家）に，その後伝えられるという発想の枠内にある場合も目立ちます。むしろ，親しみやすい形式が，専門家と非専門家，科学の世界と市民の世界の垣根を一見低く見せるための，ある種の「隠れ蓑」になっていることすらあるかもしれません。

　これに対して，「オープンサイエンス」に基づく手法は，科学的な活動そのもの―「観測・観察」や「解読・解析」―を，科学者と市民が共同で進めることをその実質としています。「オープンサイエンス」の発想や運動は，科学的知識の「伝え方」ではなく「作り方」に焦点を当てているからです。この意味で，科学への市民参加にとって，「オープンサイエンス」はより本質的な意味を持っていると言えるでしょう。

　もっとも，「オープンサイエンス」にも，「単に科学者の人手不足を無償の市民ボランティアで補っているだけではないの？」といった無視で

きない悪しき側面がないわけではありません。しかし，こういった陰の部分には留意しつつも，専門家と市民が「ともに科学する」という姿勢は，災害リスクの領域に限らず，科学への市民参加について考えるとき，今後，無視できない重要な考え方となっていくことでしょう。

🎸 研究課題

1　災害リスクに関する取り組みが，「自然対人間」から「人間対人間」の色合いを強めていることを示す事例を考えてみましょう。
2　災害リスクに関する取り組みを，専門家と市民がともに共同当事者として参画するアクションリサーチとして進めるための仕組みや道具を考えてみましょう。
3　「オープンサイエンス」の事例を考えてみましょう。

引用文献

加納靖之（2017）「みんなで翻刻―これまでとこれから―」『リポート笠間』63，pp. 53-56.
マイケル・ニールセン（高橋洋訳）（2013）『オープンサイエンス革命』紀伊國屋書店.
杉山高志・矢守克也（2019）「津波避難訓練支援アプリ「逃げトレ」の開発と社会実装―コミットメントとコンティンジェンシーの相乗作用―」『実験社会心理学研究』58，pp. 135-146.
矢守克也（2010）『アクションリサーチ―実践する人間科学―』新曜社.
矢守克也（2018）『アクションリサーチ・イン・アクション―共同当事者・時間・データ―』新曜社.

参考文献

ガーゲン，K. J.（東村知子訳）（2004）『あなたへの社会構成主義』ナカニシヤ出版.
石原孝二（2013）『当事者研究の研究』医学書院.
パーカー，I.（八ッ塚一郎訳）（2008）『ラディカル質的心理学―アクションリサーチ

入門』ナカニシヤ出版.

杉万俊夫（2013）『グループ・ダイナミックス入門─組織と地域を変える実践学』世界思想社.

浦河べてるの家（2005）『べてるの家の「当事者研究」』医学書院.

矢守克也（2009）『防災人間科学』東京大学出版会.

10 | 交渉としての市民参加

松浦正浩

　本章では，市民参加を客観的に分析するための視座として，交渉分析の概念を導入します。具体的には，交渉によってステークホルダー（関係者）の実質的な利害を満足させるために必要となる，立場と利害の区別，BATNA の認識と合意可能領域，配分型交渉の課題と統合型交渉への展開など，分析と実践の方法論を紹介します。本章を通じて，市民参加を単なる義務としてではなく，多様なステークホルダーに利益をもたらす手段と捉え，市民参加の場をより効果的に設計・運営する能力を養います。
《キーワード》　交渉，合意形成，利害・立場，BATNA，ステークホルダー

1. はじめに

　「市民参加」がリスク社会のさまざまな場面で利用されていることは，これまでの章で明らかにされてきましたが，複数の事例を横断的かつ客観的に理解するため，そしてこれからの「市民参加」の場づくりを考えるために，どのような思考の枠組みを利用できるでしょうか。例えば，ある「市民参加」の取り組みでは参加者全員の「合意」に至ったのに，別の取り組みでは参加者の対立が深刻化して結論が出なかったのは，なぜでしょうか？　ある取り組みは 10 名程度の 1 日の会合で十分だったのに，別の取り組みでは数千人の参加と数年間のさまざまなイベントが必要だったのは，なぜでしょうか？　これらの疑問を解きほぐすには，何らかの思考の枠組みを設定する必要があります。

　そこで本章では，1 つの枠組みとして，交渉分析の概念を導入することで，市民参加を客観的に分析する視座を提供したいと思います。市民参加の議論に，利害関係に基づく取引・駆け引きを行う「交渉」は筋違いのように思われるかもしれません。しかし，人々が対話を通じて何か

を決める以上，市民参加の参加者たちは，その場で交渉していると考えてよいはずです。実は，「交渉ではない市民参加」も存在するので，それについては後述することとしますが，やはり交渉分析の知識が全くなければ，交渉ではない市民参加とは何かを理解することさえもできないので，違和感がある読者もまずは読み進めてください。また本章では交渉分析の視点から「市民参加」を分析しますが，「リスク社会」の扱いについては第 11 章でより詳しく扱います。

2. 市民参加を「分析」する

　市民参加という単語には，規範的な意味合いが含まれます。例えば，「市民参加を推進すべき」という主張に対して，真っ向から反対するのはだれでもなかなか気がひけるものでしょう。その後ろめたさこそが，市民参加そのものが否定できない，否定してはならない何か，つまり現代社会における規範となっている可能性を示唆しています。

　実際，市民参加には規範としての側面があります。Sherry Arnstein は 1969 年に The Ladder of Citizen Participation（市民参加の梯子）という論説を米国都市計画協会誌に発表し，市民参加の文脈では神聖視されてきました（Arnstein, 1969）。彼女は当時の米国における「市民参加」の実践の多くが人心操作や情報提供にすぎず，市民によるコントロール，権限の委譲といった「あるべき市民参加」へと昇華させるべきだと主張しています。市民参加のあるべき姿を梯子の頂上に規範として定義し，規範的に市民参加を推進しようとする人々にとって格好の論拠となりました（**図 10-1** 参照）。

　しかし市民参加を「推進すべきもの」として規範的にしか捉えることができないと，科学的な理解，分析が難しくなります。規範的にしか考えられない人に「なぜ市民参加が必要なのか？」と問うたとしても，「だって市民参加が必要なのだから」という答えしか返ってきません。もちろん参政権など基本的人権に係る問題であれば，だれもが参加する権利を規範として要求すべきでしょうが，本書が扱う「市民参加」の諸相をすべて規範として捉えてしまうと，多くの重要な側面を見落とすことにな

図 10-1 市民参加の梯子
（出典） Arnstein, 1969 より筆者訳。

ります。だからこそ「分析」のための思考の枠組みが必要ですし，その礎として交渉分析の理解が助けになるはずです。

3. 交渉分析の視座

（1）実質的側面への着目

一概に交渉と言っても，さまざまな側面から分析することができます。一般的に交渉には，実質的（substantive），手続き的（procedural），心理的（psychological）の3つの側面があると言われています（Moore 1996, p. 77）；

　実質的：交渉で得る利益の大きさ，合意の内容

　手続き的：交渉の手順，ルール

　心理的：交渉相手に対する信頼，認識

　3つの側面である程度の満足が得られないと交渉による合意は難しいと考えられていますが，これらの中でも特に実質的な側面の分析の枠組みについて，以下解説を行った上で，手続きや心理の側面についても補足的に説明します。手続きや心理については，個別具体の状況によって

大きく対応が異なるため，市民参加という幅広い文脈の中で一般化した枠組みを示すことが難しいのに対し，実質的な側面についてはどのような状況であっても同じ枠組みで考えることができます。

（2）立場と利害の区別

　交渉分析の基礎の1つ目は，「立場」と「利害」の区別です（Fisher and Ury, 1981）。交渉では表面的な立場が先行することで，お互いに妥協ができず，行き詰まり破談に達することも多いと言われています。

　この説明にはしばしば，オレンジのたとえ話が用いられます。いま，姉妹が「オレンジが1つ必要だ」と言い争いをしていたとしましょう。多くの親は，喧嘩を止めようとして，オレンジを半分に切って姉と妹に渡すことでしょう。しかし理想の解は「なぜオレンジが1つ必要なのか？」と問い質すことです。なぜなら，姉の答えは「皮を使ってお菓子をつくりたいから」，妹の答えは「身を食べたいから」であって，親としては皮をきれいに剝いて姉に渡し，身を妹に渡せば喜んで受け取るというオチがあるかもしれないのです。もし，半分に切って渡していたら，姉は身を捨て，妹は皮を捨てるという無駄が発生していたかもしれません。

　つまり，表面的な要求に捉われず，その背後にある理由（本音）を理解することが，交渉による実質的な利益を最大化する上で必要不可欠なのです。ここで，交渉分析では一般的に，表面的な要求のことを「立場（position）」，背後にある理由のことを「利害（interest）」と呼んで区別しています。

　市民参加の場面でも，それぞれの参加者は通常，自身の立場を表明することから始めるでしょう。しかし市民参加という交渉を通じて何を得たいのか，つまり表面的な要求の背後にある理由が明らかにならなければ，何らかの合意に至ることは難しいことが多いです。例えば，遺伝子組換え作物に「賛成」「反対」という表面的な立場にだけ着目していても，両者が納得できる具体的な解決策はなかなか見つからないでしょう。なぜ賛成か，なぜ反対か，そしてその根拠はなにか，これらの点を明らかにすることで，いずれの側も納得できる第三の解決策が見つかるかもし

れません。

　もちろんこの区別だけで問題が解決するわけではありませんが，市民参加を客観的に分析するためには少なくとも，市民参加における参加者の立場と利害を峻別しなければなりません。

（3）BATNA という腹案

　交渉分析の基礎の２つ目は，BATNA（バトナ）を理解することです。BATNA とは Best Alternative to a Negotiated Agreement の頭文字を並べたもので，直訳すると「交渉による合意に対する最良の代替案」となります。これもたとえ話で理解したほうが分かりやすいでしょう。

　いまあなたが，新車を購入しようと，T社のディーラーと交渉しているとして，もしこの交渉を破談にしたら，あなたに何ができるでしょうか？ N社の新車を購入する，H社の中古車を購入する，次の車検まで買い替えを待ってみる……などいろいろな代替案が考えられます。これらの代替案の中で，自分にとっていちばんよさそうな案が，このT社との交渉におけるあなたのBATNA となります。

　なぜBATNA が交渉分析で重要かというと，BATNA よりもよい条件でなければだれも同意しない，言い換えればBATNA が同意するかどうかの基準となるからです。上記の事例では，T社から新車を購入するという決断をするためには，そのBATNA（例えばN社の新車を購入する）よりもよい条件がT社から提示されていなければなりません。もしT社が交渉で譲歩せず，比較の結果，N社の条件のほうがよいと判断すれば，BATNA であるN社からの購入を選択すべきでしょう。

　マイカーの購入と市民参加にいかなる関係があるのでしょうか？例えば，ある迷惑施設の立地について，予定地周辺の住民団体が反対の意思を示して市役所と交渉しているとしましょう。交渉は難航しています。このとき，もし住民団体が市役所との話し合いを打ち切って反対を続けるとしたら，何ができるでしょうか？事業の差し止め訴訟を始める，計画中止を公約に掲げる新市長候補者を応援する，バリケードを立てて徹底抗戦する……いろいろな手段がありえますが，これらのように，交渉

を破談にしたときの（＝交渉相手を無視したときの）自分たちにとって最良の代案が BATNA となります。もし住民団体が，BATNA によって事業を中止に追い込めると認識していたならば，話し合いを打ち切って別の手段を模索するでしょう。もし，BATNA を選択しても事業は実施される，むしろ市役所との話し合いでよりよい条件を得る（例えば利便施設を併設してもらう）ほうが得だと思えば，話し合いを続けるでしょう。

　このように，BATNA よりもよい結果が得られると思うからこそ，人々は話し合いによる解決を模索するのです。このような対立的な状況では，話し合いの場自体が設けられないことも十分に考えられますが，それは「参加しても BATNA よりもよい結果が得られない」という参加者の認識に基づく合理的選択かもしれません。

　もちろん，BATNA は本当に何が起きるかではなく，各当事者の考える認識でしかない点に注意が必要です。反対する住民団体は，「訴訟で勝てる」と認識しているかもしれませんが，実際に訴訟で勝てるかどうかは判決が出るまで分かりませんし，法律の専門家でない以上，過去の判例に基づかない認識をしている可能性もあります。さらに，交渉の心理的な側面が強く影響し，BATNA を評価することなく話し合いを打ち切ってしまう人たちも現実には多数存在することでしょう。

　このように，BATNA が現実の交渉において十分に認識されていなかったり，あるいは間違った認識がなされていたりすることで，市民参加による合意形成が困難になることが考えられます。市民参加の場を考えるときには，それぞれの参加者の BATNA が実際に何であるか，そしてどのように認識されているかを客観的に分析する必要があります。

（4）配分型交渉と統合型交渉

　交渉分析の基礎概念の 3 つ目は，配分型交渉と統合型交渉の区別で，これが最後のポイントです。逆に言えば，この 3 点をおさえてしまえば，交渉分析はおおむね理解したことになります。

　交渉を分析するとき，最も分析が容易なパターンは，当事者が 2 名で，論点が 1 つしかない交渉です。例えば，市場で売り手（A 氏）と買い手

（B氏）がある商品について価格交渉をしているところを想像してみる
とよいでしょう。売り手は高く売りたい，買い手は安く買いたいという
利害のみ存在する状況です（後で説明しますが，在庫を処分したいとか，
品質のよい商品を買いたいとかいった，ほかの利害もこの交渉に絡んで
くると，分析は複雑になります）。

　以下の状況を想像してみましょう。A氏のBATNAは他の買い手X
氏に2,000円で売ることなので，B氏には2,000円以上の価格で売りた
い。B氏は，Y氏から3,000円で同じ商品を買うことができるので（＝B
氏のBATNA），A氏から3,000円以下で買いたいと思っている。この
とき，A氏とB氏が交渉すれば，2,000円から3,000円の間の価格で売
買が成立するでしょう。A氏はできるだけ高く，B氏はできるだけ安く
買おうとするので，最初は2人とも「ふっかけ」をします。たとえば，

　　A氏：これは4,500円の価値がある商品ですよ。
　　B氏：いや，それは高すぎる，2,500円なら払えるが。
　　A氏：じゃぁ，2,800円で手を打ちましょう。
　　B氏：まだまだ高い，2,600円なら買ってもよい。
　　A氏：しょうがないですね，じゃぁ2,600円で。いい買い物しましたね。

　このようにお互い少しずつ譲歩して，2,000〜3,000円の間でおとしど
ころを探すことになります。このように，論点が1つしかない交渉のこ
とを「配分型交渉」といいます。なぜなら，2,000円から3,000円の間に
ある1,000円の幅を，2人で山分けするのがこの交渉の本質だからです。
例えば，2,900円で合意したらA氏は900円の利得，B氏は100円の利
得（合計1,000円）を得るし，もし2,200円で合意すればA氏は200円
の利得，B氏は800円の利得（合計1,000円）を得ることになります。交
渉分析では，この2,000円から3,000円の幅のことを「合意可能領域
（Zone of Possible Agreement）」と呼び，英語ではZOPA（ゾーパ）と略
されることも多いです。

　配分型交渉は，自分の得は相手の損，相手の得は自分の損という構造
が存在します。例えばA氏の利得が100円増えれば，B氏の利得は100

円減ります（このような構造を「ゼロサム」とも言います）。結果として，配分型交渉の当事者は，相手から利得を奪おうと攻撃的になるし，逆に自分の利得を奪われないように防衛的にもなります。よって，協力関係の構築が困難な仕組みなのです。いわゆる「市民参加」の文脈では，このような状況をできるだけ回避すべきでしょう。

　行き詰まりやすい配分型交渉への対処ですが，実は，交渉の論点を1つから複数に増やすことで，この対立的構造をある程度，回避することができます。例えば買い手のB氏は，この商品が模造品ではなく本物であることを確認して，安心して購入したいと思っており，また売り手のA氏にとって，本物であることを証明する書類を用意することは，特に面倒でもないことであったとしましょう。だとすれば，A氏が証明書を提供すれば，B氏はずっと高い価格で購入する可能性が出てきます。価格という論点に加えて，本物の証明という論点が加わったことで，お互いにとってよりよい条件が見つかる可能性が拡がったということです。

　このように，複数の論点を交えた交渉のことを「統合型交渉」と言います。統合型交渉によってはじめて，お互いにとってよりよい，いわゆるWin―Winという（経済学では「パレート効率性」と呼ばれる）解決策を見出す可能性が出てきます。ただし，複数の論点の間に関心の強度のズレが必要です。上記の事例で具体的に説明すると，A氏は，価格を上げたい，証明書を発行する手間は省きたい，という2つの関心事があるなかで，どちらかといえば前者のほうが重要でした。B氏は，価格を下げたい，証明書を貰って安心したい，という2つの関心事のなかで，どちらかと言えば後者が重要でした。この関心の「ズレ」が統合型交渉を可能としたのです（**表 10-1**）。

表 10-1　売買交渉事例の関心事のズレ

	価格	本物の証明
A 氏	**上げたい（関心強）**	省略したい（関心弱）
B 氏	下げたい（関心弱）	**欲しい（関心強）**

　いかなる交渉であっても，それぞれの当事者が得る利得・価値をより大きくすることができるため，「配分型交渉」よりも「統合型交渉」が望ましいと，交渉分析の理論では考えられています。

　このことは市民参加の文脈にも十分適用できる知見です。つまり，参加している人々の関心が多様であれば，その多様な関心事をできるだけ拾い出し，そして各参加者がいちばん重要だと思っている論点の間の「ズレ」を見出すことができれば，お互いにとって納得できる解決策が見つかるかもしれないのです。これは先に述べた立場と利害の区別とも大きく関係しています。

　事業に賛成か反対かというだけの，ある意味「配分型交渉」では，お互いに攻撃的にならざるをえません。そのような場で攻撃的な発言をする参加者を「感情的」だと批判することは実は的外れで，そもそも配分型交渉と見なせるような議論の場，構造こそが批判の対象であるべきなのです。

　また，市民参加の場の設計において，参加者の多様な関心事を引き出し，それぞれがいちばん大事に思っていることのズレをあえて際立たせる対話を意図的に進めることが重要になります。14章でも触れられているように，市民参加の実践では，ファシリテーターと呼ばれる進行役が関与することも多いです。本書で紹介する市民参加の試みのすべてが，「交渉」を前面に出して企画・運営されているわけではありませんが，かりにそれらの場が，参加者にとっての交渉の機会となるのであれば，ファシリテーターは統合型交渉を意識して進行すべきとも言えます。これは，第3章で紹介した収束フェイズにおいて市民参加の手法が用いられる場合に，考慮すべき事項であるとも言えます。

　このように，交渉分析の知識は，市民参加の実践の分析や場づくりにおいて，客観的な視座を与えてくれます。次節以降，この知識を参照しながら，「市民参加」の分析を加えていきます。

4.「市民参加」を交渉として捉える

（1）合意形成としての市民参加

　これまで説明したように，交渉分析の枠組みを用いると，市民参加の課題がよりクリアに見えてきます。交渉は，当事者たちが何らかの約束事を見つけて同意する，すなわち合意形成を目的として行われることに注意が必要です。「市民参加」の実践によっては，そもそも合意することを目的とはしていない場合もあるでしょう。例えば，行政機関が市民等に事業の内容を一方的に説明する場も「市民参加」と呼ばれるかもしれませんが，これは明らかに，交渉による合意形成が目的ではありません。また，交渉による合意形成を直接的な目的とせずに，多様な価値や意見（交渉学でいう「利害」）を共有することを主な目的とした市民参加の取り組みもあります。すべての「市民参加」の取り組みを交渉の枠組みで捉えられるわけではない点には注意が必要です。

　しかしまた，ありとあらゆる政策課題の解決には一定の交渉による合意が必要なことも事実です。行政機関による一方的な説明会は，市民と行政担当者との交渉の場ではありませんが，その場で説明される事業について，行政の幹部も，議会も，地権者も，近隣住民等も，ある程度の合意形成が達成されなければ，事業の実現は不可能でしょう。もちろん，全員一致が現実的に不可能な場合も多く，「ある程度」の匙加減が問題とはいえ，「ある程度」の合意形成のために何らかの交渉は行われるはずです。よって，政策課題に関する合意形成にまで定義を広げれば，市民参加を交渉による合意形成として捉えることは問題ないでしょう。

（2）交渉当事者としてのステークホルダー

　交渉分析の説明では売り手，買い手のように一対一の交渉を想定して記述してきましたが，市民参加の文脈では，実はそのように単純な一対一の構図で捉えることは不可能で，不適切だとも言えます。社会の課題は往々にして，賛成派と反対派の対立として報道されることも多いのですが，そのような二項対立は「配分型交渉」の構造をもたらします。む

しろ，人々の関心事の多様性を包括的に捉え，「統合型交渉」を促すことが，市民参加を通じた合意形成を可能とする条件です。

　ここで，市民参加や政策課題に関係する多様な人々は，一般的に「ステークホルダー（stakeholders）」と呼ばれます。ステークホルダーとそうでない人々との境界線を客観的に定義することは無理だと言っても過言ではありません。例えば，原告適格（訴訟を提起する資格）の有無をもってステークホルダーかどうかを線引きすることもできなくはありませんが，原告適格のない人たちでも，選挙や世論を通じて政策等に影響を与えることはできるので，ステークホルダーではないとは言い切れません。かといって，例えばわずかな量の温室効果ガスを排出する事業があったとして，地球温暖化に影響するのだから全世界の人類，いや生物すべてをステークホルダーと捉えるべきだ，とまで言ってしまうと，さすがに実用性のない概念となりかねません。よって，ステークホルダーであるかどうかの境界線を厳格に定めようとしても，徒労に終わるだけです。

　むしろ，ある市民参加におけるステークホルダーとそれ以外の境界線は，意思決定者や研究者などが外生的に設定する所与のものとして，その範囲の中でステークホルダーをどのように分類するかのほうが交渉分析の関心事となります。賛成・反対という二項対立の構図でステークホルダーを分類すると，単なる配分型交渉へと誘導するだけです。多様な人々が有する関心事を網羅的に捕捉した上で，関心事の類型に応じてステークホルダーを分類し，ステークホルダー・グループ（あるいはステークホルダー・カテゴリー）をどのように描くかが，市民参加を交渉として捉える上で重要になります。グループの数は少数では収まらず，10を超えることも一般的です。なぜなら社会的課題に対する関心事は多様だからです。例えば，静岡県沼津市で鉄道連続立体交差事業（鉄道の高架化）に関して実施されたステークホルダーの調査では，図10-2のように多様な関心事が整理されています。報道等では賛成・反対という軸で単純化されることも多い事業でしたが，実際にはこれだけ多岐にわたる関心事が背景に存在したのです。

いろいろな立場・意見のグループ

立場や意見の違いから見ると，こんなグループに分けられました。

＊ヒアリングした個人ではなく，いろいろな意見を整理して立場の違いをまとめました。
＊PI では，多様なグループの方にバランスよく参加してもらうよう，考えていきます。

計画通りに高架推進すべき
高架なくして沼津市の拠点都市としての再生・活性化はないと考え，長年の悲願として高架化を推進してきた。選挙などを通して高架推進の民意ははっきりしており，正当な手段を踏んで事業認可されている。それを見直すというのでは，沼津では何も先に進める事はできない。PI によって後戻りが発生したり，高架事業に水を差すようなことになるのではないかという懸念を持っている。
行政は，強い意志を持ち事業を進めてもらいたい。

拠点都市づくりの戦略が大事
行政は，もっと駅周辺再開発事業全体のビジョンと，その中での高架の必要性をわかりやすく市民に説明して欲しい。「高架化」だけにこだわる推進運動のままだと対立の溝は深くなるばかりで，再開発事業の具体的ビジョンやマネジメントを進めることができなくなり，高架化不要論が高まってしまう。
このままだと，再開発をきちんとマネジメントできるのかが不安だ。高架化の是非ではなく，再開発の効果を高めるソフト戦略を考えることで，多く市民の合意をまとめて欲しい。

高架実施の有無を早期決断し商業活性化
高架化をめぐる問題により，まちづくりの方向性が定まらないのが，沼津の中心市街地を衰退させている一番の原因だ。とにかく早くはっきりさせてまちづくりを進めないと，このまちに投資しようという人がいなくなり，皆，土地を売ってよそに行き戻ってこなくなる。PI で，結論がさらに先延ばしされたら困る！
ただし PI による客観的な評価により，行政の決断が早まるなら意味がある。
また，回遊性やコンベンションセンターの建設効果を高めるには，高架化の有無に関わらず早期に南北自由通路をつくる必要がある。

高架推進団体に名を連ねるが関心が低い
高架推進団体のメンバーとして名前を連ねているが，積極的な推進活動はしておらず，高架事業の内容についてもさほど詳しい情報を持っていない。
高架計画は自分のビジネスにはほとんど影響しないので，あまり強い関心を持っていない。傍観者，評論家的な立場から一歩引いて見ており，PI は団体の代表が出てくれればよい。

貨物駅をきっかけにした，地域の活性化に期待
農業の後継者問題や基幹産業がないこともあり，貨物駅を受け入れることで原地区の活性化を図るべき。貨物駅を活用した産業おこし，公共投資にした。ただ，行政の進め方が「移転ありき」で始まり，賛成反対に分かれてしまったので，原地区が将来どうあるべきかというところから話せなかったのが残念。
PI では，原地区の将来像について意見交換し，それをきっかけに両者が歩み寄って移転計画が進むことを期待している。

社会状況の変化に応じた見直しが必要
計画を立てた時代は高架化が必要であったと思うが，人口も予算も右肩下がりの現在では，ほかに「早く安く」活性化できる手段があれば検討すべきだ。高架化にかかる費用や人材を，既存のまちの整備に回す方が，中心市街地の再生には効果があるのではないか。
PI については，これまでなかったまちづくりについて語り合える場として期待するが，まちの疲弊は進んでいるので時間をかけるべきではない。

貨物駅の整備と合わせた周辺環境整備を要望
貨物駅用地がかかる地区では，どうしてもつくるというなら地区の環境整備も合わせて進めて欲しいと要望してきた。農業人口の減少を考えると原地区の将来のためには良いことだと思い，地区内で意見の衝突もある中でこれまで行政に協力してきたのだから，それに応えて約束通りに環境整備を進めてほしい。

沼津市の政策問題として高架を考える
国も地方自治体も財政状況が悪化しており，バブル時代に計画された大規模公共事業は見直す必要がある。
沼津市では，高架事業が市の財政を大きく圧迫し，福祉や教育などが立ち遅れている。このままでは，高架事業は次世代に大きな負債を残すことになる。
行政はこれまで住民の意見を聞かず，一方的に計画を進め，強い不信感を持っている。まちづくりのビジョンもなく，ハードの整備しか考えていない。
PI では高架化を前提とせずに話し合い，高架事業の費用対効果を，交通上の評価だけでなく活性化の視点からもきちんと示すべきと思う。

貨物駅は歴史・風景・生活環境を壊す
地域の誇りとしてのすばらしい歴史・風景資源を壊されたくないという想いが深く，貨物駅計画予定地に隣接する人は，生活環境が悪化することを大変心配している。そのような地域感情を無視して，強引に用地買収を進めて来た行政のやり方には問題がある。貨物駅の必要性についても懐疑的だ。
市町村合併以来，原地区は迷惑施設を押し付けられてきたが，貨物駅移転予定地には「健康文化施設」など，資源を活かした活性化の拠点として欲しい。
PI は，貨物駅が地域資源や生活環境にどう影響を与えるのかをきちんと評価する場として期待している。

土地区画整理事業により町が壊された
土地区画整理事業によって人が減り賑わいが失われ，取り残されてしまった。まちを崩す様な高架計画は見直すべきだ。このままでは将来設計ができないという不安を抱えており，それに行政はちゃんと対応してくれない。
PI の実施については，なぜもっと早くから話を聞いてくれなかったのか，今さら遅い，という気持ちだ。

高架問題への関心が薄い
沼津駅の高架計画をめぐる対立があることは知っているが，計画の詳細の知識はなく大きな関心も持っていない。現状の沼津の中心市街地には魅力を感じないので，文化施設，公園などができれば良いと思うが，税金が増えるのはいやだ。

図 10-2　ステークホルダーの意見の分類事例

筆者注：PI とは "Public Involvement" の略で，公共事業等の計画検討で関係者等の意見を聴くこと。
出典：沼津高架 PI プロジェクト PI 運営事務局「ステークホルダーヒアリングのまとめ」2012 年 7 月

　これらの多様な関心事が，市民参加において論点となります。交渉分析の観点から市民参加を考えるのであれば，多様なステークホルダーがそれぞれが持つ関心事についてお互いの重要度を考慮しつつ，自身が最も重要視する論点については相手の譲歩を得ながら，他のステークホルダーが重視している論点については譲歩することで，だれもが納得できる解決策を模索することが市民参加となります。よって，市民参加で扱う論点と参加すべき人々（ステークホルダー）は常に相関があります。論点を狭く設定すればステークホルダーの幅は狭くなるし，論点を広く設定すれば逆に，ステークホルダーの幅は広くなります（ただし分類の粒度を変えることができるので，グループの数は必ずしも変化しない可能性もあります）。

　これは，市民参加を実行するとき，論点が事前にある程度定まっていないと，ステークホルダーを特定することができないということを意味します。地域を限定する，論点を限定することによって，ステークホルダーの特定が可能になります。これは市民参加における論点定義の重要性も意味しており，例えばある特定の人々を市民参加の場から排除したいとその主催者が考えたとき，その人々がステークホルダーとして認められるような論点を市民参加の対象に含めなければ，自動的に排除できます。例えば，カジノを含む IR（統合型リゾート）の誘致について，ある自治体が「誘致するかどうか」を論点とする市民参加の場を設ければ，市全域の住民が（さらに周辺自治体の住民も）賛否問わずステークホルダーとして参加すべきでしょう。しかし，「市内のある特定の地区への誘致」を論点とした市民参加の場としてしまえば，その地区から遠く離れたところに居住している人々は「影響がない」として市民参加の場から排除することができなくもありません。本来は誘致そのものについての市民参加から始めるべきでしょうが，いきなり絞った論点で，絞られたステークホルダーに対する市民参加の機会を提供することで，「市民参加」を行った事実を作ることができてしまいます。だからこそ常に，市民参加，そしてより広い意味でのガバナンスにおいて，論点やステークホルダーがいかに設定されているか，批判的に注視しなければならない

のです（第 6 章第 1 節 (5) の高レベル放射性廃棄物処分の「市民参加」
事例もそのような事例の 1 つです）。

（3）市民参加における合意

　市民参加の効果は，実質的には人々の意見や合意，手続き的には意思
決定の正当性，心理的には人々の納得感など多岐にわたると考えられま
すが，本節では交渉分析の観点から実質的な効果に着目して検討します。
市民参加を交渉だと考えれば，何らかの合意に到ることがその目標で，
逆に合意が得られなければ，目標を十分に達することができなかったこ
とになります（ただし現実には，手続き的，心理的な効果が得られる可
能性もあるので，合意が得られなければ意味がないというわけではあり
ません）。

　では合意の中身とは何でしょうか？市民参加は賛成・反対の対立的な
枠組みで捉えられることも多く，例えば事業の承認か，却下か，どちら
かを選択すること，判断を下すことが合意だと思っている人も多いかも
しれません。しかしこれまで述べた通り，立場の二項対立では互恵関係
（いわゆる Win—Win）は実現困難であって，多様な論点を明らかにして
「統合型交渉」として調整することが，交渉分析のキモでした。よって，
市民参加を通じてまず明らかにすべきことは，ステークホルダーの多様
な関心事となります。そして，各ステークホルダーが重視する関心事の
ズレを模索して，お互いに納得できる第三の解決策（譲歩案）を見出す
ことができれば，交渉による合意として理想と言えるでしょう。

　つまり，賛成か反対か，推進か中止かという単純な判断ではなく，そ
れぞれのステークホルダーの関心事を明らかにした上で，それらをでき
るだけ実現する解決策が，市民参加の望ましい合意なのです。例えば先
ほどの IR 誘致についても，誘致するのか，誘致しないのかという二元
論ではなく，なぜ誘致が必要なのか，なぜ誘致に反対なのかを整理して，
財源確保，治安，地域のイメージ向上，依存症問題……など各ステーク
ホルダーの関心事に照らして，IR 誘致のさまざまな選択肢を評価した
り，あるいは IR 誘致以外の政策手段と比較したりしながら，どのよう

な解決策が望ましいかを検討するのが市民参加のあるべき姿です。結果として，「IR誘致」だけを見ればYesになるかもしれないし，Noになるかもしれませんが，その単純な視点ではなく，ステークホルダーの関心事を多面的に取り込んだ合意が出てくるかどうかが鍵なのです。

　このように，交渉分析の視点から市民参加を説明すると，「いや，そもそもIR誘致の是非が問われているのだから，IR誘致について判断しなければならない」という異論を唱えられることも多いのが現実です。確かに，後述するように，IR誘致が政策手段ではなく，規範・価値観であったとしたら，多様な関心事との調整は困難で，交渉による合意はそもそも不可能です。また，現実の政治過程は，特定の政治家や政党が複数の課題をパッケージにして対立的な関係で競争するので，個別課題に関する市民参加の場にもこの対立関係が持ち込まれ，上記のように理想的な調整が困難になる場合もありえます。よって現実の市民参加を通じて，理想的な合意に至らない可能性も十分にあります。しかし，あらゆるステークホルダーが同意する解決策に至らないとしても，少なくとも単純化された論点が解きほぐされ，多様な関心事が明らかになり，その調整の可能性が見えてくるだけでも，市民参加には十分な意味があるはずです。また市民参加では1つの合意に絞り込めず，両論併記の結論となった末に，首長や議会等による判断が必要になる場合もあるでしょうが，単純な賛成・反対ではなく，多様な関心事を考慮した複数の解決策からの政治選択であれば，市民参加に一定の役割があると言えるのではないでしょうか。

　このように，市民参加を交渉と捉えれば，多様な関心事を踏まえた合意が見出されることが肝要ですが，たとえその合意が一意に定まらなかったとしても，単純な二項対立を乗り越え，それぞれの関心事を踏まえた合意の案が複数出てくるだけでも十分な意味があるはずです。また，市民参加ではどうしても結論を導き出すことができなかった課題を政治判断に委ねるという仕訳ができるだけでも，十分な意味があると言えます。そしてここでは実質的な視点からの議論のみを行いましたが，交渉の手続き面，心理面からの効果も踏まえれば，たとえ合意に至れなかっ

たとしても，市民参加には十分な意味があるはずです。

5. 市民参加が「失敗」する理由

　市民参加の議論では，国内外のベスト・プラクティス（好事例）を参照して，いかにそれらが「成功」であったかが吹聴されることが往々にしてありますが，市民参加に対して科学的な態度で臨むのであればむしろ，どのようなときに「失敗」が起きるのかを観察して，比較することではじめて，「成功」の要因を捉えることができるはずです。本節では，交渉分析の視点から「失敗」する理由についていくつか考えてみましょう。

（1）BATNA を超えない解決策

　一部のステークホルダー，参加者が条件を最後まで受け入れず，合意に至らないことも往々にしてありえます。このとき，なぜ一部のステークホルダーは条件を受け入れないのでしょうか。交渉分析として真っ先に思い当たる理由は，提示された条件がそのステークホルダーにとって，BATNA よりもよい条件ではなかったから，というシンプルなものです。市民参加の場で出てきた条件に同意するよりも，市民参加以外の場，例えば法廷闘争や選挙・リコール運動などの手段のほうがよりよい条件を達成できそうであれば，同意せずに別の手段で目標を達成することが合理的選択です。

　もちろん，別のステークホルダーから見ると「非合理的」な選択をしているように見えるかもしれませんが，そのステークホルダーにはBATNA のほうがよく見えるのだからやはり「合理的」選択なのです。ただし，そのステークホルダーが明らかに客観的な事実ではない情報や認識に基づいて BATNA を認識していたら，長期的には非合理的な選択だと評価できます。例えば，客観的に見れば訴訟の勝算が非常に低い状況でも，一部の専門家から訴訟で勝てると信じ込まされていたら，そのステークホルダーは訴訟という BATNA を選択するかもしれません。

　だからこそ，一部のステークホルダーが強硬に反発したとき，「非合理」というレッテルを貼って処理するのではなく，むしろその人たちの

BATNA の認識がどのようなものであるかを冷静に調査・評価し，もしその認識が明らかに誤っているのであれば，修正を試みることが，交渉分析の視点から見た合理的な対策です。また，もしかすると，反発するステークホルダーの BATNA の認識は正しいのかもしれず，その場合には，他のステークホルダーが譲歩しない限り，彼らは同意しないことにも注意が必要です。ビジネス交渉では相手の BATNA の認識を操作することで相手により譲歩させようとする戦略もありえますが，市民参加の文脈では，本当に実現できる解決策を効率的に見つけるため，より「事実」に基づいた BATNA をお互いに認識する（してもらう）ことが重要です。

（2）立場・配分型交渉の罠

　表面的な主張である立場をお互いに主張しあっているだけでは，なかなか合意に至ることができないのは，交渉分析の説明の冒頭で明らかにした通りです。オレンジ1個を争う姉妹の例では，どちらが正しいかを主張し続けても解決することはなく，むしろ「なぜ」欲しいのかという利害に着目することが解決への鍵でした。

　この行き詰まりは，市民参加の場面でも往々にして見られる現象です。行政が事業を提案して，説明会等の「市民参加」の場で近隣住民等が反対，といった賛成 vs. 反対の構図がしばしば見られます。ここで，その場を上手に設計・運用して，対立構造を解きほぐし，それぞれの関心事を拾い出して調整する場として機能させることができれば，この行き詰まりを克服できる可能性があるのですが，それができずに行き詰まりに達する事例も多く見られます。

　なぜ，このような行き詰まりがその先にあることが分かっているのに，対立構造を解きほぐす手段をとらず，袋小路にはまっていく市民参加の場が存在するのでしょうか？　1つには，行政など市民参加の場を用意する側が，自分の BATNA を強く見積もっている可能性です。つまり市民参加の場で何らかの合意が得られず，賛成 vs. 反対の構図のままで終わったとしても，その後の行政手続きを粛々と進めれば，政策を推進で

きると（堂々と口にしないまでも）心の中で思っているのであれば，対立構造を解きほぐす手間を省くほうが合理的でしょう。

　第 2 に，対立構造を解きほぐして，多様な関心事の調整へと移行する，つまり配分型交渉から統合型交渉へ移行するという概念自体が，行政を含むステークホルダーに存在しない可能性もあります。賛成・反対などの二項対立ではない「ものの見方」があることが感覚的に理解できないと，そこから抜け出すことはできません。壺の図柄が向かい合った人の顔に見える「ルビンの壺」のように，人々の認識は「フレーム」に影響されるので，多様なステークホルダーによる多様な関心事，というフレームで市民参加を捉えられなければ，「失敗」に終わるでしょう。

　最後に，心理的な側面の影響を指摘しておきます。交渉には 3 つの側面があることを冒頭に述べましたが，実質的には合意できるはずだけれども，心理的な障壁が立ちはだかり，合意に至れないことは十分に起こりえます。昨今の脳科学等の進展により，人間の認知能力，判断能力はかなり限定されており，「合理的」な選択は難しいことが明らかになってきています（Bazerman and Watkins, 2004；Haidt, 2012）。「坊主憎けりゃ袈裟まで憎い」と言いますが，実際，発言内容が全く同じでも，憎い人から発せられた場合には信用しないという社会心理学の研究もあります（Ross, 1995）。経済人（homo economicus）の想定を覆す行動経済学の研究，利害調整よりも共感（empathy）の重要性を強調する議論などを見ても，対立構造を乗り越えて関心事に基づく利害調整を試みること自体，容易ではないことがより，明らかになってきています。他方，情動的な判断を乗り越えて，「合理的」に熟慮することが人間はできるはずで（Haidt, 2012；Kahneman, 2011；Bloom, 2016），市民参加が参加者を，この熟慮のステージへと誘導できるかどうかが，心理的な障壁を乗り越える上での鍵となるでしょう。

（3）高い不確実性

　市民参加の議論が収斂しないもう 1 つの原因に，情報の高い不確実性があります。これは本書の主眼とするところですが，リスク社会では，

健康影響や将来予測が重要な関心事であるにもかかわらず，これらの情報には高い不確実性がどうしても伴います。時間が経過することで，科学の発展や事実の確認により，不確実性は徐々に狭まるとはいえ，現実には，大きな不確実性が存在する段階で何らかの決定，行動をしなければならないことも多いのがリスク社会でもあります。危険や発生確率の推定に幅がある中で，確実に回避するために大きめの値を念頭に置くか，他のリスクも考慮して中央値や平均値を念頭に置くか，この選択の違いがあったとき，これまで述べてきた関心事を整理するという交渉だけでは，その違いを埋めることはできません。この問題とその対応については，本書の重要なポイントでもあるので，次章でより詳しく扱うこととしますが，適切な対応がとられなければ確実に「失敗」する原因の１つです。

6. 交渉ではない「市民参加」

　最後に，交渉では捉えきれない市民参加について説明することで，交渉分析の限界を示しておきます。第１に，交渉分析を前提とすると，ステークホルダー・グループ群が市民参加の対象となりますが，そもそもステークホルダーを定義する枠組み自体が「間違って」いるとしたら，市民参加として「間違って」いることになります。先にIR誘致をたとえに説明しましたが，市全域で議論するのか，市の特定地区を対象に議論するか，この場の設定によってステークホルダーの範囲が大きく異なります。しかし，何が「正しい」市民参加の対象かは，交渉分析では明らかにできません。あくまでステークホルダーとそれ以外の境界線が切り取られた上で，その中で「正しい」ステークホルダー・グループの分類や交渉の進め方を考えられるのが交渉分析です。

　また，社会の仕組み自体を改めなければならない状況で，交渉を前提として市民参加を行うとすれば，現在，その不公正に加担している人々もステークホルダーとして交渉に関わってくる可能性があるどころか，逆にその不公正を強化する方向に合意が働いてしまう危険もあります。例えば，国内外の貧困問題について，その是正には所得再配分のため高所得者層が身を削る必要がありますが，逆に高所得者層のほうが社会の

意思決定により強く関わる力を持っているがために，そして貧困層は直接的な影響力が弱いがために，純粋な交渉として捉えると，問題の深刻化が必至です。このような状況では，まさに「共感」など別の枠組みが必要になってきます。

　最後に，市民としてあるべき態度や行動，すなわち規範や価値観について，市民参加は可能ですが，交渉の枠組みは不適切です。なぜなら，交渉による合意は，関心事のズレを認め合い，調整することでお互いを利する解決策でしたが，規範や価値観はそもそもその「ズレ」を容認できないものだからです。例えば，夫婦別姓，死刑制度，学校での国歌斉唱などの論争は，国民などに対して画一的に適用される規範が問題となっていて，「ズレ」や多様性を容認できない（人たちがいる）から解決が難しいのです。熟議民主主義（deliberative democracy）の概念や実践は，まさにそのような問題に取り組もうとするもので，第 1 章でも扱われていますが，それらは交渉分析の照準とは異なることは認識しておいてください。

🎙 研究課題

1　原子力政策や市街地再開発などに関する市民参加の場でみられる対立について，報道などにみられる立場とその背後にある利害を考えてみましょう。

2　原子力政策や市街地再開発などに関する市民参加の場に出てくるさまざまな人々が認識している BATNA が何か，そしてそれが人々の態度にどのように影響を与えているかを考察しましょう。

3　原子力政策や市街地再開発などに関する市民参加のステークホルダー・グループとしてどのような分類が挙げられるか，利害にもとづいて考えてみましょう。

4　交渉による合意形成として分析するのにふさわしい市民参加の事例，ふさわしくない市民参加の事例を考えてみましょう。

引用文献

Arnstein, S. (1969) "A Ladder of Citizen Participation" *Journal of the American Institute of Planners*, 35, pp. 216-224.

Moore, C. (1996) *The Mediation Process : Practical strategies for resolving conflict.* San Francisco, CA : Jossey-Bass.

Fisher, R. and Ury, W. (1981) *Getting To Yes : Negotiating agreement without giving in.* New York, NY : Penguin. (ロジャー・フィッシャー, ウィリアム・ユーリー（金山宣夫ほか訳, 1990, 『ハーバード流交渉術』三笠書房)

Bazerman, M. and Watkins, M. (2004) *Predictable Surprises : The disasters you should have seen coming, and how to prevent them.* Boston, MA : Harvard Business School Publishing.

Haidt, J. (2012) *The Righteous Mind : Why Good People Are Divided by Politics and Religion.* New York, NY : Pantheon. (ジョナサン・ハイト, 高橋洋訳, 2014, 『社会はなぜ左と右にわかれるのか—対立を超えるための道徳心理学』紀伊國屋書店)

Ross, L. (1995) "Reactive Devaluation in Negotiation and Conflict Resolution" In Arrow, K. et al. (Eds.) *Barriers to Conflict Resolution.* New York, NY : W. W. Norton.

Kahneman, D. (2011) *Thinking, Fast and Slow.* New York, NY : Farrar, Straus and Giroux.

Bloom, P. (2016) *Against Empathy : the case for rational compassion.* New York, NY : Harper Collins. (ダニエル・カーネマン, 村井章子訳, 2014, 『ファスト & スロー あなたの意思はどのように決まるか？』早川書房)

参考文献

松浦正浩（2018）『おとしどころの見つけ方—世界一やさしい交渉学入門』クロスメディア・パブリッシング.

ローレンス・サスカインド, ジェフリー・クルックシャンク（城山英明ほか訳）(2008)『コンセンサス・ビルディング入門—公共政策の交渉と合意形成の進め方』有斐閣.

11 | 高い不確実性の下での合意形成

松浦正浩

　本章では，リスク社会における市民参加で対応が避けられない不確実性にいかに対処するか，前章で導入した交渉による合意形成の観点から，具体的な解決策を紹介します。市民参加では，情報の非対称性がとくに重要な課題となり，適切な対応が求められます。第1の対応策は条件付き合意で，ステークホルダー間のリスクに関する異なる認識をあえて活用して合意へと導こうとするものです。第2の対応策は共同事実確認方式で，弁護科学を乗り越えて，ステークホルダーが専門家の知識を利用するための枠組みを設けることです。これらの手法にも限界はありますが，本章を通じて，市民参加において不確実性に対処するための思考を養いましょう。
《**キーワード**》　不確実性，情報の非対称性，条件付き合意，共同事実確認，弁護科学，専門家

1. はじめに

　第10章では，市民参加を交渉分析の観点から整理しましたが，本書が照準とするリスク社会における市民参加では，不確実性が特に重要な課題となります。

　交渉による合意とは，原則として，未来の行動に関する何らかの約束を意味します。例えば「温室効果ガスの排出を2050年までにゼロにします」，「健康被害をもたらす薬物の使用を禁止します」，「高レベル放射性廃棄物を地層処分します」といったいずれのフレーズも，未来の行動についての約束です。過去のことがらについて「責任を取ります」という合意もあるでしょうが，結局，責任を取ること自体は，やはり未来の行動なのです。

　単純な商取引の交渉であれば，合意はすぐに実行されるので，不確実

性はたいして問題になりません。例えば旅行先の露店でお土産品を値切って買うとき，交渉が成立すれば，即座に現金を支払う代わりに商品を手に入れて，取引終了となります。しかし市民参加を必要とするリスク社会の課題は，実行の期間が超長期に及ぶことが一般的です。例えば，高レベル放射性廃棄物は，人類（あるいは同様の生物）から数万年から10万年にわたって隔離しなければならないといわれていますが，いわゆる人類の文明が誕生したのがおおよそ1万年程度前なのですから，交渉による合意の実行をとんでもない長期間にわたって保証しなければなりません。気候変動についても，今日明日の話ではなく，これから50年，100年かけて継続的に対応していく課題です。要は，リスク社会の市民参加を交渉として捉えるのであれば，その実行期間の長さについて，とくに配慮が必要となるということです。

　実行期間が超長期にわたると何が問題なのでしょうか？　第1の課題は，合意の約束が守られることを保証する仕組みの設計が重要になる点です。返済が数十年に及ぶ住宅のローンも，確実な返済のために抵当権を登記する仕組みがあり，返済されなければ銀行が差し押さえられる仕組みが存在することは，社会人ならだれもが知っていることでしょう。逆に，旅行先の怪しげな露店で「商品は来年送りますから，いま現金で払ってください」と言われて素直に現金を渡す人も少ないでしょう。リスク社会の課題についても同様に，実行を保証する仕組みの設計が重要であるし，そのような仕組みがなければ，本当に実行されるのか信用できません。

　もう1つの課題が，超長期の約束期間に伴う高い不確実性です。例えば，温室効果ガスの排出量がこのまま増え続ければ気候変動が深刻化する可能性が高いことについて，国際的に合意が形成されていると言ってよさそうですが，ではどの程度の排出量がどの程度の平均気温上昇につながるのか，そしてどのような影響がもたらされるのか，科学的に不確実なことはまだまだ，たくさんあります。しかし，確実になるまで，つまり気候変動の影響が明確に目に見えて深刻化するまで何もしないとすれば，その頃には人類社会は対応する術を失い，時すでに遅しとなって

いることでしょう。だからこそ，不確実性がある中で，なんとか意思決定をしなければならないのがリスク社会であることは第 1 章で述べられている通りです。しかしだれか 1 人が勝手に決められるわけではなく，社会という大多数の人々の一定の「市民参加」を担保した上で決めなければならないのであれば，その「市民参加」でいかに不確実性を取り扱えばよいのかが，重要な問題となります。

　そこで本章では，「市民参加」のなかで高い不確実性にいかに対処するか，具体的な方法論を議論します。その議論の枠組みは，前章に引き続き，交渉分析の視点を用いることにします。

2.　情報の非対称性

　交渉分析では，各当事者が持っている「情報」が重要な役割を果たします。これまでに説明してきた交渉分析では，取引されるモノについて，お互いに同じ認識を持っていることを前提としていました。例えば，旅行先の土産物屋での価格交渉を分析するとき，そのお土産そのものについての情報は，売り手も買い手も共有しているという前提で，それぞれの BATNA は何か，合意可能領域の幅はどの程度あるのか，そして最終的に価格がいくらに落ち着くのか，といった点を分析することができます。しかし実際には，お土産が（本当は）何でできているのか，どれくらい壊れやすいのか，原価がどれくらいかかっているのか，素材はどれくらい貴重なのか，といった情報について，売り手と買い手の間に情報量の差があります。往々にして，買い手が売り手から根掘り葉掘り聞き出すことで，情報を引き出そうとしますし，また「嘘」がないかどうかを確認しようともします。こうしてある程度情報が共有され，そしてその情報への信頼感が高まれば，取引が成立しやすくなるのです。

　このように，交渉では「情報」が重要な役割を果たします。とくに，一方の当事者が情報を持っているが，もう一方の当事者が持っていない（あるいは異なる情報を持っている）状況のことを「情報の非対称性」と言います。情報の非対称性というギャップを完全に埋めることは容易ではありませんが，情報不足を認識している側からすれば，情報を持って

いる側から納得できる説明が得られなければ，安心して交渉に臨むことはできないでしょう。

　また，情報を持っている側が「隠ぺい」することで「不当な」利益を得ることができるかもしれません。例えば，ある中古車を売買するとき，実は事故車で，故障やサビの発生が予想されるところ，売り手はその情報を敢えて自動車に詳しくない買い手に伝えず，「安心ですよ！」と言い切って高い値段で売りつけたとしたら，それは不公正な売り方のように思えます。念入りに調べなかったのだから買い手が悪い，という見方もできなくはありませんが，それを認めてしまうと，中古車市場には故障車ばかりが出回ることになってしまいます。なお，劣悪な中古車のことを英語の俗語で「レモン」というので，情報の非対称性を容認してしまうと市場に不良品ばかり出回ってしまう問題は「レモン問題」と呼ばれています。社会として安心な中古車市場を形成したいと考えるのであれば，売り手の側に情報を開示する義務を課す必要があります。実際，日本の民法では，そのような隠れた瑕疵があった場合には瑕疵担保責任といって，修理したり返金したりする義務が売主にあります。このように，情報の非対称性の下でも交渉を成立させるため，現実の社会にはさまざまな仕組みが設けられています。

　さて，情報の非対称性の問題がいかにリスク社会の「市民参加」に関係するのでしょうか？　「市民参加」を交渉分析の観点で捉えるとき，そこに関わるステークホルダーの情報とは，いかなるものでしょうか？

　リスク社会の市民参加で必要とされる情報の多くが，科学技術に関するものです。気候変動，公衆衛生，放射線，遺伝子組換え，その他さまざまな科学技術の専門知が，リスク社会における「市民参加」の課題となることは，これまでの章でとりあげられてきた事例を見ても明らかでしょう。これらの専門知は，市民参加という交渉の場に臨むステークホルダーにどのように共有されているでしょうか？

　市民参加の場が論争となる場合，専門知が共有されていない，つまり情報の非対称性がその一因となっていることもありそうです。1つのパターンとしては，ある特定のステークホルダーが情報を持っているもの

の，他のステークホルダーにそれらが公開されていない状況があります。例えば，リスク評価について，民間企業だから，安全保障に関わる事項だからと公開されないのであれば，他のステークホルダーは情報の非対称性を理由に，不公正だと認識する可能性が高いでしょう。「市民参加」を通じて情報の非対称性が是正されようとしなければ，他のステークホルダーは，そのプロセスを不公正だと認識するでしょうし，それは交渉分析の視点から見ても当然のことです。例えて言えば，ある中古車について詳しい情報が提供されないにもかかわらず，その購入を迫られるようなものです。

　よって，市民参加を交渉と捉えるのであれば，情報の非対称性に対応するための何らかの措置が，市民参加の枠内でとられなければなりません。例えば，情報公開が必要不可欠です。規範的にも行政や公企業には情報公開，説明責任があると考えられるのですが，実質的な交渉取引としても，情報量の乏しい側が情報の非対称性を認識しているのであれば，それを補正しない限り取引の成立は難しいのです。繰り返しますが，自分が中古車を購入する状況を考えてみれば，それは自明のことでしょう。

　またもう1つのパターンとして，ステークホルダー間で矛盾する情報を持っていて，それらについてお互いに自分の持っている情報が「正しい」，相手の持っている情報が「間違っている」と認識している状況も考えられます。このときも情報の非対称性が生じており，交渉の前提が異なるので取引が成立しない可能性があります。この問題は，情報公開だけでは全く解決しません。いくら情報を公開しても信用されないのですから，それ以上の取り組みが必要になります。このような状況での解決策については改めて次節以降で解説します。

3. 条件付き合意

　リスクの定義は第1章において扱われていますが，不確実性が高く，発生確率に関する認識がステークホルダー間で異なる場合には，条件付き合意（Contingent Agreement）という技法を用いることで，交渉による合意を成立させることができます。条件付き合意とは，「○○○の場合

には×××をする」という，何らかの事態が本当に発生した場合の約束を含む合意です（Susskind, 2014：pp. 100-106）。

　例えば中古車を個人間で売買するとき，売り手は，今後半年間エンジンが壊れることは99％ないと確信しているものの，買い手は，もしかしたら（例えば20％の確率で）故障するのではないかと不安になっていたとしましょう。ここでエンジンの修理費用が20万円だとしたら，売り手はエンジン故障のリスクは20万円×1％＝2,000円と見積もっています。他方，買い手は20万円×20％＝4万円と見積もっています。ここで，売り手は壊れない自信があるのですから，「もし半年のうちに故障したら，エンジンの修理費は売り手が負担します」という条件を売買契約に盛り込んだとしましょう。この条件を含めたとしても，売り手は売買の時点で1円も負担しなくてよいものの，1％くらいは壊れるかもしれないという不安もあるので，追加で2,000円の負担をしたことになります。逆に買い手は，即座に20万円を得たわけではありませんが，もし20％の確率で壊れても修理費を負担しなくてよいので，期待値として4万円を獲得したことになります。結局，売り手は2,000円の負担，買い手は4万円の安心感ということで，この条件によって3万8,000円の「価値」が2人の間に発生したことになります。

　これが条件付き合意のポイントで，ステークホルダー間にリスク認知の違いがあれば，それを逆手にとった条件を含めることで，交渉による合意が成立する可能性が高まるということです。上記の事例では発生確率の認識の違いを想定しましたが，影響の大きさに関する認識の違いでも同じような取引は可能です。リスク認知の違いは情報の非対称性によって生じることもありますが，この技法では，あえて非対称性をそのままにしておきながら，交渉の条件として活かしてしまうのです。

　条件付き合意は私たちの日常生活でもよく見られます。上記のような自動車の購入でも，ディーラーから買うのであれば1年程度の保証がついていることが一般的ですし，家電製品や住宅についても同様の保証がついているものでしょう。また，競馬や競輪といったギャンブルも実は，条件付き合意なのです。ある人はこの馬が勝つ，別の人はあの馬が勝つ，

と異なる勝馬を認識しているからこそ，それぞれが異なる勝馬投票券に「賭ける」ことに合意するのです。もしもこの世のすべての人々がタイムマシンを持っていて，どの馬が勝つかをレース前に確実に知っていたら，勝馬投票券の仕組みは成立しません。

　さて，条件付き合意が「市民参加」にいかに関係するのでしょうか。リスク社会の市民参加では，高い不確実性を避けることは困難です。逆に，高い不確実性の下で何らかの意思決定を行わなければならないことも多いのです。そのとき，ステークホルダーの間でリスク認知が大きく異なり，その擦り合わせが当面，難しそうであれば，条件付き合意として処理することも1つの選択肢です。

　先ほどの中古車の事例にならって考えると，例えば，有害物質の漏洩はほぼ確実にないと信じる工場と，漏洩するかもしれないと不安になっている近隣住民がいたとすれば，「もし漏洩があった場合には即座に工場の操業を停止し，健康被害に対して補償する」といった約束ができるかもしれません。

　より現実的な事例を見てみると，例えば強制保険の制度はこの条件付き合意に近いものです。日本の原子力損害賠償の制度は，原子炉の運転を行う原子力事業者に対して保険への加入を制度的に強制することで，万が一の事態が起きた場合の責任を事業者に負わせ，そして被害者に対して十分な賠償をさせようとするものです。もちろん原子力事故を起こさないことを前提に原子炉を運転してもらわなければ困るわけですが，より高い可能性で「起きるかもしれない」と考える社会の側から合意を得るための1つの手段として，「もし原子力事故が起きた場合には賠償しますし，その保証として保険に加入します」という条件付き合意となっているとみなすことができます。

　また私たちにとってより身近な，自動車の自賠責保険の制度も同様の仕組みです。歩行者にとって，街を走る自動車が勝手に引き起こす交通事故によって，自分には何の過失もないのに被害を受けることはそもそも受け入れがたいでしょう。交通事故に関するステークホルダーを運転者と歩行者と捉えると，受益もなく一方的に被害を受ける可能性がある

歩行者の立場になれば，運転者との合意形成は困難でしょう。そこで，事故を起こす可能性は低いと考える運転者，高いと考える歩行者の間で，自動車交通に関する社会的合意形成の手段として，強制保険である自賠責保険が導入されたと考えることもできます。ただし自賠責保険では料率が一律のため，運転者に安全運転を促す動機づけが弱いですよね。そこで任意保険では，運転歴や事故歴情報に応じて料率が変わる制度となっており，これが安全運転を促す動機づけとしての「条件付き合意」の効果とみることもできます。

　また環境分野で考えてみると，工場立地等に際して企業等と自治体の間で結ばれる公害防止協定も一種の条件付き合意と言えます。大気・水質汚染や騒音等の公害を周辺地域にもたらす可能性がある工場の新規立地は，往々にして周辺住民に不安を抱かせ，反対運動等につながることも多いです。しかしまた，そのような工場立地は地域に雇用や税収をもたらし，さらに大規模な工場であれば他の産業にも波及効果が期待できることから，公害のリスクだけを理由に排除することは，自治体経営等の視点からは難しいでしょう。むしろ誘致したいと考える自治体もたくさんあります。そこで，工場立地等に際し，企業等と自治体が公害防止協定を結び，公害が生じていないことを確認する仕組みや，公害が生じた場合の補償やその他の措置について事前に合意しておく事例が，日本国内では多く見られます。

　工場の側としては，できるだけの公害防止措置を行うことで，公害は発生しないという自信があれば，すなわち確率がゼロに近いと認識していれば，もしも公害が発生した場合の休業措置や補償等に伴う費用が多大だったとしても，期待値としては極めて小さな額になります。周辺住民としては，公害が発生するかもしれないという不安があるため，工場よりもその発生確率を高く認識しているでしょうから，公害が発生しないことが理想であるにせよ，補償等の措置を金銭換算すると，期待値として工場側の認識よりも大きな額になります。結果として，公害防止協定という条件付き合意を結ぶことにより，両者の間に期待値のズレが発生し，この差額こそが，合意によって生じた価値なのです。また合意が

成立すれば，工場立地による経済効果を享受できるので，自治体にとってもメリットがあります。

　ただし，条件付き合意というリスクの処理の仕方そのものにも実はいろいろな「リスク」が潜んでいます。第1に，条件付きの合意が本当に実行されるのかどうかという点でリスクがあります。例えば，公害防止協定で何らかの補償が規定されていたとき，その補償が企業から本当に支払われるのかどうかという問題が残るのです。企業が倒産などによって支払い能力がなくなってしまう可能性もあります。企業が「公害が起きていない」と主張して支払いを拒否することもあるかもしれません。自動車の自賠責保険のように，万が一の事故の際に必ず被害者に適切な補償がなされるよう，車検の時に加入を確認したり，警察や保険会社が被害の内容を確認したりする確固としたガバナンスができていれば，実行リスクは低いでしょう。しかし，国の法制度等による裏付けがない場合は，いかにその信頼性を高めるかが重要になってきます。単なる約束ではなく，保険・信託のように，何らかのイベントが生じた際に第三者が執行する仕組みとすることが，条件付き合意に対する信頼を高める1つの方法です。

　第2に，条件付き合意は不確実性をある意味「容認」することになるため，不確実性そのものを許容できない場合には利用できません。「やってはいけないこと」として規範的に否定されうる方法論です。例えば原子力災害の強制保険の制度についても，万が一の事故の場合には保証されるという仕組みになっていますが，そもそも原子力事故が起きるかもしれないという想定自体が許容できない，ありえないという考えの人にとっては，条件付き合意である保険の仕組み自体が容認できないはずです。そのようなステークホルダーが存在すれば，合意形成の手段として条件付き合意を用いることは難しくなります。

　そして最後に，万が一の事態が発生した場合に被害者となる人々が偏ることや，人的被害を金銭等で補償しようとすること自体が「不公正」だと認識される場合もあるでしょう。これは個々のステークホルダーの認識に係る問題だけでなく，社会としての倫理をどう捉えるかという問

題でもあります。いわゆる迷惑施設の立地で，万が一の事態の補償額を交渉で決めようとすれば，所得の少ない人々が多く居住する地区に立地が集中してしまうことが正当化される危険もあります。条件付き合意はリスクの認識の違いによる行き詰まりを乗り越える1つのツールではありますが，このような課題が残されていることを十分理解した上で適用しなければなりません。

4. 共同事実確認方式（Joint Fact-Finding）

　条件付き合意は，ある特定の事象について発生確率の認識がズレていることが明らかで，万が一の事態が起きたときに補償などの措置が可能な場合には，有効な合意形成の技術でした。しかし，現実のリスク社会の市民参加を考えると，交渉の前提となる事実認識があまりに大きく乖離していて，条件付き合意の「条件」を調整する以前の段階で対立が深刻化し，話し合いにならない状況も多いのではないでしょうか。最終的に条件付き合意のような形で合意形成が図られるかもしれませんが，それ以前に前提となる情報が混乱して対話が成立しない市民参加の場も考えられます。そのような状況に対処する手法として，共同事実確認方式があります。

　ステークホルダー対話による市民参加の場では，それぞれのステークホルダーが自らの関心事について主張をすることになりますが，その主張の「根拠」となる情報もそれぞれのステークホルダーが持ち込むことが一般的です。ここで，その場にいるステークホルダーたちの「根拠」が一致していれば，関心事のズレを模索することで統合型交渉となる合意を模索すればよいのですが，「根拠」が一致しない場合には，そもそもどちらの「根拠」が正しいのかについて議論しなければならなくなり，利害調整としての交渉が始まりません。よって，ステークホルダーの間で，議論の前提となる「根拠」についてある程度の共通認識が必要となります。もちろん，先に述べたように，発生確率などある特定の認識のズレであれば，あえて認識をすり合わせないことで，条件付き合意として処理することが可能でした。

　しかし現実のリスク社会の市民参加では，「弁護科学（Advocacy Science）」と呼ばれる深刻な事態に至っていることも多いのです。ある企業は，工場を建設して収益を上げたいという関心事のため，ある化学物質の安全性を強調したいと思っているとしましょう。市民参加の場で工場は，化学物質が安全であるというデータ，論文，専門家意見などを参照して，建設の許可を要求するでしょう。他方，近隣住民は，自身や家族の健康を確実に守りたいという関心事のため，その化学物質が危険かもしれないという情報にばかり目がいってしまうかもしれません。であれば，市民参加の場で近隣住民は，高いリスクを指摘するデータを根拠として，事業の中止や何らかの対策を要求するでしょう。ここでそれぞれの関心事に着目すれば，企業は収益を上げたい，近隣住民は健康を守りたいという，必ずしも正面対立していない関心事を持っているので，交渉を通じて解決策を一緒に見つけることができるかもしれません。しかし市民参加の場では，この化学物質が安全なのか，危険なのかが議論の焦点となってしまうことが往々にしてあります。そして，自分の根拠は正しい，相手の根拠は間違っている，という水掛け論に終始してしまう危険があるのです。

　しかも対立が深刻化すると，自らの関心事を実現するために話し合うという本来の目的が見失われて，「正しい根拠」で相手を論破することが市民参加の目的だとステークホルダーが勘違いするようになるものです。そのために，自分の主張を補強してくれるデータ，論文ばかり探しまわり，逆に主張と離齬のある根拠は「間違っている」と無視を決め込む人も増えてきます。自分にとって都合のよい情報ばかり収集する傾向は「さくらんぼ狩り（cherry-picking）」と皮肉られることもあります（Slob and Staman, 2012）。さらに情報だけでなく専門家まで色分けするようになり，都合のよい根拠を提供してくれる専門家を「すばらしい先生」と評価し，そうでない専門家を「悪い専門家」として聞く耳を持たなくなる。このようなエスカレーションは，事業者であれ，政府であれ，市民団体であれ，いずれのステークホルダーにも起こりうることです。こうして，異なる専門家が異なる根拠を，異なるステークホルダーへと

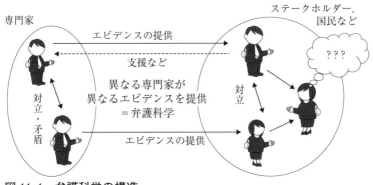

図 11-1　弁護科学の構造
出典：iJFF, 2014

提供している状況が「弁護科学」なのです（**図 11-1** 参照）。

　弁護科学の状況を乗り越えることは容易ではありません。ステークホルダーによる対話の場に「専門家」が入り込むことで，このような複雑な構造が余計に生じてしまうのです。専門知が関係する市民参加にはほかにもさまざまな課題があり，このような市民参加の場でファシリテーターとして長い経験を持つ Peter Adler 氏は**表 11-1** のように多数の課題を列挙しています。

　このような課題を乗り越える１つの方法として提供されているのが，共同事実確認（Joint Fact-Finding）方式です（iJFF, 2014；Matsuura and Schenk eds., 2016）。共同事実確認方式では，原則として多様な関心事を持つステークホルダーなどが対話する市民参加の場を念頭に置き，その参加の場に対する専門家等による知識の供給の一本化を試みます（**図 11-2** 参照）。

　具体的には，専門家集団による議論の場と，市民参加の場を別々に設けることから始まります。市民参加の場はあくまでそれぞれのステークホルダーが自らの関心事を満足させるために，他のステークホルダー等と交渉する場であって，何が「正しい事実」なのかについて議論する場ではないことを明確にします。

　その上で，交渉にはどのような情報が必要なのか，ステークホルダー

表 11-1　環境紛争解決における科学の課題

・複数の学術領域	・大量すぎるデータ
・データの取得可能性	・十分な科学的研究によって確認されていない理論
・既存データの十分さ	
・確実性についてのあいまいさ	・ステークホルダーより科学者が前に出る
・データ公開の制限	・使える形に情報がまとめられていない
・政治化された情報	・課題のフレーミングが不適切
・専門性不足	・専門家のふりをした人たち
・結論を断定できないデータ	・検討の枠組みが変動
・お金を払って取得した情報	・科学者に対する過剰な期待
・科学者間の不確実性と分断	・古すぎるデータ，問題への対応の遅れ
・科学自体への不信	・複雑さに対する許容度の違い
・関係のない情報	・科学的環境論争に見せかけた争い

出典：Adler et al., 2000 より筆者訳

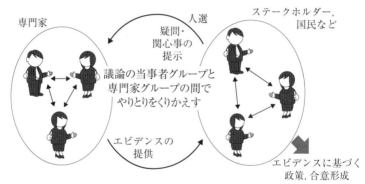

図 11-2　共同事実確認の構造
出典：iJFF, 2014

が議論します。またどのような専門家集団からその情報を取得するのかについてもステークホルダーが議論します。実はこの議論が現実の共同事実確認方式では最も困難な過程です。各ステークホルダーは，自分にとって都合のよい情報だけ議論し，不都合な情報は議論させないことがその後の交渉に有利に働くので，何を議論するのかについても対立します。ここでファシリテーターが介入し，原則として「お互いに不都合な

情報まで含めて幅広に対象とする」ことで納得が得られるような進行が
必要となります。また，原則としてステークホルダー全員が納得できる
専門家集団に情報提供を依頼する必要があるので，対立が激しい状況で
は,各ステークホルダーが提案する専門家は,対立する意見を持つステー
クホルダーに却下される可能性が高いです。お互いに相手の提案を却下
し続けることで，いつまで経っても議論が前に進まない非効率を認識し，
「自分の理想ではないが否定するほどでもない」専門家集団でお互いが
納得することで，はじめて共同事実確認の専門家集団が特定できます。
また，その特定にはファシリテーターの専門性が重要な役割を果たし，
「どちらも却下しないであろうが，十分な専門性がありそうな専門家」を
ファシリテーターの側から提案することで，ステークホルダーの納得が
得られやすくなります。

　こうして，ステークホルダーによる市民参加の場と，専門家集団の作
業の場が機能的に分離された形で設置されます。専門家集団は，自分自
身の研究に基づく情報を提供するのではなく，むしろ既存の研究を幅広
にレビューした上で，不確実性や「幅」を含めてステークホルダーに説
明する必要があります。また，その不確実性などが生じるメカニズムに
ついてもステークホルダーに対して説明する必要があります。つまり，
情報に幅がある中で，自分にとって都合のよい情報だけを信じることを
できるだけ防ぐため，なぜ情報に幅が生じるのかを，ステークホルダー
自身が理解しなければなりません。いわば学習の場とも言えます。また，
「不都合な真実」が明らかにされたことで専門家集団を否定するステー
クホルダーが一部に出てきたとしても，その専門家集団の選択に当該ス
テークホルダーが決定権を持っていたことをファシリテーターは強調し
なければなりません。場合によってはその後，強硬なステークホルダー
が市民参加の場から離脱するかもしれませんが，そのような場合にも
ファシリテーターは，このようなプロセスを経たにもかかわらず強硬な
ステークホルダーが市民参加から離脱したことを社会に対して示すこと
で，市民参加の場の正当性を維持することができるでしょう。

　こうして得られた情報をもとに，市民参加の場では，各ステークホル

ダーの関心事の調整に絞り，場合によっては条件付き合意を使いながら，合意形成を模索します。また，専門家による情報提供とステークホルダーによる交渉を2段階に明確に分けて進めることは現実には困難で，情報提供と交渉を繰り返しながら進行し，結果として，ステークホルダーたちが共同で，不確実性まで含めて学習していくことが，共同事実確認のプロセスとなります。

　ここで，科学技術振興機構（JST）社会技術研究開発センター（RIS-TEX）における「科学技術イノベーション政策のための科学」研究開発プログラムの「共同事実確認手法を活用した政策形成過程の検討と実装」研究開発プロジェクト（iJFF）による，「共同事実確認のガイドライン」を紹介します。このガイドラインは5つの原則で構成されています。

1）エビデンスは議論の当事者が取得する

　　専門家集団からの情報提供も，ステークホルダーが「受け身」の姿勢で与えられるのではなく，むしろ自ら積極的に情報を取りに行く姿勢が求められます。市民参加による合意の責任は，専門家ではなく，ステークホルダーの側にあります。よって，議論の当事者であるステークホルダーが自ら取得する意識を持つ必要があります。

2）エビデンスについて共通理解の形成を試みる

　　弁護科学の問題に対処するためには，交渉の根拠となる情報についてステークホルダー間の共通理解が必要となります。その共通理解に基づき，異なる利害の間で調整を進めることが交渉による合意形成です。

3）多様なディシプリンから網羅的にエビデンスを収集する

　　リスク社会の市民参加では，必要とされる情報が複数のディシプリン（学問領域）にわたることが多いものです。例えば，何らかの化学物質の規制についての議論であれば，その化学物質の生成に関する科学，拡散に関する科学，化学物質が人体に及ぼす影響の科学など，さまざまな科学的知見が必要で，それらは異なる「学会」や「学部」において研究されています。よって，さまざまな学問領域から意図的に情報を取得することが必要であり，ファシリテーターにはその多様性

を理解する知識と能力が求められます。

4）エビデンスの不確実性（入手不可能性）について意識する

いかなる科学的情報にも不確実性が存在します。その不確実性に関する認識の違いを条件付き合意として逆手に取ることもできます。また，そもそも科学的知見が存在しないこともあります。そこで狭い意味での予防原則を適用して禁止すべきか，あるいは情報がない中でも実験的に適用すべきかは，専門家の判断ではなく，ステークホルダーが判断すべきことがらです。

5）議論の当事者が誰なのかについて意識する

これはステークホルダーによる合意形成に一般的にあてはまる事項ですが，ステークホルダーが誰かを特定した上で交渉を進めることが必要不可欠です。

5. 不確実性に対応する市民参加

本章では，交渉による合意形成を念頭に置いた市民参加を念頭に，リスク社会における不確実性への対応を検討してきました。現時点では完全に現象を理解できていないことに伴う不確実性，未来に何が起こるか知りえないことによる不確実性，これらの不確実性に対し，いかに市民参加の中で対応していくのか，人々の関心が「リスク」に向かうほど難しい課題となります。

基本原則として，適切なプロセスを設計しさえすれば，不確実性への対応は可能であり，市民参加における交渉を通じて何らかの結論を見出すことはできるはずです。しかし現実には，「適切な」プロセスの設計は容易ではありません。市民参加という介入が始まる前に，すでに弁護科学の状況が深刻化して，ステークホルダー間の信頼関係が崩壊しているかもしれません。交渉による利害調整を始めようとしても，関係者の関心が「何が正しい情報か」に向かってしまい，敵対する勢力を「負け」させることでカタルシスを得ることが主な関心事になってしまうと，市民参加の場はただの戦場と化してしまいます。そのような状況では対話に先立ち，まずはそれぞれの「武装解除」が必要となるし，場合によっ

ては冷静になるための時間が必要でしょう。もし関係者が対話で解決策を模索することに関心がないのであれば，いきなり話し合いをさせても時間の無駄でしょうし，対立の火に油を注ぐだけです。市民参加を奨める者は，関係者に対し，対立し続けてもだれにとっても利益がないことを辛抱強く説明した上で，理解してもらえたところではじめて，共同事実確認を含めた市民参加のプロセスを始められることになります。

　ただし，共同事実確認のプロセスにも限界があります。専門家とステークホルダーをある程度明確に分けられるという前提自体に難があるかもしれません。例えば遺伝子組換え作物のリスクを議論するとき，種苗メーカーが最も多くの専門的な知見を持っているとしたら，このメーカーに所属する研究者を専門家として位置付けることはできるでしょうか？現実には，遺伝子組換え作物に不安を抱くステークホルダーは，そのような研究者を「専門家」として認めることはないでしょう。あらゆるステークホルダーと直接的な利害関係がほとんどなく，さらにあらゆる関係者が信頼できる専門家が存在しなければ，共同事実確認方式は成立しません。このように考えると，だれもが信頼できる情報を提供してくれる「専門家」という機能を，社会としていかに担保していくのか，そのために大学や研究機関を社会としてどのように維持していくのかという，個々の市民参加の場にとどまらない大きな課題が存在することが見えてきます。

　また最後に，前提条件の不確実性がゆえに，交渉による合意では市民参加を成立させることが難しい状況を指摘しておきます。交渉として市民参加を成立させるのであれば，ステークホルダーの特定が重要であることは前章で説明しました。しかし，超長期の課題（たとえば2050年までの気候変動対策）を検討するとしたら，超長期の未来社会がどのようになっているのかを現時点で理解できなければ，そのステークホルダーは特定できません。未来は不確実である以上，未来のステークホルダーを現時点において確定することは理論上不可能です。逆に，「未来のステークホルダー」をいま確定した時点で，ある特定の未来へと誘導することを意図した市民参加となってしまうことになります。

　また，ステークホルダーは現在の社会経済システムという前提があってはじめて特定できますが，その前提が変わってしまったら，ステークホルダーの構図が変わってしまうかもしれません。例えば，女性の社会進出について議論しようというとき，女性が活躍できていない社会で強い力を持っている男性経営者や政治家がステークホルダーとして加わってしまうと，女性の社会進出を阻む方向で「合意形成」が図られる危険があります。社会のルールを変えようというのであれば，既存のルールを壊さなければならないのであって，既存のルールの下で力を持っているステークホルダーとの合意形成を図ろうとすること自体が間違っているのでしょう。社会経済システムそのものを変えていこうというときには，交渉による合意を前提とした市民参加は不適切です。

　そこで最近では，短期的な最適化，合意形成を目指すのではなく，社会経済システムをいかにサステイナブル（持続可能）な形へとトランジション（移行，変革）できるかについての研究が増えてきています。短期的な解決策を見出すための市民参加としては，ステークホルダーによる合意形成が有用であることには変わりはありませんが，数十年先を見越した，より大きな社会変革を目指す場合には，全く異なる考え方が必要となることは覚えておいてください。

🎸 研究課題

1　市民参加における情報の非対称性の具体事例を想定したうえで，だれがどのような情報を持っているのか，非対称性がどのような問題を引き起こしうるか，そしてどうすれば交渉による合意に近づけるかを考えましょう。
2　リスクに関する認識のズレが対立を生んでいる社会問題を想定し，条件付き合意によっていかに解決に近づけるかを考えましょう。
3　弁護科学が生じることで対立が深刻化している社会問題を考えてみましょう。そしてその対立を共同事実確認方式によって解決するとす

れば，どのようなステークホルダー，専門家の議論の場が考えられるか，具体的に考えてみましょう。

引用文献

Susskind, L.（2014）*Good for You, Great for Me：Finding the Trading Zone and Winning at Win-Win Negotiation.* New York, NY：Public Affairs.

Slob, M. and Staman, J.（2012）*Policy and the Evidence Beast：A Dutch study of the expectations and practices in the area of evidence-based policy.* Den Haag, Netherlands：Rathenau Instituut.

iJFF プロジェクト（2014）「共同事実確認のガイドライン」（http://ijff.jp/publications/iJFF-guideline.pdf）

Adler, P. et al. 2000. *Managing Scientific and Technical Information in Environmental Cases：Principles and practices for mediators and facilitators.*（https://www.mediate.com/articles/pdf/envir_wjc1.pdf）

Matsuura, M. and Schenk, T.（eds.）（2016）*Joint Fact-Finding in Urban Planning and Environmental Disputes.* London, UK：Routledge.

参考文献

松浦正浩（2010）『実践！交渉学―いかに合意形成を図るか』筑摩書房.

12 | 科学技術イノベーションに関する 市民参加の広がり

工藤　充

　本章では，科学技術イノベーション[1]に対する市民参加の実践の広がりや，その意義の読み解き方の広がりについて学びます。まず第1節では，海外や日本の科学技術イノベーションの研究・開発に関する政策的な枠組みの中で，市民参加がどのように位置づけられ，振興されているのかについて概観します。次に第2節では，市民参加についての研究の有力なアプローチである科学コミュニケーション論に着目し，そこでの「市民」と「参加」の論じられ方について学びます。最後に第3節では，「共創的」な科学技術イノベーションの実現に向けて，これからの科学コミュニケーション研究がどのようにその認識の枠組みや研究対象とする市民参加実践を拡大していくことが求められるのかについて議論します。

《**キーワード**》　科学コミュニケーション，パブリックエンゲージメント，責任ある研究・イノベーション（RRI），科学リテラシー，市民参加のエコシステム

1. 科学技術イノベーション政策における市民参加の 位置付け

（1）欧州の科学技術イノベーション政策における市民参加

　科学技術イノベーションを振興する国の政府にとっては，研究開発を進めることに対する社会からの理解や支援，研究者や研究機関に対する信頼をどの程度まで得ることができるかは，1つの重要な政策的課題です。「知識基盤社会」や「グローバル知識経済」といった言葉で表される

1　第3章で触れたように，現在，日本の科学技術政策は，研究開発の成果が社会課題の解決に資することや，社会の中での新しい価値創造につながることを目指す「科学技術イノベーション」にその重心を移しつつあります。そうした背景に鑑み，本12章（および7章）では，他章において「科学技術」として論じられているものに対して「科学技術イノベーション」の用語を当てています。

ように，今日では科学技術イノベーションが私たちの社会のあらゆる側面に浸透し，世界中の国々が研究開発からの成果創出や社会実装のスピードを競うように重点的な取り組みを行っています。そうした状況においては，科学技術イノベーションの研究開発や社会実装の推進に対する社会からの理解や支援を取りつけたいと政府が考えるのは，不思議なことではありません。そして，科学技術に関する市民参加に対してさまざまな角度からアプローチする「科学コミュニケーション」や「パブリックエンゲージメント」といった領域は，そうした政策的な必要性と密接に関わる形で生まれ，制度的に整備されてきました。現在の市民参加の議論に通じる科学コミュニケーションの政策・制度的な体系の潮流は，ここ数十年間の間に，「人々が科学技術について正しい理解を持つこと（public understanding of science，略して PUS）」から，「人々が科学技術に対してさまざまな形で関与すること（public engagement with science and technology，略して PEST）」を目指す方向へと，問題意識や政策的な取り組みの特徴を変えてきたと理解されています（科学コミュニケーションの主題の変遷については，その背景と経緯が本書第 2 章第 1 節で詳細に説明されています）。

　ここ十数年の間に欧州で振興された PEST 指向の科学コミュニケーションの多様な実践の中でも，政策的な制度整備や予算配分といった政府からの後押しを最も強く受けて推進されたものとして，本書の主題である「市民参加」が挙げられます。特に，科学技術が社会に対して持つ多様な影響やそれに起因する人々の間の懸念について，科学技術の専門家や政策関係者，そして一般の人々が大小さまざまな規模で集って「対話」を行い，そこで挙げられた科学技術に対する期待や不安，懸念といった人々の声を，関連した政策形成や制度整備に結びつけていこうとする取り組みが数多く試行されました。そして，本書第 2 章第 3 節で概観したように，それらの取り組みの中でも特に，科学や技術の開発の方向性を検討する余地がもはや残されていないような研究開発・実装のステージの終盤になってから市民参加を実施するのではなく，まだ研究開発の方向性の転換を考えるだけの余地が残された段階で行う「アップスト

リーム・エンゲージメント」が，2000 年代半ば頃から積極的に推奨され
ていくことになりました（Wilsdon and Willis, 2004）。そして，遺伝子組
換え作物やナノテクノロジー，再生医療や科学捜査での DNA の使用，
気候変動や気候工学といった，社会の中で懸念を持たれている，または
懸念を生じうる科学技術をテーマに，一般の人々を含めた対話を行い，
社会としてどのような科学・技術を求めていくのかについて皆で議論す
る市民参加が企画され，予算も配分されるようになりました。こうした
取り組みの代表的なものとして，政策実務者，科学コミュニケーション
の研究者・実践者が緊密に連携をとりながら，政策形成過程に人々の意
見を反映させることを目指した対話形市民参加を企画・運営するプログ
ラムである英国政府の Sciencewise-ERC がよく知られています（Pal-
lett, 2015）。Sciencewise-ERC は，その ERC（Expert Resource Centre）
の名が示す通り，対話を中心とした市民参加の場づくりを行うだけでな
く，参加した市民の声を政策形成過程につなげていくために必要な知見
を集約し，同様の試みを行う実務者・研究者と共有可能な形で公開する
ことにも取り組んでいます。

　2014～2020 年の 7 年間にわたって欧州連合（EU）として取り組む科
学技術イノベーションの研究開発の指針を定めた政策である Horizon
2020 にも，市民参加促進のための制度設計が組み込まれており，市民参
加を制度的に推進する代表的な政策的モデルとしてしばしば言及されま
す。Horizon 2020 は，その研究開発の基本的な方針の 1 つに「責任ある
研究・イノベーション（Responsible Research and Innovation，略して
RRI）」を据えており，その実現のための主要な要素として，オープンア
クセス，ジェンダー，倫理，科学教育と並んでパブリックエンゲージメ
ントを挙げています（European Union, n.d.）。その意義は，"about co-
creating the future with citizens and civil society organisations, and also
bringing on board the widest possible diversity of actors that would not
normally interact with each other, on matters of science and
technology" とあり，目指すべき未来社会を実現するための科学技術イ
ノベーションを進めるにあたっては社会の幅広い成員の参加が欠かせな

いとする，欧州の科学技術イノベーション政策の基本的な価値観と姿勢を示すものです。こうした規範的な価値宣言の実効性は，その内容とは切り離して検証することが必要ですが，現在の欧州の科学技術イノベーションの方向性を定める上位の政策的な枠組みの中に，市民参加の振興に対する積極的な認知が埋め込まれているということは，欧州で数十年間にわたって取り組まれてきた市民参加の実践や研究の1つの大きな成果と言えるでしょう。

（2）日本の科学技術イノベーション政策における市民参加

　欧州と同様に日本においても，一般の人々が科学技術の知識生産やイノベーション創出，そして関連した政策形成過程に参加することの重要性・必要性が，科学技術に関連した政策の中で言及されています。そもそも，日本の科学技術政策の中で科学（技術）コミュニケーションという言葉が用いられるようになった背景には，前小節で述べた欧州での政策的展開がありました。文部科学省の科学技術・学術政策研究所（NISTEP）による『科学技術理解増進と科学コミュニケーションの活性化について』（渡辺・今井，2003）や，産業技術総合研究所の技術と社会研究センターによる『科学技術と社会の楽しい関係：Café Scientifique（イギリス編）』（小林ら，2004）では，PUSを念頭に置いた一方向的な科学コミュニケーションの限界に触れると同時に，一般の人々が科学技術の研究開発・制度整備に関わる人たちと双方向的な様式で行う科学コミュニケーションの重要性が強調されました。そして，『平成16年版科学技術白書』では，そのような科学コミュニケーションを科学技術政策の一環として推進していく方向性が示されました（文部科学省，2004）。この，日本における科学コミュニケーションの制度的整備のいわば黎明期とも言える2000年代初頭を含め，もう少し長いタイムスパンで科学技術政策を見直すと，科学技術と市民との間にどのような関わりが政策的に望まれてきたのか，その変遷が見てとれます。科学技術の研究開発のあり方を規定する最上位の政策とも言える科学技術基本計画は，1996年以降，5年ごとに策定されることになっていますが，本書第3章第1節で

も概観したように，その第1期（1996-2000）から第5期（2016-2020）にかけて，科学コミュニケーションの対象とする範囲やその意義を徐々に拡大してきています。「科学技術に関する学習の振興及び理解の増進と関心の喚起」といった，主に科学技術の研究開発側からの課題設定として読み取れるものから，「科学技術と社会との間の双方向のコミュニケーション」「社会のための科学技術，社会の中の科学技術」という双方向性に重きを置いた科学コミュニケーション観を経て，現在では「倫理的・法的・社会的課題への責任ある取り組み」「社会とともに創り進める政策」「社会の多様なステークホルダーとの対話と協働」といった文言に示されるような，科学技術イノベーションの推進に対して市民からの積極的な参加を振興する「共創」の概念が押し出されています。とくに，第5期科学技術基本計画が掲げる「超スマート社会＝Society 5.0」の実現が，市民参加を含めた「共創的科学技術イノベーション」を必要とするものであることは，本書第7章でも確認しました。このように，科学技術イノベーションを国として振興していく上では，必要な制度・政策の整備や研究開発に取り組む人たちが一般の人々と双方向な形でコミュニケーションをとり，人々が科学技術イノベーションに対して抱く期待や不安，懸念への適切な配慮を行うことを可能とするような市民参加の仕組みが必要であるということが，政策という形で認識されています。

2. 市民参加の「市民」へのアプローチ

（1）参加の要件としての科学リテラシー

　こうした市民参加の必要性に対する政策上の認識は，同時に，どのような能力を備えた人が「市民」としての要件を満たし，科学技術イノベーションへの市民参加に関わっていくことができるのか，という問いを喚起します。そして，それに対する応答として最も支配的な地位を占めてきたのは，科学についての知識・理解や，科学的な思考を行う能力が一定の水準を満たす必要がある，とする見解でしょう。

　例えば，英国王立協会が1985年に出版した *The Public Understanding of Science*（『公衆の科学理解』）報告書は，一般の人々が科学に対す

る理解を持つことが必要な理由を 5 つ挙げていますが，その 1 つを "individual citizens for participation in civic responsibilities as members of a democratic society"（民主主義社会の成員として，市民の一人ひとりがその責務を果たすこと）としています（The Royal Society, 1985, p. 7）。日本における同様の議論の代表的なものとしては，『科学技術の智』プロジェクトが挙げられます（科学技術の智プロジェクト，2008）。このプロジェクトは，2005 年から 2008 年のおよそ 3 年間にわたって実施されたプロジェクトで，自然科学・工学を中心とする 7 つの学問領域の専門家たちが，それぞれの領域について「すべての大人が身に付けてほしい科学・数学・技術に関係した知識・技能・物の見方」を整理してまとめたものです（科学技術の智プロジェクト，2008, p. iii）。プロジェクトは「21 世紀を心豊かに生きるにあたり，『持続可能な民主的社会』を構築する」という「日本の将来像」を掲げており，そこでは，「社会のすべての人々が様々な職種，年齢などの相違を超えて，世界的な課題（現代の地球規模の環境危機ならびに人口構成の危機的状況など）に取り組む」ことや，「持続可能な民主的社会を創出するために，社会を構成する個々人が共に社会の一員という自覚を持ち，みずからと社会全体の豊かさを追求し，決断・行動する」ことが期待されています。そして，それを実現するために，社会の成員の一人ひとりが，「科学技術の素養を持ち，自然環境や社会状況を正しく把握し，客観的な判断を下す」ための能力を持つ必要があることが主張されています（工藤，2014, p. 124）。

　適切な市民参加を可能とするのは適切な知識・思考力・判断力を持った「市民」である，とする見解に立ち，市民参加振興のための政策的介入を検討することは，上の英国・日本の 2 つの例に見られるように珍しいものではありません。しかし，人々の持つ科学についての知識や科学的な思考力という，いわゆる「科学リテラシー」を，市民参加のためにまず満たすべき「要件」にしてしまうことには注意が必要です。多くの主要な科学コミュニケーション研究が経験的な手法を用いて明らかにしてきたように，科学技術についての知識や科学の考え方・作法を用いる目的や状況，文脈は，人それぞれで大きく異なっており，人々は置かれ

た文脈に照らしてそれぞれに適した形で科学技術・知識との関係性を築いています（e.g. Irwin and Wynne, 1996）。このことは，ある人がどの程度の科学リテラシーを保持しているのか，または，科学的・論理的な思考を行うことができるのかを知ることは，それ自体として非常に難しいことであり，単純な科学的知識の有無を問うようなテストによって測定できるようなものではないことを示唆しています。したがって，人々が市民参加の場に加わることの可否をテストのような画一的な測定法によって決めてしまうことは，本来であれば参加を妨げられるべきではない，真摯な問題意識や大きなステークを持つ人々を，テストの点数という足切りによって市民参加の場から排除してしまうことにつながりかねません。またそもそも，市民参加や科学リテラシー涵養に向けた教育・文化活動の場の有力な候補となる教育・研究機関や図書館等の公共施設は，地域ごとに分布が大きく異なっており，また，そうした場へのアクセスや参加機会が社会の成員に対して均等に開かれているわけではなく，しばしば地域・家庭・個人といったレベルで極めて大きな差があることも指摘されています（Dawson, 2014）。

　こうした問題に鑑みて，従来の科学リテラシーに関する議論が取り上げてきたような，市民参加の場で用いられる（かもしれない）科学知識・理解は，必ずしも参加する人々の個々人が個別に保有する必要はなく，社会やコミュニティという単位で保有する（ある科学についての知識が必要となったときに，それを求めることのできる仕組みが社会・コミュニティに用意されていること）ことによって対応することができるとする見方も提案されています（小川，2007）。つまり，個人が市民参加という仕組みに参画するために必要な科学知識・理解といった要件を議論する際には，そもそも市民参加という場で人々がどのような知識や判断力を運用しているのかを調べ，それらを社会全体としてどのように涵養できるのかについても並行して考えていくことが大切だと言えるでしょう。また同時に，社会の仕組みや取り組むべき問題に応じて，人々が柔軟に市民参加の形態を選ぶことのできるよう，さまざまな市民参加の仕組みが社会に用意されていることも必要となると考えられます（Smith, 2009）。

（2）「市民」の多様性

　本節（1）では，市民参加を行う上で人々はどのような要件を満たすべきなのかという，いわば“prescriptive”（規定的）な市民へのアプローチについて概観しました。今度はそれとは対照的に，“descriptive”（記述的）とも言えるアプローチについて見ていきましょう。このアプローチは，人々が科学技術との間に築く関係性が多様であることに着目し，それまで主に「公衆（the public）」や「市民（citizen）」という言葉を用いて集合的に表象されてきた「私たち」が，お互いにどのように異なっており，どのような多様性・複数性を内包しているかに対して，大きな注意を払うものです。

　そうしたアプローチの具体的な調査研究手法の一つに，人々を 1 つまたは複数の軸に沿って「クラスター」や「セグメント」と呼ばれる複数の集団に分類するものがあります。具体的な研究の例として，人々の持つ「科学的知識と手法」，「社会や科学技術への関心態度」，「社会的な関心や社会における判断および行動能力」の 3 つの側面を統合的に解釈することによって，人々の科学技術との関係性の築き方を 4 つに分類したものがあります（西條・川本，2008）。また同様に，人々の持つ「科学技術への関心の有無」，「科学情報探索への積極性」，「科学情報の理解」という 3 つの側面から，科学技術への関心の持ち方を 6 つに分類することを提案したものもあります（加納ら，2013）。このようなクラスタリングやセグメンテーションについての知見が蓄積することにより，参加者らにとって興味関心を持って参加しやすい市民参加の形をそれぞれの集団の特性に応じた形で設計・実施していくことが可能となることが期待されます。

　「市民・公衆」の内包する多様性に着目して市民参加の意義を解釈しなおそうとした調査研究事例として，*Which publics? When?* と題された報告書も興味深いものです。同報告書は，本章第 1 節（1）でも触れた，市民参加促進のためのプログラムである Sciencewise-ERC から，2013年に発行されました（Mohr, Raman and Gibbs, 2013）。同報告書の著者らは，英国での対話型の市民参加実践の蓄積と，科学コミュニケーション研究の議論を統合的に検討することにより，市民参加についての議論

の中心に据えられている "the（general）public"（いわゆる,「一般の
人々」）という概念を解体していきます。

　著者らの議論の出発点となるのは,市民参加に関する従来型の議論の
中で論じられてきた,人々が市民参加のテーマ（科学技術と社会の関係
性についての問い）に対して固定的な意見を持つ,静的な存在であり,
集合的に単数形として表象することが可能な "diffuse public" という存
在です。この "diffuse" には日本語訳をぴたりと当てはめるのが難しい
ですが,社会のさまざまな場所に散らばって存在する人々を漠然と「公
衆」と総称しているイメージでしょうか。さて,この "diffuse public" に
対して報告書の著者らは,あくまで暫定的なものであることを断りなが
ら,対話型の市民参加を推進する上で重要と考えられる3種類の異なる
市民イメージを提案します。まず,取り組むべきテーマに対する強い問
題意識や利害関係をすでに持っており,自らの考えや価値観に基づいて
声を上げているのが "campaigning publics"（行動を起こす人々）。特定
のテーマや問題に対してはっきりとした行動を起こしていなくても,自
身の興味関心に沿った理念・活動領域を持つ慈善団体や市民団体,ボラ
ンティア団体といったコミュニティグループに属しているのが "civil
society publics"（市民社会の人々）。そして,先の2つの publics のよう
に,何らかの行動を起こしたり定常的な社会活動との関わりを持つには
至っていないけれども,それは表明したい意見や声を持っていないため
ではなく,意見・声を聞かれる場や機会にこれまでに巡り合ってこなかっ
たためと考えられる "latent（currently unengaged）publics"（潜在する
人々）という存在もあります。そして,人々はテーマや市民参加の形式
によって,これらの市民イメージが描く異なる役割を柔軟に担うことが
でき,市民参加を設計し実践に取り組む上ではその点を十分に考慮する
ことが重要であると,報告書は論じています。

　この *Which publics? When?* 報告書も含めた近年の科学コミュニケー
ション研究は,市民参加の主体としての "the public" のイメージを,固
定した意見・考えを持つ集合的な人々というこれまでの静的なものから,
対話や周囲の人々との相互作用を通じて見解や考え方を再構成し続ける

非常に（流）動的で多様なものに少しずつ変えていきました。そうした研究の流れもあり，英語圏の市民参加や科学コミュニケーションの議論においては，一般の人々を集合的に指す言葉として，"the public" という単数形の単語ではなく "publics" という複数形を用い，その多様性・複数性に対する意識を喚起することも増えてきています。

3.　社会の中の市民参加の包括的な理解に向けて

（1）市民参加の政策的振興への省察

　ここまで述べてきたように，科学技術イノベーションへの市民参加は，科学技術イノベーションと人々との関係性を，現代社会のニーズや課題に沿った形で柔軟に組み替えていく上で大切な役割を担うことができると期待され，だからこそ科学技術イノベーション政策にもその重要性が明記されており，さまざまな形で政策的に振興されています。しかし，そうした市民参加の振興は，必ずしも科学技術イノベーションの研究開発や社会実装を直接的に推進することにつながるものではないことには注意が必要です。

　このことについて，具体的な例を挙げながら考えてみましょう。本書第 7 章および本章第 1 節（2）では，2016 年に閣議決定された日本の第 5 期科学技術基本計画が，市民参加も含めた「共創的」な科学技術イノベーションを振興していることを確認しました。しかし，実際に共創的科学技術イノベーションは思ったようには進まず，2 年後の 2018 年に閣議決定された『統合イノベーション戦略』（内閣府，2018）中ではその問題意識が次のように表現されています：「……第 5 期基本計画においては，倫理的・法制度的・社会的課題について必要な措置を講ずることやステークホルダー間の信頼関係の構築等を課題として掲げていたが，プライバシー，遺伝子診断，AI 等の分野で科学技術イノベーションを受容する社会的な信頼関係はいまだ十分に構築されておらず，新たなシーズの社会実装の障害となっているとも言われている。」（内閣府，2018，pp. 5-6）

　ここで注意したいのは，「科学技術イノベーションを受容する社会的な信頼関係」という表記です。科学技術イノベーションへの市民参加の

必要性を唱えた科学コミュニケーションの研究者たちは，もともと，その結果として社会が科学技術イノベーションを受容するということを前提とする仕組みとして市民参加を構想したわけではありません。そこで主張されていたのは，科学技術に関する意思決定においては，科学技術や制度・政策に関する専門家だけが，議論されるべき問題やそれへの解決策のあり方を決める権限を持つのではなく，その過程を一般の人々を含めたより広い人々に開いていこうとする，新しい科学技術ガバナンスへの方向付けであり，科学技術イノベーションの研究開発や社会実装が行われる「社会」そのものを成り立たせる公共的な価値とは何かを問うものでした（小林，2007）。したがって，市民参加を含めた共創的な科学技術イノベーションやその結果として築かれる社会的な信頼関係を，単純に「科学技術イノベーションの受容」の有無だけに結び付けて語ることは，市民参加の核心的な意義を見誤ってしまうことにつながりかねません。

　市民参加を取り扱った科学コミュニケーション研究においては，欧州において 2000 年代初頭から政策的に振興された科学技術イノベーションへの市民参加の取り組みを対象として，省察的な検証が数多くなされました（工藤，2019）。その結果，そうした市民参加の取り組みの多くが，「双方向性」や「対話」といった謳い文句とは裏腹に，従来通りの科学技術の専門家を中心とした，科学技術推進を前提としたコミュニケーションに陥りがちなことが指摘されました。これらの市民参加の取り組みは，実践の形態に着目すると，参加した一般の人々の数や回数，実施場所といった点で非常に大規模であり，また，対話の場で参加者と専門家が双方向的に話す機会も設けられており，従来の「専門家による非専門家への情報発信」という単純で一方向的な科学コミュニケーションの姿とは大きく異なるものでした。しかし同時に，議論すべき問題の構図（＝フレーミング）を設定する権限や，対話の場で人々の発した意見の取り扱われ方といった点に関しては，従来の科学的な専門性を中心とした科学コミュニケーションの様相を再生産していることが指摘されました。

　このように，対話型の市民参加を政策的に推進することの難しさに直面した科学コミュニケーションの研究者らは，そうした問題・障壁を乗

り越えるべく，より良い実践の形を求めて数多くの試行錯誤を行います。
2000 年代からの科学コミュニケーション研究の大きな軸の 1 つは，こう
した市民参加の設計と試行，検証と改善という，まさに対話型市民参加
の PDCA サイクルを回すことにあったとも言えます。そして，よりよい
対話型市民参加のあり方を模索する実践型の研究は，既に本書が示して
きたように，今でも科学コミュニケーション研究の中心的な領域の 1 つ
ですし，今後も当分はそうであり続けることでしょう。本書第 7 章で見
たような，社会のあり方を従来のものから変えていってしまうほどの影
響力を持ちうる科学技術イノベーションの研究開発と社会実装が，日本
を含む世界のさまざまな場所でどんどん進むことが予見される中，社会
の人々の声をどのように科学技術イノベーションの振興・推進に反映さ
せていけばよいのか，また，そうすることがどのような仕組みによって
可能なのかという問いは，ますます重要になってきます。数多ある社会
として議論すべき科学技術イノベーションのテーマの一つひとつについ
て，対話型の市民参加の理念や規範を実現するための手法を探索し，そ
うした場を社会の中に丁寧に作っていく作業を継続していくことは，非
常に大切だと考えられます。

　しかしそれと同時に，そうした市民参加の実践の一つひとつの質を「ベ
ストプラクティス」に向けて高めていくような実践型研究に加えて，新
たな市民参加研究の潮流も生まれつつあります。それらは，市民参加と
いう取り組みの意義を，従来の枠組みを超えて新しく見出していこうと
するものです。本節の残りでは，そのような新たな市民参加研究のアプ
ローチを，2 つ紹介します。

（2）「参加者目線」で再考する市民参加の意義

　1 つ目のアプローチは，市民参加の実践活動に実際に参加している
人々が，自ら参加する市民参加の意義をどのように捉えているのかにつ
いて，経験的に探索しようとするものです。このように「市民目線」で
市民参加の意義を再検討することは，本章第 1 節で論じた科学技術イノ
ベーション政策における市民参加の意義付けと，いわばコインの表裏の

関係にあると言えるでしょう。政策の観点からは，現代のグローバル知識経済・知識基盤社会の文脈の中で科学技術イノベーションを推進する上では，社会の人々の持つ科学技術イノベーションに対する期待や懸念，不安を把握し，それを研究開発の方向性や社会実装のあり方の検討に活かすことは，国としての科学技術イノベーションの円滑な推進に欠かせないものです。この意味では，市民参加は，科学技術イノベーションの専門家による研究開発や実務専門職による社会実装のプロセスを補完するための仕組みとして位置付けられていると捉えることができます。また，そうした科学技術イノベーション推進のあり方は，「共創」という現代の科学技術イノベーション政策の理念に合致するものとも言えるでしょう。

　しかし，市民参加についての政策面・制度面からのこうした議論は，市民参加の推進の正当性を示すものとして非常に重要ではあるものの，それだけでは市民参加の意義を十分に捉えられているとは言えません。なぜなら，そうしたトップダウンで理念的な意義づけは，市民参加の実践活動に実際に参加する人々が，どのような理由により，何を目的として参加することを選択しているのかについて，非常に限定的な説明しか与えてくれないからです。多くの市民参加の実践において，参加者は参加することを自分自身で決定する必要がありますが（ミニ・パブリックスでは，まず最初に住民の中からランダムに参加者候補を運営者が選び，その後，候補に選ばれた人々のそれぞれが自分自身の意思で参加するかどうかを決めます），参加することを選ぶ理由が，必ずしも市民参加の理念や「お題目」と完全に一致するとは限りません。また，市民参加の場に実際に足を運び，対話活動に参加し，他の参加者と交流するときに，自分自身の参加について何を感じ，活動のどのような部分に自分にとっての市民参加の意義を見出すのかについても同様です。こうした，参加者自身の目線から捉えた「市民参加に参加する」ことの意義は，運営者があらかじめ掲げる「なぜ，市民参加が重要なのか」の理念的な正当性に縛られない，参加者自身によって構成されるものと言えるでしょう。

　ここで1つ，筆者自身も関わった対話形の市民参加の具体的な実践事例を取り上げ，上の点について考えてみたいと思います。その事例とは，

図 12-1　対話型市民参加イベント『自動運転のある暮らし』の様子

　自動運転自動車をテーマとした対話型の市民参加イベント『自動運転のある暮らし：誰もおいていかない移動のデザインとその倫理』で，日本生命倫理学会第 30 回年次大会の一般公開企画「バイオエシックス・カフェ」として，京都市内の公共文化施設を会場に 2018 年 12 月に実施されたものです（**図 12-1　対話型市民参加イベント『自動運転のある暮らし』の様子**）（工藤・山崎・水町，2019）。このイベントは，自動運転自動車の浸透が私たちの暮らしをどのように変えていくのかについて，倫理や法制を含む社会のさまざまな側面への影響を考慮しながら，形式張らない形で広く発散的に議論できる場となることを目指して設計されたものです。イベントの参加者はウェブサイト等を通じて一般の人々を対象に公募を行い，当日は自動運転自動車に高い興味・関心を持つ 20 名の方に参加していただきました。

　用意されたスケジュールをすべてこなしてイベントが終了し，最後に参加者アンケートや運営スタッフとの会話を通じていただいた参加者の方からのイベントへの感想は，私たち市民参加の場の設計・運営者にとって非常に示唆に富む内容のものでした。自動運転という，社会に実装されつつある萌芽的な技術についての多角的な知見を得られたことや，技術についての考えが深まったことに対するコメントが多く聞かれた一方で，同時にそれらに混じって，対話・市民参加という「空間」についてや，過ごした「時間」に対する言及も数多くありました。それらは，自らの参加体験を，市民参加の場や空間，雰囲気の提供した「居心地の良さ」や，過ごした時間の「楽しさ」に結び付けて振り返るコメントでし

た。日常とは異なる空間に足を運び，普段なら顔を合わせたり話したりすることもない，バックグラウンドや考え方を異にする人たちと出会い，共通して興味関心のある1つのテーマについて少人数で膝を突き合わせてじっくり語り合う。参加者間で「正解」に向けて思考の優劣を競い合ったりするのではなく，お互いの話を聴き合い，話題の発散を楽しむ。そうした経験を得られたことこそが，参加の経験を振り返る参加者の方にとっての市民参加の場や機会の持つ大切な意義として認識されていることが，参加者自身の感想から示唆されました。

　このように，実際の参加者の立場から市民参加の意義がどのように捉えられているのかについて探索することは，私たちが市民参加について理解を深める上では非常に重要なことだと考えられるようになってきました（Davies and Horst, 2016）。市民参加の場を設計する研究者や実践者にとっては，自らの設計意図に沿った形で参加者の発言や振る舞いを解釈することが一般的ではありますが，そのようなあらかじめ準備された「解釈のための枠組み」に縛られずに，参加者が市民参加実践をどのように経験・解釈しているのかを経験的に探索して記述していくことの重要性が指摘されています（Michael, 2012）。このような視点は，市民参加の意味・意義がその設計者や運営者，政策の意図のみで定まるものではなく，そうした場の置かれた社会的な文脈の中で，参加者の動機や価値観も含めたさまざまな要素が絡み合い生成するものとして捉える研究の立場からは，特に重要だと考えられています（Chilvers and Kearnes, 2016）。

（3）市民参加を「エコシステム」として捉えなおす

　「参加者目線」とはまた別の有力なアプローチは，個別の対話型市民参加の実践手法の模索・試行に加えて，社会全体としてどのように人々が科学技術イノベーションに対する意見表明を行うことができるのか，どのように人々の声を研究開発や制度・政策形成に従事する人たちに届けることができるのかを，個別の具体的な市民参加実践事例を超えた俯瞰的な観点から検討していくものです。こうしたアプローチは，近年の科

学コミュニケーションや対話型市民参加の研究において「エコシステム」や "ecologies" という言葉を用いて言及されるようになってきています（Braun and Könninger, 2018；Chilvers and Kearnes, 2016）。すなわち，政策の一部に位置付けられ，科学技術イノベーションの研究開発や制度・政策の整備に関わる人たちが主体となって設計・運営されるような市民参加の場に加えて，社会の中の人々がそれぞれの文脈から，自発的に科学技術イノベーションに対して声を上げる活動も 1 つの市民参加のあり方として捉え，広く社会の人々によるさまざまな形の実践の集合として市民参加を捉えていくことを目指します。

　具体的な例を取り上げて考えてみましょう。「超スマート社会」に関連した技術に関する市民参加の事例として，本書第 7 章第 3 節（1）（2）では，大規模で組織立てられた形での参加型テクノロジーアセスメントとして SurPRISE プロジェクト，倫理的問題についての人々の意見をインターネット上で集約するクラウドソースプロジェクトとしてモラル・マシン，また，本章第 3 節（2）では，小規模で形式張らないワークショップとして筆者らの実施した市民参加形ワークショップの 3 つを紹介しました。これらの事例はいずれも，テーマ（監視技術，自動運転技術）についての市民参加や社会での対話を促進することを念頭に設計および実施・運営が行われたという意味で，市民参加の事例として納得しやすいものだったと思います。

　それでは，本書第 7 章第 2 節（3）で紹介した，公共施設での生体認証技術の実証実験計画が中止となった事例はどうでしょうか。この事例では，大阪駅ビルの商業施設に約 90 台の映像センサーを設置し，施設を訪れた人々を生体認証技術によって捉えるという実証実験の計画に対して，市民団体や一般の人々から実験計画に対する抗議の声や実験中止を求める声が上がりました。このような「自発的」に「突発的」な仕方で人々が反対の声を上げることは，ともすると，科学技術の推進に対して「ノー」を突きつける反対運動であり，科学技術の発展への障壁にこそなっても，科学技術のあり方を共創するための市民参加ではないと解釈をされてしまいそうです。確かに，実験計画に反発の声を上げた人たち

には，SurPRISE やモラル・マシンの設計・運営に携わった人たちのように，対話や市民参加を計画的・体系的な形で推進しようとする意図はなかったかもしれません。

　しかし，先ほど紹介した「エコシステムとしての市民参加」のアプローチは，このように人々が時折見せる科学技術の研究開発や社会実装に対する反発も，人々が科学技術イノベーションに対して積極的に関わりを持つことを可能とする多種多様なコミュニケーション形態の1つであり，その意味では私たちが社会全体として行っている科学技術イノベーションという営為への市民参加であるとして捉えます。つまり，生体認証技術の実証実験に対する反発の声を上げることも，たとえそれが典型的な市民参加実践のように秩序立った構造を持つものでないとしても，市民参加の1つのあり方として解釈できます。

　このように市民参加をエコシステムとして捉えようとするアプローチは，エコシステムという言葉の定義や認識的枠組みとしての有効性といった点でさらなる検討が求められるものではありますが，「市民参加」という実践や理念，そしてその解釈を既存のものからさらに押し広げ，市民参加が科学技術イノベーションに対して持つ可能性を追求することの大切さを私たちに思い出させてくれるアプローチです。個々の市民参加の実践に地道に丁寧に取り組んでいくことの重要性は疑うべくもないですが，目の前の実践に集中するあまり，「木を見て森を見ず」ということにならないよう，この「市民参加のエコシステム」という巨視的な認識的枠組みも常に意識していくことができるとよいのではないでしょうか。

🔘 研究課題

　あなたが科学・技術に関連したトピックについて他の人と話したり議論したりする，ごく日常的な機会を思い浮かべてみてください。それは，友人や職場の同僚，家族といった関係性の人や，またはインターネット上のコミュニティでの会話かもしれません。そうした日常の中で交わさ

れる科学技術についての会話も，市民参加の１つの形として考えること
はできるでしょうか？

引用文献 |

Braun, K., and Könninger, S.（2018）. "From experiments to ecosystems? Reviewing public participation, scientific governance and the systemic turn." *Public Understanding of Science*, 27（6）, pp. 674-689.

Chilvers, J., & Kearnes, M.（Eds.）.（2016）. *Remaking Participation：Science, Environment and Emergent Publics*. Abingdon；New York：Routledge.

Davies, S. R., and Horst, M.（2016）. *Science Communication：Culture, Identity and Citizenship*. London：Palgrave Macmillan.

Dawson, E.（2014）. "Reframing social exclusion from science communication：Moving away from 'barriers' towards a more complex perspective." *Journal of Science Communication*, 13（2）, C02.

European Union（n.d.）. *Responsible Research and Innovation*.（https://ec.europa.eu/programmes/horizon2020/en/h2020-section/responsible-research-innovation（Visited on 22 Jan 2020））.

Irwin, A., and Wynne, B.（Eds.）.（1996）. *Misunderstanding Science? The Public Reconstruction of Science and Technology*. Cambridge：Cambridge University Press.

科学技術の智プロジェクト（2008）『総合報告書』.

加納圭ほか（2013）「サイエンスカフェ参加者のセグメンテーションとターゲティング：「科学・技術への関与」という観点から」『科学技術コミュニケーション』13, pp. 3-16.

小林信一ほか（2004）『科学技術と社会の楽しい関係：Café Scientifique（イギリス編）』.

小林傳司（2007）『トランス・サイエンスの時代』NTT 出版.

工藤充（2014）「科学技術リテラシーを巡る議論の射程についての省察：「科学技術の智プロジェクト」総合報告書の記述の検討を通じて」独立行政法人科学技術振興機構科学コミュニケーションセンター編『科学技術リテラシーに関する課題研究報告書』pp. 121-128.

工藤充（2019）「海外のサイエンスコミュニケーション研究の動向：「理解からエンゲージメントへ」のその後」『サイエンスコミュニケーション』9（2）, pp. 8-11.

工藤充・山﨑吾郎・水町衣里（2019）「対話ワークショップを通じた高度汎用力教育：自動運転技術の倫理的側面をテーマとして」『Co＊Design』6，pp. 33-50.

Michael, M. (2012). ""What are we busy doing?"：Engaging the idiot." *Science Technology and Human Values*, 37（5）, pp. 528-554.

Mohr, A., Raman, S., and Gibbs, B. (2013). *Which publics? When? Exploring the Policy Potential of Involving Different Publics in Dialogues around Science and Technology*.

文部科学省（2004）『平成16年版 科学技術白書』.

内閣府（2018）『統合イノベーション戦略』.

小川正賢（2007）「これからの科学技術リテラシー」小林信一・小林傳司・藤垣裕子編著『社会技術概論』放送大学教育振興会，pp. 96-106.

Pallett, H. (2015) "Public participation organizations and open policy：a constitutional moment for British democracy?" *Science Communication*, 37（6）, pp. 769-794.

西條美紀・川本思心（2008）「社会関与を可能にする科学技術リテラシー：質問紙の分析と教育プログラムの実施を通じて」『科学教育研究』32（4），pp. 378-391.

Smith, G. (2009). *Democratic Innovations：Designing Institutions for Citizen Participation.* Cambridge：Cambridge University Press.

The Royal Society（1985）*The Public Understanding of Science*.

渡辺政隆・今井寛（2003）『科学技術理解増進と科学コミュニケーションの活性化について』文部科学省科学技術政策研究所.

Wilsdon, J. and Willis, R. (2004) *See-through Science：Why Public Engagement Needs to Move Upstream*.

参考文献

Bucchi, M., and Trench, B. (Eds.). (2014) *Routledge Handbook of Public Communication of Science and Technology* (2nd ed.). London；New York：Routledge.

Gilbert, J. K., and Stocklmayer, S. (Eds.). (2013) *Communication and Engagement with Science and Technology：Issues and Dilemmas.* New York；London.（小川義和ほか監訳（2015）『現代の事例から学ぶサイエンスコミュニケーション：科学技術と社会とのかかわり，その課題とジレンマ』慶應義塾大学出版会.）

13 │ 市民参加の視点の移動
―気候変動問題を事例として―

八木絵香

　本章と続く第 14 章では，国際交渉の場における気候変動に関する論点の変遷と，それに付随して行われた市民参加の事例について取り上げます。具体的には 1997 年に京都議定書が採択されて以降，COP を中心に気候変動対策に関する国際社会の枠組みがどのように展開していったのか，について紹介します。またそれと連動して実施された 2 つの世界共通フォーマットの市民参加の取り組みについて紹介し，世界規模で市民参加の取り組みを行うことの可能性や限界について言及します。それらを踏まえて，「測定のための市民参加」と，「輿論を形成するための市民参加」という 2 つの観点から考えてみたいと思います。

《キーワード》　気候変動問題，世界市民会議（World Wide Views），気候変動枠組条約締約国会議（COP），IPCC パネル，京都議定書，パリ協定

1.　気候変動問題と世界市民会議

（1）1990 年代から 2000 年代にかけての気候変動問題をめぐる状況

　気候変動問題[1]とは，大気中に含まれる温室効果ガス（二酸化炭素等）が化石燃料の使用をはじめとする人間活動を主な原因として増加することにより，地球全体の気候が急激に変化し，人間社会にも大きな影響を与えることに関する問題群です。この問題が注目を集め始めた当初は，「地球温暖化問題」とも呼ばれていました。

　気候変動問題が注目を集めるようになったのは，1980 年代後半頃からです。1992 年にブラジルのリオで行われた「地球サミット」において，国際連合（以下，「国連」）の気候変動枠組条約が採択されたことにより，

1　本章では，気候変動問題の具体的内容にまで，踏み込んだ解説は行いません。参考文献にいくつかのものを挙げてありますので，そちらを参考にしてください。

本格化した気候変動問題への取り組みは，「京都議定書[2]」の締結（1997年）により，具体化されることになります。

　京都議定書では，参加する先進国に対して，2008年から2012年の間の温室効果ガスの削減目標を定めています。日本は1990年（基準年）と比較して，6％を削減する目標を掲げました。米国が後に京都議定書を批准しない決定をしたため，先進諸国のすべてが参加したとは言い切れませんが，この削減目標の決定は，先進諸国が気候変動問題に協力して取り組む第一歩となりました。

　京都議定書のもう1つの意味は，それまでに温室効果ガスを排出してきた先進諸国には削減義務を定めた一方で，途上国には削減義務を求めなかったことにあります。これは，気候変動枠組条約の「歴史的に排出してきた責任のある先進国が，最初に削減対策を行うべきである[3]」という合意に基づいて京都議定書が採択されたためです。

（2）2000年代末頃までの気候変動問題をめぐる状況

　2005年2月に京都議定書が発効してから2009年頃までは，国内外を問わず地球温暖化ブームとも呼べるほど，政治的・社会的関心が気候変動問題に向けられました。国内で言えば，「チーム・マイナス6％」のスローガンのもと，温室効果ガス削減のための一大キャンペーンが行われ，エアコンの温度調整やエコ商品の購入などのCO_2削減の取り組みが推奨[4]されました。2007年には，アル・ゴア米国元副大統領とIPCCパネル（Intergovernmental Panel on Climate Change；気候変動に関する政府間パネル）がノーベル平和賞を受賞したことを，記憶されている方も少なくないのではないでしょうか。

2　京都で開催された国連の気候変動枠組条約第3回締約国会議（Third session of the Conference of the Parties；COP3）において採択されたことから，京都議定書と呼ばれます。

3　京都議定書では，途上国は温室効果ガスの削減義務を負ってはいませんが，それは京都議定書での合意が，「共通だが差異のある責任（principle of common but differentiated responsibilities；CBDR）」の原則に基づくものとされたためです。

4　https://www.env.go.jp/earth/ondanka/kokumin/（2020年2月28日現在）

　このような流れの中で，京都議定書の後の期間（2013年以降）につい
ての国際交渉も開始されました。京都議定書の締結から10年が経過し
たこの時期，京都議定書の附属書Ⅰ国に名を連ねる先進国を中心に，途
上国にも削減への取り組みを求める声が高まりつつありました。その背
景には，京都議定書では削減負担を求められていない中国やインドなど
の新興国が，将来的には排出量を増やしていく可能性が出てきたことや，
2008年のいわゆる「リーマンショック」により経済問題の優先度が世界
的に上昇したことなどが挙げられます。しかし，日本をはじめとする先
進国の取り組みも順調とはいえず，巨大な排出国である米国がその条約
の枠組みから抜けている状況が継続していたため，その調整は難航する
ことが予想されました。そのように課題山積の状況で2009年にデンマー
クのコペンハーゲンでCOP15が開催されたのです。

（3）地球温暖化に関する世界市民会議
　この重要な国際交渉の場に，世界中の市民の声を届けることを目的と
して企画されたのが，世界市民会議（World Wide Views）です。コンセ
ンサス会議を設計し，市民参加の取り組みを牽引してきたデンマーク技
術委員会（DBT）が，新しい手法を開発し，世界中に呼びかけて実施し
たのです。

図13-1　「世界市民会議」の運営方法
出典：当日の結果をとりまとめた政策レポートの内容をもとに作成（http://wwv-japan.net/policyreport/PolicyReport_web_jp.pdf）

図 13-2 「世界市民会議」の実施風景

世界市民会議の特徴は，これまで単発のイベントとして運用されることが多かった市民参加の手法を，世界各国が連携し，「共通の情報」に基づいて，「共通のプログラム」で議論し，「共通の設問」に対して回答する形式にすることで，「世界市民の声」を可視化する装置に作り変えようとしたことです。また，その集められた世界市民の声を，直接的に COP15 の場にインプットすることを目的としたことも，世界市民会議の 1 つの大きな特徴です。世界市民会議は，気候変動問題について特別な予備知識や関心をもたない一般市民を各国ごとに 100 人程度集め，次のような手順で実施されました（**図 13-1, 図 13-2** 参照）。

① 情報共有：世界共通の情報提供資料（各国語に翻訳）を会議開始前に送付し，事前学習を行う。また会議当日はテーマ別に情報提供ビデオを視聴する。

② グループ討議：6〜8 人のグループ別に与えられたテーマについて議論し，異なる属性や意見を持つ人の考えを参考にしつつ，自らの見解を吟味する。

③ 世界共通の選択式のアンケートに回答する形で，自らの意思を表明（投票）する。

④ 続くテーマについて，グループ討議と投票を繰り返す。

⑤ その結果を「世界市民の声」として集計し，ウェブサイトで公開するとともに，「政策レポート」などの形で分析をとりまとめ，COP の場にインプット[5]する。

---

5 WWViews2009 では，COP15 会期中に 2 つのサイドイベントを実施することで，その取り組みの紹介と結果の報告を行いました。しかしながら，実際の政策決定者に対しては，十分な存在感を示すことができないままであったと言われています（日本科学未来館；2019）。

その手法の詳細については，主催者ウェブサイト[6]や，日本科学未来館（2014，2019）の報告書に掲載されていますが，世界市民会議は，コンセンサス会議と討論型世論調査（DP）の2つの手法から主な要素を取り入れて，基本設計が行われています。

（4）世界市民会議（WWViews 2009）の意味

2009年に初めて実施された世界市民会議は，異なる文化，言語，教育背景，経済背景を持ち，気候変動による影響も異なる世界の国々で，同じ日に，同じ問いについて，同じ情報資料に基づき，同じ手法を用いて開催されたことに意味があったと言えます。

また，その市民の声の可視化を，単なる世論調査を通じて行うのではなく，気候変動問題をめぐる基本的情報を共有し，相互に熟議した上で，吟味された自らの意見を導き出す市民参加の取り組みを導入した点も大きな特徴です。政策レポート[7]では，ある程度バランスがとれた情報を提供し，異なる価値観や立場を持つ市民同士が議論する機会を設け，参加者が気候変動問題について多様なフレームを理解し，自らの生活実感と結びつけて考えることの効果について言及しています。

つまり世界市民会議の結果は，一般的な世論調査を用いた場合に「将来において」得られる結果，つまり多くの市民が気候変動問題について徐々に学んで行った際に形成される意見を，先取りすることができる可能性があるのです。気候変動問題のように，スピード感を大事にしつつも，長い時間をかけて合意を得，対策を進めなければならない問題については，市民参加の手法を用いることにより，「将来の声」を先取りできる可能性は，重要な意味を持つとも言えるでしょう。

6　詳細については，主催者ウェブサイト http://wwviews.org（英文）および http://wwv-japan.net（日本語）にその詳細が掲載されています。（2020年2月28日現在）
7　Policy Report の原文は，主催者ウェブサイト（http://www.wwviews.org/node/242：2020年2月28日現在）よりダウンロード可能です。また日本語については，日本版主催者ウェブサイト（wwv-japan.net：2020年2月28日現在）よりダウンロードすることができます。

（5）残された課題

　一方で課題も残されました。その具体的な運営方法については，①提供される資料の妥当性（質・量），②テーマ設定と設問の妥当性，③手法の妥当性，④参加者の妥当性，⑤実施体制の課題などさまざまな観点から改善提案が行われたことも事実です（八木，2010；山内，2010；三上，2010）。

　特に，テーマ設定と設問の妥当性の課題については，この問題の国内における第一人者でもある江守（2010，2013）が，参加者が気温上昇に関する長期目標について「（産業革命以前と比較して）2度以内に抑えるべき」という厳しい目標を強く支持したことに着目し，情報提供資料に込められた科学的な情報を市民が十分に理解し，設問の意味を読み込んだ上で判断した結果なのかについて疑問が残る，との指摘を行っています。また参加者からも「温度上昇が2度以上，2度以内という数字で（選択肢を）示すのではなく，その数値が我々の生活にどのような変化をもたらすかを具体的に示さなければ，市民はその判断を下すことはできない」という指摘（八木，2010）も行われています。

　この背景には，世界市民会議という手法の骨格をなす「世界共通」という制約があります。前述の通り，世界市民会議の強みは，世界共通の方法で市民参加の取り組みを運用することにより，その結果を「世界市民の声」として表現することにあります。そのためルールの運用方法は厳格で，各国の実情にあわせて情報提供資料や設問を改訂することは，一切認められませんでした。このことは，気候変動問題や，問われる設問への参加者理解度，ひいてはそれに伴う議論の厚みに影響したことが推測されます。また，参加者の議論をサポートするファシリテーターに，「自らの知っていることを語ってはならない」という縛りを課すことにもつながりました。このような抑制的な振る舞いが，参加者に心理的なストレスを感じさせ，議論を硬直化させた可能性も参加者への事後アンケートからは示唆されています。

　またこのように，「市民参加者が情報提供資料や設問を十分に理解した上で，自らの見解を表明できていたのか？」という疑問が呈される背

景には，直接的に COP15 の場にインプットすることを目的として世界
市民会議が実施されたため，設定されたテーマが，市民の感覚や価値観
と必ずしも一致していなかったことも影響しています。

　繰り返すように世界市民会議は，世界共通で実施されたことに意味が
あります。しかし一方で，世界共通であるからこその弊害も少なからず
存在したことも事実です。グローバルな問題にコミットするための市民
参加の手法の構築という新しい課題を，世界市民会議は可視化したとも
言えるのです。

2.　世界市民会議の進化とパリ協定

（1）COP21 とパリ協定の採択

　COP15 では，世界の気温上昇を産業革命前の気温と比較して 2 度以
下にまで抑えることを盛り込んだコペンハーゲン合意がまとめられまし
たが，この協定は法的拘束力を持つものではなく，また具体的な削減目
標の決定には至りませんでした。

　そのような状況の中，2015 年にパリで開催された COP21 は，京都議
定書に変わる新しい国際枠組みを決定する重要な会議として，位置付け
られました。結果として COP21 で採択[8]された「パリ協定」では，世界の
平均気温上昇を，産業革命前と比較して 2℃ 未満に抑えることが決まり
ました。そしてこの目標を達成するために，人間活動による温室効果ガ
スの排出量を，21 世紀後半までに世界全体で実質ゼロにすることが合意
されました。具体的には，各国が自主的に 2025 年または 2030 年までの
温室効果ガスの削減目標を設定し，その進捗を報告しつつ，専門家レ
ビューを受けることが決定されました。日本は，2030 年までに 26％の温
室効果ガスを削減（2013 年比）することになっています。

　加えて京都議定書とは異なりパリ協定では，これまで削減目標の設定

8　パリ協定発効の条件が満たされるまでには，時間がかかることも予想されました
が，当時の米国・オバマ大統領が，中国やインドなど，この問題に影響力を持つ途上
国に対して批准することを積極的に働きかけるなどした結果，主要排出国を含む多
くの国が参加した上で，2016 年 11 月にはその内容が効力を持つようになりました。

が義務付けられていなかった途上国も削減目標を設定することになりました。このように限られた国だけではなく，新興国・途上国も含めた全ての国が参加する枠組みとなったことや，温室効果ガス排出削減に支援が必要な国に対して，先進国中心に資金・技術支援をより積極的に進めることが定められたことにより，長期目標を実現するための具体的な方法が定まったのがパリ協定と言えます。

（2）世界市民会議（WWViews2015）の概要

　そのような状況の中で改めて，気候変動問題をテーマに開催された世界市民会議[9]が，WWViews on Climate and Energy 2015[10]です。実施方法は2009年に開催された世界市民会議とほとんどかわりませんが，過去の取り組みの反省を踏まえ，いくつかの日本独自の改変が加えられています。

　1つ目の変更点は，設問の言い換えを行っていることです。繰り返すように世界市民会議の設問は，COPで議論される論点に沿った設計となっているため，市民の日常感覚や問題に対する意識からはかけ離れているものも少なくありません。加えてWWViews2015では，設問数が過去最多の29に上ったことから，限られた時間を有効に活用し，より市民感覚に立脚した議論ができるように，各セッションの設問をひと通り紹介した後に，関連の深い設問を1つにまとめて言い換えたり，順番を入れ替えたりして提示する方式が採用されました（日本科学未来館，2019）。

　また，与えられた選択肢の中から選ぶだけでは表現できない多様な意見を可視化するために，日本の政策決定者に向けたメッセージを自由記

9　実際には，2009年と2015年との間に，生物多様性をテーマとしたWWViews on Biodiversity（WWViews2012）が開催されています。この世界市民会議は，2012年10月に開催された国連生物多様性条約の第11回締約国会議（COP11）をターゲットに世界市民の声をインプットするという構想で運営されました。その詳細は，日本科学未来館（2014），池辺ら（2013）や郡ら（2013），Mikami and Yagi（2015）に詳しく記述されています。

10　詳細については次のウェブサイトを参照してください。
http://climateandenergy.wwviews.org（2020年2月28日現在）

述するシートも用意されました（**図13-3**）。

　世界市民会議は，世界共通のフォーマットで実施することが大きな特徴であり，強みであると同時に，各国の状況に応じたカスタマイズが制限されていることが，市民感覚に応じた丁寧な熟議の障壁となっていました。しかし回を重ねるにつれ，政策へのインプットと参加者の自由な議論が両立できる方向に，手法が進化していったのです。

図 13-3　政策決定者に向けたメッセージを記入する用紙
出典：日本科学未来館（2019）の報告書より抜粋。

（3）どのような市民の声が形成されたのか

　ここでは，2015 年に実施された世界市民会議の結果のうち，特に日本大会における結果の特徴を踏まえた上で，日本人の気候変動に関する考え方と，市民参加の枠組みを見直す視点について紹介したいと思います。

　世界各国の結果と比較した日本の気候変動問題についての意識の特徴（日本科学未来館，2019）には，次のようなものがあります。

① 　気候変動の影響について，日本の参加者は危機意識が低い。この背景には，特に若年層において気候変動の実感が乏しいこと，科学的に未解明な部分があることを理由に心配から目を背ける傾向，次世代や遠い将来の影響に対して身近さを感じられないことなどがあると考えられる。

② 　世界各国は気候変動対策により「生活の質が高まる」と認識している傾向が強いのに対し，日本の参加者の多くは，「生活の質が脅かされる」と認識している。具体的には，生活の質を改善する「機会（17％）」であるよりも，生活への「脅威（60％）」であるとの認識が示されている（世界全体の数値は，「機会」66％，「脅威」27％）。グループでの議論の中では，「不便」「我慢」「経済的負担」という単語が頻出しており，

気候変動対策を行うことは生活の水準を下げ，個々人に経済負担を強いるものであるという前提が共有されていると推測される。

③　日本の参加者は，今世紀末には温室効果ガスの排出量をゼロにするという長期目標および 2030 年までの短期目標は，拘束力を持つべきであると考える世界の潮流に対して，消極的な姿勢を見せている。この背景には，強い拘束力を持たせること自体が将来世代への不利益につながる可能性がある（条約からの離脱がおこる）ことを危惧する考えや，そもそも排出ゼロの目標が実現不可能であるという認識があると推測される。

　日本での会議を実施した日本科学未来館（2019）は，市民参加者（非専門家）のみで議論を行うという会議設計が，日本がおかれた文化的・経済的背景に加えて，そのような意見を可視化した可能性を指摘しています。

　前述の通り日本の参加者は，世界各国が共有する相場観に反して，気候変動対策により「生活の質が脅かされる」と認識している傾向があります。詳しく議論の過程を分析すると，参加者は口々に「不便」「我慢」「経済的負担」という言葉で気候変動対策の印象を語り，そこで議論が行き詰まり，別の視点への転換が困難となったことが確認されています。

　しかし日本科学未来館（2019）が主催したフォローアップイベントでは，専門家が同様の論点に対して，対策の中には電気自動車や LED 電球の開発や普及も含まれ，これらの対策は人々の生活を豊かにしているという新しい視点を示し，市民参加者が，脱炭素社会の実現に向けた社会のあり方について，現実的に考えることができるようになったケースも紹介されています。

　つまり，専門家との直接的な議論の時間を持たないまま形成された市民の声の背後には，「表明されなかった」もしくは「可視化されなかった」市民の声があり，実際の政策形成の場にインプットされた市民の声とは「異なる声」が存在する可能性が示唆されたのです。そしてその乖離を後押しするのは，「政策決定者のフレーム」で設問が設定されているという世界市民会議の特徴でもあったのです。

（4）市民参加の発展と新たな展開という観点から

　本書で繰り返し述べるように市民参加の目指すべき１つの姿は，議論の対象となる科学技術の問題について，一体何が問題になっているのか，というアジェンダセッティング（主な論点の設定）を市民自らが行うことにあります。しかし，実際の政策形成において，そのような自由なアジェンダセッティングの段階から，市民参加の取り組みを導入できない場合も少なくありません。特に，気候変動問題のように長年にわたり，多くの国と地域が関わり，論点を整理しつつ政策を決定してきたケースでは，政策決定者の論点に市民が参加して行う議論の論点をある程度あわせていくことが不可欠となってしまいます。その意味で世界市民会議は，「収束フェイズ（**図 3-1**）」を強く念頭においた設計となっているのです。

　事実世界市民会議の主催者は，「『世界市民会議の声が COP の場に届く（**図 13-4**）』という『形』に重き」を置いていたことを認めています（日本科学未来館, 2019）。主導的な役割を担った DBT は，その評価報告書（Reflections）において「結果を数多くの政策決定者に届けることに成功したこと」「またこの取り組み（世界市民会議）が国連の目指す活動を後押しするものであるという一定の評価を得たこと」を最大の成果であると強調しています。しかし前述したように，丁寧に結果を読み解いていけば，COP の場に届けられた市民の声は，必ずしも「本当の」市民の声でない，もしくは重要であるにもかかわらず明示されなかった市民の声が存在する可能性は否定できないのです。

　一方で，この課題は企画設計段階で想定されたものであり，世界市民

11　締約国会議（COP；Conference of the Parties）は，気候変動問題に限らず，生物多様性など，国際条約の中でその加盟国が対処方法や方針を決定するための最高決定機関です。COP の参加者は政府代表団ですが，気候変動問題は政府だけではなくさまざまな団体が関わってその解決にあたることが必要となるため，産業界や環境保護団体などからオブザーバー出席が可能です。オブザーバーは会議の傍聴者としてだけではなく，ロビー活動で各国政府関係者に自らの意見を伝え，COP 会期中にサイドイベントとしてシンポジウムやワークショップを開催して自らの主張を可視化するなどして，COP の議論に影響を与えます。世界市民会議もこの枠組みを使って，市民の声を COP の場に直接的にインプットしました。

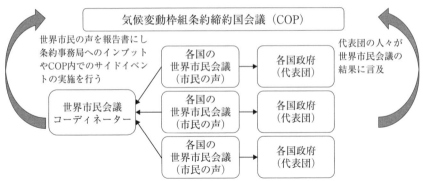

図 13-4 「世界市民会議」の政策へのインプットイメージ[11]
日本科学未来館（2019）をもとに筆者作成。

会議で可視化された市民の声にバイアスがかかっていたとしても，市民参加の手法を政策決定プロセスに埋め込むことの重要性に着目すべきという指摘もあります。事実，日本側の責任者である池辺は，企画に関与していた米国の研究者に，「政治的な立ち位置や心情まで含めて考えると，集まった人々の属性分布には，必ず偏りが存在する。（中略）しかし世界市民会議を実施して政策決定者に結果を提示することが重要で，政策決定者から結果の中立性について指摘を受けるぐらいに，世界市民会議が注目を受けることが重要だ」という指摘を受けたことを明らかにしています。

　これは，市民の声を政策に反映し，よりよい社会を作るために，丁寧に市民の声を聞き，それを可視化するという「中身」を優先するのか，まずはその場の実績を政策決定者にインプットし，それが意味あるものであったという「形」を整えていくことこそが重要なのか，という議論と言い換えることができます。この議論は，世界各国での実践を通じて，市民参加の手法が 20 年以上をかけて洗練され，テーマや状況に応じた方法の選択肢も増えたこと，なにより第 2 章でも紹介したように，BSE問題や遺伝子組換え作物をめぐる議論を通じて 2000 年代以降，専門家が市民を導く PUS 一辺倒の発想ではなく，市民参加で考える PEST の枠組で科学技術の問題についての社会的意思決定を行うという考え方が

定着してきたからこそ，立ち上がってきたものだということができます。

このような動きの背景には，世界の市民参加の取り組みを牽引してきた DBT が，2012 年 2 月に廃止された（政府機関から民間財団に移行）ことがあります。第 2 章でも紹介したように DBT は，独立の国家機関として設置され，立法府や行政府に対して先端科学技術に関する助言などを行ってきました。しかし行財政改革をはじめとする状況変化の中で，DBT は政府の交付金から民間の資金へと財政基盤を移して活動する方向へ変化しました。

2015 年に開催された世界市民会議は，まさにこの DBT をとりまく状況の変化の中で，企画・実施された市民参加の取り組みです。政策へのインプットを志向して，より直接的に，短期的な成果が現れやすい形で，実施する方向に運営が変化したことは，この変化とも無関係ではないでしょう。この変化自体をどう捉えるかは，この先の市民参加のあり方を考える上での試金石でもあります。日本では長らく DBT モデルを下敷きに，市民参加を「固い」制度にどのように載せるかという観点からさまざまな取り組みが行われてきました。しかし DBT の状況の変化は，そのモデルももはや盤石ではなく，次の市民参加の基盤作りにむけた新しい展開の必要性を示しているのです（三上，2012）。

3. 何のための市民参加なのか，を改めて[12]

（1）民意の測定手法としての市民参加

ここでは，もう一度市民参加が求められる観点から世界市民会議を捉え直してみたいと思います。繰り返すように，世界市民会議の特徴の 1 つは，「政策決定者のフレーム」で設問が設定されているというものです。

12　この項における議論は，環境省環境研究総合推進費戦略的研究開発プロジェクト S-10「地球規模の気候変動リスク管理戦略の構築に関する総合的研究」（プロジェクト略称：ICA-RUS；研究期間：2012 年度〜2016 年度）の最終成果報告書「地球規模の気候リスクに対する人類の選択肢最終版」第 7 章気候変動問題に係る意思決定における社会的合理性での議論を参考としていることを付記します。
http://www.nies.go.jp/ica-rus/report/version2/pdf/chapter7_pre.pdf（2020 年 2 月 20 日現在）

Petermann（2000）のテクノロジーアセスメント（TA）に関する議論を下敷きとして考えれば，市民参加の取り組みは，2つの理由づけから説明することができます（三上，2020）。市民参加が必要とされる理由の1つ目は，政策決定者のよりよい意思決定につなげる役割を市民参加が担うというものです。Petermann はこれを，「道具モデル（instrumental model）」と呼びました。もう1つの理由は，科学技術をめぐる社会的な問題について，多様な意見を可視化する，公共的な議論を喚起するという意味合いで市民参加を捉えるものです。本書で紹介してきた市民参加の事例の多くはこの「討議モデル（discursive model）」として位置付けられるものを念頭においています。しかし世界市民会議は，民意を「測定」し，政策決定を後押しする道具モデルの意味合いが強い取り組みだったのです。

　その意味でも，意見を聴取したい側が主導的に「市民参加」を行う場合と，市民の側が自らの主張を言語化し，そこからアジェンダを作っていくための「市民参加」には，大きな違いがあると言わざるをえません。その2つは，決して対抗的な概念ではありません。どちらを指向したものかによって，どのタイミングで，だれに，何が問われるべきなのかという市民参加のあり方が変わってくるため，どうあるべきかという正解は1つではないのです。むしろ，本章で示したような原則や課題を踏まえつつ，その時の状況や目的，テーマに応じて，やり方を創り上げていくことこそが，これからの市民参加の実践に求められるものです。

（2）輿論を形成するための市民参加

　ここまでに紹介してきたような市民参加の取り組みは，熟議の末に表明される意見こそが重要であるという前提に立っています。佐藤（2008）は，人々の意見を，人々の感情の表現，あるいは世間の「空気」を示す「世論（せろん：popular sentiments）」と，公共のテーマについて吟味した上で形成される「輿論（よろん：public opinion）」に分類した上で，政策を定めていくために重要な市民の声とは，熟議を経て吟味された「輿論」であると指摘しています。また，WWViews の下敷きともなってい

るDPの手法は，民意の把握ではなく，輿論を形成するための手法であるとも言われます（STiPS，2014）。

その意味でも市民参加の取り組みは，その時の雰囲気に流されやすい世論を測定するのではなく，バランスのとれた情報を得て，自分とは異なる意見を持つ人々との議論を重ねながら，個々人が自らの意見を吟味し，さらに輿論形成につなげていこうとする動きとも言えます。これは，別の言い方をするならば，市民が意見を熟考し，表出し，他の意見を理解するキャパシティを向上するためのBuilding Capacity（Dietz and Stern，2008）の機能を市民参加の取り組みは持つということです。

世論と輿論の大きな違いは「時間に対する耐性の違い（STiPS，2014）」です。その観点から言えば，気候変動問題や高レベル放射性廃棄物の処分問題のように，世代を超える長期的課題，現世代の決定が将来世代の権利を阻害する可能性がある課題については，市民参加の取り組みを通じて，熟議の末に表明される意見を重用することが重要です。尾内（2019）は，マッケンジーの議論を引用しつつ，市民参加の取り組みは，現世代の利害関係から抜け出して，長期にわたる問題の熟議を実現する可能性があること，現世代が独善的な意思決定を行うことを抑止するために有効な手段であると指摘しています。

一方で繰り返すように，丁寧な熟議には，コストがかかります。コストは必ずしも金銭的なものばかりではありません。事務局を担う人，そして専門家，参加する市民それぞれが費やす時間や，熟議が続く間に政策決定を留保する（決めない）ことによるコストも含まれます。ミクロな視点で市民参加の手法論からこの問題を捉えるのではなく，また個別の市民参加の取り組み（イベント）だけで評価を行うのでもなく，政策決定への接続や社会状況との相互作用の中で，より広い視点から，市民参加の取り組みの連環を見つめていく視点が重要となりつつあるのです。

🎸 研究課題

1　参考文献として紹介した報告書やウェブサイトの結果を参考にしな
　がら，諸外国の市民が気候変動問題をどのように捉えているのかにつ
　いて考えてみましょう。その上で，日本からの参加者がどのような特
　徴を有しているのか，それが何に起因するのかについて，改めて考え
　てみましょう。

2　本章で紹介した世界市民会議は「世界共通」のフォーマットで，市
　民参加を行う事例です。参考文献として紹介した報告書やウェブサイ
　トの結果を参考にしながら，言語や文化を同じくする国や地域の中で
　行われる市民参加の取り組みと，異なる背景を持つ国々が「世界共通」
　で行う市民参加の取り組みでは，企画・運用段階でどのような異なる
　障壁が持ちあがるのかについて，考えてみましょう。

引用文献 ▎

Dietz, T., Stern, P. C. (2008) "Panel on Public Participation in Environmental
　Assessment and Decision, Making", National Academies Press.

江守正多（2010）「温暖化リスクの専門家の視点から見た WWViews へのコメント」
　『科学技術コミュニケーション』7，pp. 49-54.

江守正多（2013）『異常気象と人類の選択』角川マガジンズ

池辺靖，黒川紘美，寺村たから，佐尾賢太郎（2013）「国際的政策決定プロセスへの
　市民コンサルテーションの枠組みづくりについて『世界市民会議 World Wide
　Views～生物多様性を考える』の実施」『科学技術コミュニケーション』13，pp.
　98-110.

公共圏における科学技術・教育研究拠点（Stips）（2014）「Lesson Learning：2012 年
　夏のエネルギー・環境の選択肢に関する国民的議論とは何だったのか　これから
　の『政策形成のあり方』を考える」実施報告書.

郡伸子，寺村たから，佐尾賢太郎，遠藤恭平，三上直之（2013）「地球規模での「科
　学技術への市民参加」はいかにして可能か？」『科学技術コミュニケーション』13，
　pp. 1-46.

三上直之（2010）「地球規模での市民参加におけるファシリテーターの役割：地球温

暖化に関する世界市民会議（WWViews）を事例として」『科学技術コミュニケーション』7，pp. 19-32.

三上直之（2012）「デンマーク技術委員会（DBT）の「廃止」とその背景」『科学技術コミュニケーション』11，pp. 74-82.

Mikami, Naoyuki and Ekou Yagi（2015）"Bridging Global-Local Knowledge Gaps in Public Deliberation" in Mikko Rask and Richard Worthington（eds.）, *Governing Biodiversity through Democratic Deliberation*, Routledge, pp. 170-190.

三上直之（2020）「第 7 章テクノロジーアセスメント」，藤垣裕子編『科学技術社会論の挑戦 2　科学技術と社会—具体的課題群』，東京大学出版会，pp. 127-148.

日本科学未来館（2014）「国際的政策決定プロセスへの市民コンサルテーションの試み『世界市民会議 World Wide Views〜生物多様性を考える〜』」日本科学未来館展示活動報告 vo. 8.

日本科学未来館（2019）「世界市民会議『気候変動とエネルギー』ミニ・パブリックスのつくる市民の声」日本科学未来館展示活動報告 vo. 11.

尾内隆之（2019）「第 7 章　エコロジカルな日常生活の可能性—政治による変革，政治の変革—」田村哲樹編『日常生活と政治』pp. 166-190.

Petermann, T.（2000）Technology Assessment Unit in the European Parliamentary Systems, "Vig N. J. and Paschen, H.（eds.）, *Parliaments and Technology：The Development of Technology Assessment in Europe*, State University of New York Press, pp. 37-61.

佐藤卓己（2008）『輿論と世論—日本的民意の系譜学』新潮新書.

八木絵香（2010）「グローバルな市民参加型テクノロジーアセスメントの可能性：地球温暖化に関する世界市民会議（World Wide Views）を事例として」『科学技術コミュニケーション』7，pp. 3-17.

八木絵香（2018）「第 13 章 気候変動とリスクコミュニケーション」，平川秀幸，奈良由美子編『リスクコミュニケーションの現在—ポスト 3.11 のガバナンス』放送大学教育振興会，pp. 249-267.

山内保典（2010）「World Wide Views に対する市民参加型アセスメント」『科学技術コミュニケーション』7，pp. 33-48.

参考文献

DBT による WWViews に関するウェブサイト（http://wwviews.org（2020 年 2 月 28 日現在））

江守正多（2013）『異常気象と人類の選択』角川マガジンズ

気候変動適用情報プラットフォーム（https://adaptation-platform.nies.go.jp（2020

年2月28日現在)）

日本科学未来館（2014）「国際的政策決定プロセスへの市民コンサルテーションの試み『世界市民会議 World Wide Views～生物多様性を考える～』」日本科学未来館展示活動報告 vo. 8

日本科学未来館（2019）「世界市民会議『気候変動とエネルギー』ミニ・パブリックスのつくる市民の声」日本科学未来館展示活動報告 vo. 11

World Wide Views 2009（日本開催分）ウェブサイト（http://wwv-japan.net（2020年2月28日現在)）

14 | 熟議と市民参加の場の設計

八木絵香, 三上直之

　本章では, 第13章で紹介した世界市民会議の実践を受けて企画・実施した「脱炭素社会への転換と生活の質に関する市民パネル」について紹介します。またこの市民パネルで市民参加者が議論した気候変動問題をめぐる3つの論点（①将来にわたる気候変動の影響, ②パリ協定に基づく目標の実現可能性, ③脱炭素社会への転換が私たちの生活の質に与える影響）について, 人々がどのような意見を形成したのかについて解説します。

　その上で, 気候変動問題をめぐる市民参加の実践の再整理を試み, これらの実践と熟議民主主義の関係について考えていきます。

《キーワード》　気候変動問題, パリ協定, 脱炭素社会への転換, 生活の質, 市民パネル, 市民陪審, 市民参加とファシリテーション, 熟議システム

1. 「脱炭素社会への転換と生活の質に関する市民パネル」の概要

（1）市民パネルの実施に至った背景

　本章では第13章での議論を受け, 筆者らが2019年3月に実施した「脱炭素社会への転換と生活の質に関する市民パネル」（以下,「市民パネル」）[1]を事例として, 市民参加の今後の展開について考えていきます。

　パリ協定の採択・発効により, 21世紀後半に温室効果ガスの排出を実質ゼロにするという目標に向け各国が動き出し, 気候変動対策は新しい

---

[1] 市民パネルの実施経緯と, 参加者募集の方法を含めた会議手法の詳細, 当日の情報提供および質疑応答の議事録（公開部分のみ）, 最終的に公開された結論, 参加者アンケート結果などの資料については, 脱炭素社会への転換と生活の質に関する市民パネル実行委員会（2019）として取りまとめられ, 公開されています。本章の記述は, この報告書の内容を元にしていることを付記します。

ステージに入りました。2016年5月に閣議決定された国の地球温暖化対策計画[2]では，削減目標の達成は「従来の取り組みの延長では実現が困難である」との認識を示した上で，革新的技術の研究開発はもとより，技術の社会実装，社会構造やライフスタイルの変革などに取り組むことが強調され，今後数十年の間に，社会制度も含めた抜本的な構造転換を行う必要性が示唆されています。

しかし第13章で見た世界市民会議の結果からも示唆されるように，諸外国と比べて日本では，一般市民の気候変動対策に対する関心やその危機認識が弱く，強い拘束力を持って気候変動対策に臨むことに消極的な傾向があるとされています。世界市民会議の結果からは，諸外国では，気候変動対策は生活の質を向上する「機会」として捉えられているのに対し，国内では，その対策推進は生活の質を「脅かす」ものという認識が定着していると推測されます。

この国内外における認識の違いは，何に由来するのでしょうか。またその違いは，特に日本における脱炭素社会に向けた動きに，どのような影響を与えるのでしょうか。それらの日本の特徴を踏まえた上で，脱炭素化に向けた構造転換を図るためには，どのような市民参加の取り組みが必要となってくるのでしょうか。これらを明らかにすることを目指して，本章で紹介する市民パネルは企画されました。市民パネルの実施概要は，**表14-1**および，**図14-1**に示す通りです。

（2）市民パネルの設計

市民パネルは，無作為抽出型の市民会議の代表的な手法の1つである「市民陪審（citizens' jury）」の手法をベースとして設計しました（Jefferson Center, 2004；榊原, 2012）。市民陪審は，諸外国の刑事裁判で広く用いられてきた陪審制を市民参加に応用した手法です。一般から抽出された参加者（陪審員[3]）が，対象となる政策課題について議論（評議[3]）し，結論（勧告[3]）を出すのが，その基本となるスタイルです。

2　温暖化対策計画の詳細については，次のURLを参照してください。
https://www.env.go.jp/press/files/jp/102816.pdf（2020年2月28日現在）

表 14-1　脱炭素社会への転換と生活の質に関する市民パネル実施概要

- ・主催：　　本章の筆者ら 8 名の研究者で構成する実行委員会
- ・後援：　　北海道，札幌市
- ・協力：　　公益財団法人北海道環境財団，REC 北海道道央圏協議会
- ・実施日：　2019 年 3 月 2 日（土）～3 月 3 日（日）
- ・実施場所：　北海道大学情報教育館
- ・市民参加者：民間調査会社の協力を得て，札幌市およびその周辺の計 8 市町村の 18 歳以上から 18 名を抽出した。同社が保有するモニター約 1 万 7,000 名を対象に告知し，得られた 278 名の応募者の中から，当該地域の社会全体の縮図となるよう年代・性別等のバランスを考慮し，参加者を抽選して決定している。気候変動やエネルギー問題についての専門家は対象から除外した。
- ・参考人と情報資料：議論に必要な情報を市民参加者に提供する役割として，7 人の専門家が参考人として参加した。主たる解説を行う専門家は，気候変動の将来予測とリスク論の専門家である江守正多氏（国立環境研究所）が務め，その他の参考人については，気候変動対策のあり方について，異なるスタンスをとる専門家，北海道における気候変動の影響について詳しい専門家，対策を遂行した場合の市民生活への影響について詳しい専門家を招聘した。各参考人は，論点に即した説明資料を準備し，当日の参加者への説明，質疑応答に使用した。また，解説を行った江守氏の作成した資料は，「基礎情報資料」として市民パネル開催の 10 日前に参加者に送付した。

　市民陪審の標準的な手法では，議論で合意が得られない場合には，最終的な結論（勧告）の確定に向けて投票が行われることもあります。しかし今回の市民パネルでは，参加した市民が，どのように気候変動問題を捉えているのか，脱炭素社会への転換がいかにして可能となるのか，またその際に生活の質をどう捉えていくのかということを探ることを目的としていたため，投票は用いていません。参加者には論点について「できる限り」の合意を求められていますが，これは熟議をより深めるための「仕掛け」としての合意形成であり，最終的には，参加者の判断が分かれる部分については少数意見も組み込んだ形で，結論が導かれています。

　市民陪審の手法を下敷きにした理由はいくつかのものがあります。こ

3　（　）内の表記は，すべて市民陪審の手法における正式名称です。本文では，市民参加型手法の一般的な呼び名を当てはめて解説しています。

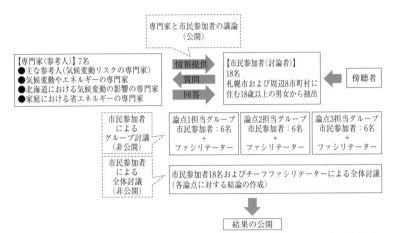

図14-1 「脱炭素社会への転換と生活の質に関する市民パネル」の全体像
出典：脱炭素社会への転換と生活の質に関する市民パネル実行委員会（2019）

の市民パネルは，市民参加者自らが，気候変動の影響や脱炭素社会への転換をめぐる基本的な認識について意見を交わし，自由な形で自分たちの考えを表明することを志向して，設計されました。これは，与えられた選択肢から回答を選ぶ方式では読み取りきれない「市民の声」を可視化し，可能な限りそう考えた背景までも記述することが，脱炭素社会に向けた構造転換のためには必要であると考えられたためです。時間的制約の中で市民参加者自らが，文章を記述することのハードルは高いことから，定式化された「論点（問い）」により，あらかじめ焦点を明確にした上で議論を始める市民陪審の手法をベースにすることが，適していると判断されたのです。

　加えて2015年の世界市民会議の事例では，市民参加者がテーマについての理解を深めた上での議論が不可欠であること，またそのためには，一方向的な情報提供ではなく，専門家と市民参加者との相互作用が必要であることが指摘されています（日本科学未来館，2019）。市民陪審の手法は，専門家との間での密な対話を促すことを念頭においた手法であったことも，このような設計に至った背景にあります。

（3）市民パネルの目的

　市民陪審の手法では，政策のあり方についての結論（勧告）を出すことが最終的なゴールとなります。今回の市民パネルでは，市民参加者全員でよく議論した結果として，3 つの論点（後述）について，短い文章の形で合意した意見をまとめることをゴールとしました。市民陪審の手法そのものは，最終的な政策決定に向けた収束フェイズで活用されることが多いのに対し，今回の市民パネルは，パリ協定で合意された脱炭素化に向けた目標を，日本の文脈に照らし合わせた上で，再解釈・再定義するプロセスとして位置付けたのです。

　また，具体的な政策決定へのインプットまで念頭にはおかないものの，国内において脱炭素化に向けた具体の方策が定められる（パリ協定の発効を受けて，具体的に国内で施策が定められる）時の「参照意見」として，市民パネルの結果が活用されることを目指し，政府や企業・産業界，NPO/NGO，研究機関など気候変動問題領域で活動する人や，メディアや教育機関に所属し，この問題を伝えたり教えたりする人たちを結論の仮想的な「宛先」として想定する仕様にしました。

　加えて今回の市民パネルでは，市民の声を多角的に記述することを試みました。具体的には，市民パネルへの参加前後で実施したアンケートの分析により，18 名の市民参加者の「合意」として表現された結論が，どの程度の幅を持った合意であったのかを可視化することを試みました。また，非公開部分も含めてすべての議論を録音・逐語録化し，合意に至った（至らなかった）プロセスも含めて，改めて結論を読み解いています。

　これは，2015 年の世界市民会議において参加した市民が議論した内容と，結論として COP21 の場にインプットされた「結果レポート」との間に無視できないギャップが存在しているという指摘（日本科学未来館，2019）を踏まえた設計です。この市民パネルでは，世界市民会議のプロセスでは埋もれてしまったインフォーマルな市民の声を可視化することを試みたのです。

（4）市民パネルの論点と全体像

　この市民パネルで議論した3つの論点は，**表 14-2** のようなものです。ここに示した論点は，いずれも気候変動対策をめぐって社会的に認識を共有する必要があるものの，現状では意見が隔たっていると考えられる論点です。本章の筆者らのほか，気候変動リスクの専門家や，先の世界市民会議の企画・運営を手掛けた科学コミュニケーションの専門家などからなる実行委員会で，約半年の議論を重ねた上で作成しました。

　この3つの論点を設定するにあたっては，2015 年の世界市民会議の結果における日本の結果の特徴——①気候変動の影響について，日本の参加者は危機意識が低いこと，②日本の参加者は，脱炭素化に向けた社会転換の構造変化に消極的であること，③気候変動対策により生活の質が高まるというよりは，生活の質が脅かされると認識していること——も強く意識しました。

（5）市民パネルのプログラム

　市民パネルのプログラムの概要は，**表 14-3** に示した通りです。

　1日目の最初には，全体スケジュール紹介や事務連絡，スタッフや討論者を紹介するガイダンスが行われています。その後，市民参加者 18 名

表 14-2　市民パネルで議論した3つの論点

・論点1　ご自分や家族，身の回りの人たち，さらには地域や日本全体にとっての影響に加え，後の世代の人たちや，日本以外のさまざまな国々に暮らす人たちへの影響も考え合わせたうえで，将来にわたる気候変動の影響はどのようなものであると認識すべきでしょうか。
・論点2　パリ協定では，化石燃料の使用など人為的な要因による温室効果ガスの排出量を，21 世紀後半に世界全体で実質的にゼロにするという目標が合意されました。この目標は，どれくらい実現可能性のあるものだと捉えるべきでしょうか。取り組み方しだいで十分に達成しうるものだと捉えるべきでしょうか，それともきわめて困難で不可能に近いものだと捉えるべきでしょうか。
・論点3　脱炭素社会への転換が私たちの生活の質に与える影響について，どのように受け止めるべきでしょうか。温室効果ガスの排出削減に伴って気候変動が抑制される効果も合わせて考えたとき，生活の質に対する脅威となるか，または生活の質を向上させる機会となるか，いずれの方向で受け止めるべきでしょうか。将来にわたって追求したい生活の質の内容も意識しつつ，議論してください。

表 14-3　市民パネルのプログラム

1日目	09：00-10：55	ガイダンスと導入レクチャー
	11：10-16：35	専門家と市民参加者の議論①②③ 途中休憩2回（計60分）を含む
	16：45-17：30	グループ別討議①　結論案に盛り込む要素の検討 論点1：気候変動の影響（グループ1が担当） 論点2：目標の実現可能性（グループ2が担当） 論点3：生活の質への影響（グループ3が担当）
1日目夜から2日目朝 にかけての作業		各グループファシリテーターが，グループ別討議①で話し合われた内容をもとにまとめを作成
		市民参加者は各自，2日目のグループ別討議②にむけて，担当する論点についての自分の意見を列挙したメモを作成
2日目	09：00-09：20	1日目振り返り（グループファシリテーターが作成した各グループのまとめを全体で共有）
	09：30-11：30	グループ別討議②　結論案の作成
	12：35-15：35	全体討議①②　討議の取りまとめと結論の完成

　全員で自己紹介を行い，市民パネルはスタートしました。最初に行われた導入レクチャーでは，地球温暖化の仕組みや，現在予測されている世界平均気温の変化，パリ協定の長期目標の内容についての説明が行われました。

　その後，7人の専門家からの情報提供と，それに基づく専門家と市民の議論の時間を設けました。これらのセッションは公開で行われ，行政関係者や教育関係者，一般市民など約30人が傍聴しました。専門家との議論を受けて1日目の夕方には，3つのグループで3つの論点を分担し，結論案に盛り込む要素の検討を行っています。すべての3つの論点それぞれについて，全員で議論する時間を設けることが理想ですが，今回の市民パネルでは時間の制約から，各論点の結論案作成まではそれぞれのグループで分担し，それらの結論案を全体討議の場に持ち込む設計としています。1日目の夕方の議論が終わった後，グループファシリテーターが各グループでの議論のまとめを作成しました。また，市民参加者は各自，結論に盛り込みたい意見をまとめたメモを用意しました。

　2日目の朝には，グループファシリテーターが作成した各グループの
まとめを市民参加者全員で共有し，自らのグループが担当しなかった論
点について，漏れている論点や，議論の方向性への異論がないかを確認
しました。その上で，2日目午前中は，市民参加者が持ち寄ったメモをた
たき台として，グループ別に担当する論点の結論案の作成を行いました。
2日目午後には，市民参加者全員でまとめの全体討議を行い，3つの論点
それぞれについての結論を完成させました。

2. 市民パネルの結論——市民参加者は脱炭素社会への 転換と生活の質をどのように捉えたのか

（1）将来にわたる気候変動の影響

　市民パネルの結論では，まず論点1に対して，気候変動問題は「この
まま放置すれば地球的規模で生態系を破壊し，結果として，人類，特に
将来世代の生存権さえ侵害しかねない大変な問題である」ことが共有さ
れています。また，途上国や社会的弱者（低所得者，傷病者，高齢者な
ど）がより深刻な被害を被る可能性についても言及され，「原因への責任
が小さい人が深刻な被害を受けるという不公平な構造」があることも指
摘されています。一方で，北海道を含む日本では，気候変動の影響や深
刻さについて実感が伴わない人がいることにも言及がなされています。

　同様の傾向は，アンケート結果からも示されています。討論前のアン
ケートでは，人間の活動が気候変動の主な原因になっているという見方
に対して否定的な意見を持つ人や[図7-2)]4，気候変動が発生することで自
分や家族にとって好影響があると考える人[図7-3)]もごく少数ではあるも
のの存在しましたが，討論後には，その程度の差はあれすべての討論者
が，気候変動問題は人間活動に起因することを理解し，その対策が滞れ
ば，世界規模で取り返しがつかない大きな影響が発生する[図7-6)]という
認識に変化しています。

　特に将来世代の人たちへの影響については，脅威であり深刻な影響を

4　本節における同様の表示は，注釈1で言及した報告書内の図表番号と対応してい
ます。図7-2）という表示は，報告書内の図7-2を引用しているという意味です。

もたらすという認識を持つ人が討論後には大半を占めました。図7-7) からも，すべての参加者が，将来世代への影響を強く受け止めるようになったことが示唆されています。

一方で，結論でも明示されたとおり，日本全体や北海道，さらには自分自身やその家族といった，より身近な範囲の話になると，気候変動の進行がどの程度影響を与えるのかについての認識は，受け止め方に個人差があることも明らかになりました図7-3)7-4)7-5)。

（2）目標の実現可能性

次に，パリ協定で合意された目標の実現可能性をめぐる論点 2 の結論についてみてみましょう。論点 2 では，脱炭素社会への転換が「やらなければならないこと」であるという認識が共有され，その「ハードルはとても高い」が「取り組み方次第で，パリ協定の排出目標は達成できる可能性はある」という方向で意見が一致しました。しかし一方で，市民パネル終了後のアンケートでは，21 世紀後半の排出実質ゼロ目標の実現可能性について，18 名中 8 名の市民参加者が，実現可能性が「乏しい」とする回答を，7 名が「中間（可能性があるとも乏しいとも言えない）」を選んでいます図7-9)。このことを勘案すると，結論で言葉として示された「達成できる可能性はある」という表現は，積極的に可能性を認めているというよりは，可能性は否定しないという留保であると読み解くことが妥当でしょう。また，論点 1 の結論と合わせて読み解けば，脱炭素化は避けられない要請ではあることを理解しつつも，その実現への道は極めて厳しい，しかしやらなければならないという迷いの中で，「取り組み方次第で」「達成できる可能性はある」という表現が生まれてきたとも言えます。こうした微妙なニュアンスは，世界市民会議のようにあらかじめ定められた選択肢への投票によって意見集約を行うやり方では，どうしても取りこぼしてしまいがちなものです。

市民の声を政策に届け，よりよい社会の実現につなげていくために重要なことは，ある型（手法）に則って形成された市民の声を，「市民の声」としてフォーマルな形で可視化すると同時に，そうした枠組みに乗りに

くい，参加者の気持ちや揺らぎを含めたインフォーマルな声を可視化する努力も，続けていくことです。市民参加の取り組みが，政策決定のプロセスにおける多様な参照意見として機能するためには，数値で示される（何％の人がこの選択肢を支持した）分かりやすい市民の声のみならず，今回の市民パネルで示したような質的な記述も重要となってくるのです。重要なのはその２つの組み合わせです。

　また論点２についての結論は，他の論点と比較すると個人・企業・政府に対する取り組みについて，具体的なアイディアが書き出されています。企業が脱炭素化に取り組むことができる制度づくり，市民が脱炭素商品を選ぶような仕組みづくり，より強い拘束力を有した国際的な枠組みづくり，炭素税や，現行の再エネ賦課金のように強制的に実施される仕組みの導入などその内容は多岐にわたります。今回示された案の中には「市民ならでは」の特別なアイディアが盛り込まれているわけではありませんが，従来言われてきたような制度の延長線上の意見ではありますが，「自分ができること」に還元されがちな温暖化対策をめぐる議論が，市民からは遠いと見られがちな制度論と結びついた形で展開されたことは注目に値します。

（3）生活の質への影響

　論点３に関する結論では，「私たちにとって最も大切なのは，私たちが安心・安全に暮らせる地球，環境や，自然を守ることである」「そうすることが，私たちの生活の質の向上につながる」と明快に述べられました。2015年の世界市民会議の選択肢や，それをふまえて作成した論点３が，生活の質を「高める vs 脅かす」という対立的な問いかけであったこととは対照的に，安全・安心に暮らせる環境の保全（＝気候変動問題への対策を推進する社会）こそが，生活の質向上の基盤にあることが力強く述べられています。その上で，重ねて「脱炭素化社会への転換は，必ずしも私たちの生活の質に対する脅威となるわけではなく，生活の質を向上させる機会となり得る」と，市民参加者は結論づけました。

　一方で，すべての参加者において，この結論に表現されたほど強い形

で脱炭素社会への移行の懸念が払拭されたのかというと，そうでもありません。参加者アンケートでは，脱炭素社会への転換が生活の質にどのような（良い方向でも，悪い方向でも）影響を与えるのかについて，自由記述の質問をしています。その結果からは，悪影響を懸念する傾向は収まっているものの，討論後においても「日常生活の不自由さ・不便さ」「家計への圧迫，経済的な負担の増加」「経済成長への制約，経済活動の停滞・混乱」についての言及[表7-5]がなされています。

　それにもかかわらず最終的には，脱炭素社会への転換が生活の質を高める「機会」となる側面が強調される方向で結論がまとめられた理由には，いくつかのものがあるでしょう。1つ目の理由は前述の通り，安全・安心して暮らせる環境の保全こそが，「生活の質」を支える基盤であるという認識が，市民参加者の中で共有されていたことです。それに加えて，論点1，2に対する結論にも表われていたように，市民参加者は専門家との意見交換を踏まえ，気候変動の影響は深刻であり，将来世代や途上国などへの影響を考えると脱炭素社会への転換は「不可避である」との認識を共有していたことが理由として挙げられます。討論を通じて，脱炭素社会に向けた取り組みが生活の質を向上させると実感し，それを全面的にポジティブに評価した上での結論というよりは，「脱炭素社会への転換は不可避である以上，せめて前向きに受け止めて対処するほかない」という判断の表れと読み解くことが妥当でしょう。

　また，論点3の結論やそれに至るまでの議論では，「生活の質は，人によって異なり，非常に多様」であることや，「住んでいる地域や，経済状況，年代」により脱炭素化のために取りうる具体的な行動は異なるため，脱炭素社会への移行は否定しないものの，それが押し付けや強制，排除につながることを避け，多様性が大きく損なわれないような形で対策を進めるべきであるという視点が提示されています。それは，論点3に対する結論が「脱炭素化に向けて行動しない人が，社会の中で孤立しないように配慮」する必要があるという言葉で締めくくられていることにも表れています（コラム参照）。

　これに関連して論点2の結論では，脱炭素社会への転換によって大き

な影響を受ける企業などへの支援策や，脱炭素化以外の社会課題への負の影響が及ばないような配慮の必要性にも言及されています。脱炭素化に向けたドラスティックな変化の重要性を認めつつ，その変化が別の形での「不公平な負担」を生まないようにすること，社会的弱者へのまなざしが色濃く結論の文章に残ったことは，市民参加による討論だからこその成果，と言っても良いのではないでしょうか。

コラム　市民参加とファシリテーション　　　　　　　　　　八木絵香

　世界市民会議と「脱炭素社会への転換と生活の質に関する市民パネル」の設計の大きな設計の違いは，ファシリテーターの位置付けにあります。市民参加におけるファシリテーターとは，単なる司会進行役にとどまりません。ファシリテーターは，専門用語を文脈に応じて翻訳したり，市民参加者同士の議論を整理したり，論点を可視化したり，場合によっては発言が少ない参加者の発話を促すなどして，その場の議論の「活性化」の支援に努めます。

　世界市民会議は，実施方法のすべてが「世界共通」であることを志向していたため，ファシリテーターは基本的には「司会進行」に徹し，議論そのものには介入しないことが望ましいとされていました。一方で市民パネルでは，専門家との意見交換，全員での議論，論点の結論案の作成というすべてを通じて，ファシリテーターが積極的に議論の支援を行う前提でその設計がなされています。筆者はこの市民パネルにおいてチーフファシリテーターをつとめました。結論となる文章の作成にあたっては，市民参加者が持ち寄ったメモを生かしつつ，文章の作成を積極的に援助するファシリテーションが行われました。それは，限られた時間の中で論点を整理し，参加者自身の意見が文章に反映されているかどうかを確認すると同時に，なかなか言語化されない心情を，参加者自身が言葉として「紡ぐ」ための積極的働きかけであったとも言い換えることができます。

　論点3に対する結論の末尾には「脱炭素化に向けて行動しない人が，社会の中で孤立しないように配慮」すべきという一文があります。これは，文章の作成過程で一度は削除され，ファシリテーターの働きかけにより，最終的に復活した文章でもあります。そのプロセスは次のようなものでした。

　グループ別の議論，そして全体討論の序盤で，市民参加者が着目していた論点の1つは，「脱炭素化社会への転換に向けた取り組みやルールの強制力は，どの程度であるべきか」というものでした。専門家との議論を通じて市民参加者は，脱炭素社会への移行は急務であり，相当な覚悟をもって臨まなければ実現しない，ということを理解している様子でした。しかし一方で，最終的に論点

2，3 に対する結論にも記述されたように，そのような急激な変化は，社会的に弱い立場にある人たちに対して，死活問題とも呼べるほどの圧力として作用する可能性があることも，市民参加者は自らの経験から想像していました。また，個別の事情（職業や社会的におかれた立場）から脱炭素化に取り組むことが困難な人への対処や，脱炭素化という社会の流れに合わない個人の行動様式や価値観をどの程度尊重するべきかについても，くり返し議論されました。「脱炭素化のためにはある程度の犠牲はやむをえない」と考えるのか「マイノリティ（特に不利益を被る可能性がある）の人の視点を大切にしたい」と考えるのかの狭間で，市民参加者は悩んでいたのです。

　筆者自身が，後日この全体討議の議事録を分析したところ，ファシリテーターを務めていた筆者が，この場面で「その論点を落として良いのか？」と市民参加者に尋ねる姿が確認されています。当日もある程度自覚的に行っていたことではありますが，ファシリテーターが，後者の視点を大事にする参加者の意見を積極的に後押していたのです。

　こうした介入的なファシリテーションをどう評価すればよいでしょうか。市民パネル終了後のアンケートでは，ファシリテーターの支援によって議論の質が高まったことを評価する記述があり，逆に進行について問題点を指摘する記述はなかったことから，市民パネルにおけるファシリテーションは肯定的に受け止められていたと言うことができます。市民の倫理的価値判断が要求される問題については，多様な意見がプロセスにおいて参照されることが重要であり，予定されている方向性に政策施策が進む時に，意見を尊重されない人の声（踏み潰される声）の可視化は重要であるという観点からも，最後にこのような文言が入ったことには意味があるとも言えます。

　一方で，必要な「介入」と議論の「誘導」は，紙一重の関係にあることもまた事実です。必要なことは，今回の市民パネルで行われたように，単なる結論にだけ目を向けて市民の声を可視化するのではなく，プロセスも含めてそのすべてを公開することにより，透明性を確保することです。その評価は参加者のみならず，幅広い観点から行われるべきです。ファシリテーションのあり方についても，社会に公開される実践と研究との両輪により，その進展が望まれるのです。

3. 気候変動問題をめぐる市民参加の実践から見えてくるもの

（1）気候変動問題をめぐる市民参加の実践の再整理

　今回の市民パネルは前述の通り，参加者全員でよく議論した結果として，3 つの論点（前述）について，短い文章の形で合意した意見（結論）をまとめることを目的として実施しました。これは，パリ協定で定めら

れた脱炭素社会に向けた方針を，日本の文脈に照らし合わせた上で再定義するプロセスとして位置付け，国内において脱炭素化に向けた具体の方策が立案され実行に移される際の「参照意見」として活用されることを目指した仕様と言い換えることができます。

　具体的には手法の設計の項でも述べたように，結果として可視化された「結論」の文章のみならず，アンケート結果，議論プロセスでの発言を参照しながら結論の意図を読み解くことで，まとめられた文章に込められたニュアンスや，その背後にある意見の多様性なども含む形で，結論の含意を指し示すことを目指しました。市民参加の目的が，参照すべき「意見」を可視化することにあるとするならば，合意による結論の提示を主軸としつつ，それをこの実践に関わる研究者が分析し，公開していくプロセスと併用することで運用される市民パネルは，大きな効力を発揮するものであると言えます。

　これは，気候変動問題のようにステークホルダーが多様で，不確実性が高く，エネルギー問題や安全保障問題など多様な社会問題とも複雑に絡み合うような問題群については，世界市民会議のような収束フェイズで行われる市民参加の取り組みと，アジェンダを設定するための開示フェイズでの市民参加の取り組みを，二者択一の選択とするのではなく，手法の組み合わせが必要であるという考え方に基づきます。今回の試みは，長期にわたる多段階プロセスの中で，政策決定と市民参加が密接に連携し，多様な論点の可視化と共有を行っていく中で，世界市民会議の実践と市民パネルの実践を対抗的な位置付けとするのではなく，補完的かつ，一過性のイベントに終わらない気候変動問題をめぐる大きな枠組みの中に位置付けようとする試みでもありました。

　1990年代後半から2009年の世界市民会議までの期間は，気候変動問題について言えば京都議定書が締結され，先進諸国が協力して対策に取り組む方向が強化されていった時期と言えます。そしてこの時期は，国内でコンセンサス会議に代表されるさまざまな市民参加の手法が導入され，実践が活発化していった時期と重なります。

　そして2009年の世界市民会議以降，国内ではDPの研究ベースでの

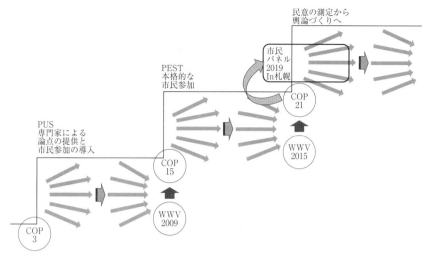

図 14-2　第 13〜14 章で紹介した実践と市民参加の階段

試行が相次いで行われ，2012 年には政府主催の DP が開催され，それらの総称としての「ミニ・パブリックス」という概念も定着し始めていました。そのように本格的な市民参加の実践が，国内における課題状況や，また体制の制約を越えて，独自のスタイルで進化を遂げてきたこともまた，記述しておかなければなりません。

　そしてその後の世界市民会議から 2019 年に実施した市民パネルへの流れも，個別のイベントとしての評価だけでなく，それが連関してどのような機能を果たしうるかという視点から，再度吟味される必要があるでしょう。

（2）市民パネルの評価・再び——輿論を作るための装置として

　第 1 章のコラムでもその様子を紹介した市民パネルの議論は，①元々は「見知らぬ他者」である市民同士，また専門家と市民が，「私たち」として「共有するもの」を作り上げていくプロセスであったと言うことができます（田村，2019）。もちろんこのプロセスは必ずしも平坦なものではなく，個々の参加者にとってはときに強い感情や軋轢を引き起こす場面もあったものと思われますが，むしろそのプロセスにより，この市民

パネルは「私」ではなく「私たち」の社会を作り出す装置として機能する可能性があります。実行委員として企画・運営に携わった田村は「『共有』と『目標実現』との緊張関係」という言葉で，共有できる結論のためには多様性を考慮に入れざるをえず，一方で，多様性の尊重は目標（今回で言えば脱炭素社会への移行）から遠ざかる市民参加者のジレンマを表現しています。この市民パネルの取り組みは，そこに参加する専門家と市民が，議論や作業を通じて，気候変動問題について考える際の多様な論点や事実認識を共有し，「私たち」の合意と，「私」の意見の良い意味での「すり合わせ」をしていくプロセスであったと言えるでしょう。こうした点にも，気候変動問題のように，地球規模で長期にわたる複合的なリスクの問題について，市民参加型の手法を用いることの有効性を見てとることができます。

（3）市民パネルの評価・再び——エンパワメントの装置として

また，丁寧な議論の場を用意し，それについて市民が主体的に取り組むことは，これまでには述べられていない可能性を秘めています。

まず1つ目には，気候変動問題のように，一見すると一市民の手には余る大きな政策課題について，市民参加者自身が「自ら働きかけることによって変革しうる領域を見出し，さらには議論を通じてその範囲を拡大しうる可能性」です。松浦（2019）は，今回の市民パネルで議論されていたことは，国際交渉というメガレベルと，個々の参加者の生活や行動というミクロレベル「間」に位置するメゾレベルの領域の議論であったと指摘しています。

また松浦は，今回の議論過程では，ともすると個人レベルの対策（いわゆるエコ行動）に還元されがちな市民参加者の主張が，脱炭素化に向けた行動を促すための政策や，仕組みづくりにまで言及していたことを参照しつつ，討論者自身が社会を変える原動力となる可能性を認識したという意味で，エンパワメントの機能を有すると指摘しています。これは，一過性の場（イベント）であっても，それが適切にデザインされれば，参加する市民を単なる意見の抽出対象として捉えるのではなく，議

論を通じて主体的にこの問題にコミットする市民を創出する機能を持ちうるということを示唆するものです。

　もちろん一過性の「イベント」が点在している状況では，そのエンパワメントの効果は薄いでしょう。しかし，それらを点在するイベントとして独立に評価するのではなく，より多くの人が継続的にその人の実情にあった参加の機会を得られるように，マクロな視点から市民参加の取り組み自体を見直していくことにより，大きな展開の可能性はあります。

　本書で示してきたように，市民参加の取り組みにはまだまだ限界があることも事実です。しかし，気候変動問題のように空間的・時間的広がりが大きい問題を考える場面にこそ，市民参加の手法の継続的な活用を行い，その結果を公開し，そして多角的に見直し続けて，よりよい政策に結びつけることが有益なのです。そして私たち一人ひとりは，意思決定をする側にいる政治家や官僚や専門家から「聴いて」もらうだけでなく，むしろ，私たち一人ひとりが積極的に討議し，何が問題となっているのか，自分たちはどうしたいのかを考え，社会としての意見を作り上げていかなければならない状況におかれています。これはやろうと思ってすぐにできることではありません。いくつもの経験と失敗を繰り返して，少しずつ，社会の中に自らと異なる立場や見解を持つ人々とも討議する文化が定着していくことが何よりも重要です。その意味で，この先の科学技術のありようを考えるとき，その主役は「専門家」ではなく，そうした討議の場に参加し，自らの意見をともに作り上げていく「市民」なのです。

🔘 研究課題

1　本章で紹介したような気候変動問題をめぐる考え方について，あなた自身が共感する，逆に異論を持つポイントはどこでしょうか，考えてみましょう。また，参考文献にある「脱炭素社会への転換と生活の質に関する市民パネル報告書」のアンケート結果を参照し，自らの見解が，

他の人と比較してどのような特徴を持つかについて考えてみましょう。

2 市民パネルに例示されるような市民参加の取り組みは，科学技術の問題の単なる学びの場ではなく，その場の議論をきっかけとして社会を変えていく可能性を秘めているものであることを本章では紹介しています。あなた自身の身の回りに，また仕事や社会活動の中で，同様の機能を持つ場を作ることは可能でしょうか。具体的に考えてみましょう。

引用・参考文献 （さらなる学習にあたってとくに参考にしたい文献は太字で示しました）

脱炭素社会への転換と生活の質に関する市民パネル実行委員会（2019）「脱炭素社会への転換と生活の質に関する市民パネル報告書」（http://hdl.handle.net/2115/76146（2020 年 2 月 28 日現在））

Jefferson Center（2004）Citizens Jury Handbook（https://jefferson-center.org（2020 年 2 月 28 日現在））

松浦正浩（2019）「トランジッションとエンパワメントとしての対話」脱炭素社会への転換と生活の質に関する市民パネル報告書，pp. 77-78

日本科学未来館（2014）「国際的政策決定プロセスへの市民コンサルテーションの試み『世界市民会議 World Wide Views〜生物多様性を考える〜』」日本科学未来館展示活動報告 vo. 8.

日本科学未来館（2019）「世界市民会議『気候変動とエネルギー』ミニ・パブリックスのつくる市民の声」日本科学未来館展示活動報告 vo. 11.

榊原秀訓（2012）「市民陪審：証言者からのヒアリングと討議」篠原一編『討議デモクラシーの挑戦：ミニパブリックスが拓く新しい政治』岩波書店，pp. 81-115.

田村哲樹（2019）「市民パネルを振り返って」脱炭素社会への転換と生活の質に関する市民パネル報告書，pp. 79-80

八木絵香，三上直之（2020）気候変動問題をめぐる市民参加の可能性，環境情報科学，vol. 49，No. 2，12-16.

15 │ 科学技術への市民参加のこれから

三上直之

　本書で学んできた，科学技術への市民参加の考え方や取り組みの意義や課題について改めてまとめます。それらを踏まえて，これからの市民参加のあり方について展望します。最後に，科学技術への市民参加についての学びを，実社会の中での仕事や生活，諸活動などの中で生かす方法について考えます。
《**キーワード**》　科学技術への市民参加のつくり直し，市民参加の生態系，熟議システム

1.　科学技術への市民参加の意義と課題

　本書では，私たちが暮らす現代社会を「リスク社会」と捉えて，話を進めてきました。リスク社会とは，諸々の損害や災難を自らの決定の帰結として受け止め，対処する様式が世の中の隅々にまで行き渡るようになる社会です。前章まで，さまざまな実例を取り上げつつ，このリスク社会における科学技術への市民参加の意義や課題を考えてきました。それらのポイントを，ここで振り返っておきましょう。

　第1章において，科学技術への市民参加を捉える際の視点として「問題とその基本的性格」「参加者」「参加の目的」の3つを導入しました。ここでは，改めてこれらを用いて考えてみたいと思います。

（1）政策決定との関係

　まず，「参加の目的」から話を始めましょう。第4章で取り上げたエネルギー政策に関する討論型世論調査や，第5章の北海道におけるGM作物コンセンサス会議の例では，市民参加による議論が政府や自治体の政策決定に密着した形で行われ，その結果が政策決定にどのように生かされるかが焦点となりました。また，第13章で紹介した世界市民会議も，

気候変動や生物多様性に関する国際交渉に直接参照される意見を形成することを目的としていました。

　このような政策決定への参加という意味合いで，市民参加をいかに実効性のあるものにしていくかが，市民参加の目的を考える上で1つのポイントとなることは間違いありません。これらの例はいずれもミニ・パブリックスを活用した市民参加の例でしたが，他の手法を用いる場合も含めて，市民参加による議論の場だけに注意を向けるのではなく，その議論が政策決定のどのような文脈の中に置かれ，最終的な決定にどのような影響を与えうるのかという視点が重要になります。

　他方で，政策形成において新たな問題を掘り起こしたり，多様な関心事を俎上に乗せたりしようとすれば，すでに議論が熟して論点が固まってしまってからでは遅すぎるという問題があります。このことは「アップストリーム・エンゲージメント」（第2章第3節参照）が主張される背景でもありました。北海道のGMコンセンサス会議において議論の末に浮かび上がった，北海道農業の将来像という論点は，本来，GM作物の導入の是非という当面する政策決定の選択肢について話し合う前に取り上げられるべきテーマであったと言えるでしょう。第7章で学んだ「超スマート社会」をめぐる市民参加でも，個別の技術の導入の可否以上に重視されたのは，追求すべき社会像や価値観の議論でした。

　第6章で，高レベル放射性廃棄物に関する議論を例に挙げて考えたのは，このような背景や前提にまでさかのぼって市民参加の場を設定することが可能になっているか，という論点です。それができていない場合，いかに目先の政策決定に直接関わる論点について参加の場が整えられていたとしても，市民参加の本来の意義を実現するのは難しくなります。

（2）熟慮を通じて答えを探す

　新たな論点を掘り起こしたり，多様な関心事を議論の俎上に乗せたりといった市民参加の意義について，別の角度からも考えてみましょう。第8章，第9章で災害をめぐる市民参加を考える中で明らかになったように，リスク社会では，あらかじめ専門家などから正解が与えられてい

るのではなく，問題に即して，幅広い市民が参加してよりよい答えを探ることが求められます。専門家を無条件で信頼するのではなく，市民参加を通じてともに「成解を作る」ことでしか，問題への対処の道は開けないとも言えます。そうした作業のために「クロスロード」や「逃げトレ」のような工夫を凝らしたツールが力を発揮することも学びました。

　第 5 章で紹介した BSE 問題に関する討論型世論調査の社会実験が示していたのも，同様に，問題についての情報を得て議論を重ねる中で，新たに答えを見出していくプロセスでした。参加者は，BSE 問題についての経緯や，対策の現状などについて情報資料や専門家との対話を通じて学びつつ，互いに議論を重ねることによって，全頭検査の効果とコストについて熟慮する機会を得ました。それによって，全頭検査に関する賛否は全体として大きく変化しました。BSE に関する DP は，それまで結果的に長い間，行政機関や専門家に判断を預けてきてしまっていた問題について，無作為抽出によって集まった一般の参加者が，改めて熟慮しながら答えを探すという過程であったと理解できます。

　同時に，こうしたプロセスは，行政機関や専門家にとっても新たな学習の機会であることにも注目したいと思います。日本における BSE 問題で，国による BSE 検査の対象が 21 カ月齢以上に引き上げられた後も，各自治体の政策として全国横並びでの全頭検査が継続された大きな理由は，消費者がそれを求めているから，ということでした。しかし，バランスのとれた情報提供や熟議を経ることで，その意見は変化しうることを，討論型世論調査の結果は示しています。

（3）問題の多面性を照らし出す

　市民参加を通じて新たに答えを探し出す過程では，特定の専門分野からのみのフレーミングで問題を考えるのではなく，問題の多面性を照らし出すことが大切です。対象となる「問題とその基本的性格」は，どのような市民参加が求められるかを考える上で，もう 1 つの重要な視点ですが，問題の性格づけや，テーマを捉える枠組みそれ自体が，市民参加のプロセスを通じて問い直されるべきだと言えます。

　北海道でのコンセンサス会議の事例からも明らかなように，GM 作物に関する社会的論争のポイントは，自然環境への影響や，食品としての安全性に対する科学的な評価にはとどまりませんでした。GM 作物の開発や利用に直接携わる専門家が注目しがちなそうした論点以外にも，農業のあり方や生命倫理の問題なども取り上げられました。北海道の会議で最終的に議論の焦点となったのは，GM 作物という技術そのものの導入の是非よりも，その背景にある，どのような農業を今後北海道は目指していくべきかという，北海道農業の将来像でした。

　第 10 章では，交渉という合意形成のプロセスとして市民参加を分析する視点を学びましたが，そこでも強調されていたように，参加者の間で明快な合意が得られることが必ずしも理想とされるべきではなく，議論を通じて論点が解きほぐされたり，専門家のフレーミングに還元されえない多様な関心事が明らかにされたりすることを通じて，調整の可能性が見出されることにも市民参加の意義はあるのです。

　しかも，そうした関心事自体がもともと固定的なものではなく，第 7 章で生体認証技術をめぐる市民参加に関連して学んだように，私たち一人ひとりの状況や，価値観，科学技術との接点といった要素により影響を受ける流動的なものであるという視点も重要です。

(4)「市民」と「専門家」

　市民参加を見る上での視点として，もう 1 つ挙げておいた「参加者」の側面からは，「市民」と「専門家」について考えてみたいと思います。

　第 4 章や第 5 章で例を挙げた，ミニ・パブリックスを用いた取り組みでは，無作為抽出などを用いて選ばれる市民参加者と，かれらに情報提供をする専門家との間に明確に線を引き，前者の話し合いの中から生み出される意見をクローズアップすることに特徴がありました。ただ，両者の線引きはあくまでも技法上のものであって，重要なのは，従来，意思決定の中心を独占的に担いがちだった専門家と，それ以外の幅広い一般の人々との間に対話が行われることであり，それにより，上に見たように多様な関心事が明らかにされることです。

　そこで本来目指されるべきは，すでに確立された意思決定のプロセスの一部分を担う，という意味での参加ではなく，「共創」（第 7 章）であり，「共同実践」（第 9 章）だということになります。また，異なる利害を持つ関係者の間で，どのような専門家を市民参加の議論の場に招くか，という段階から合意を図る共同事実確認の考え方についても学びました（第 11 章）。こうした市民参加の場に臨む専門家には，自らの専門分野に関する高度な専門性を備えているかはもちろんのこと，社会人として信頼できる存在であるかが問われます（第 4 章）。

　他方で，「市民」の捉え方についても見直しが求められています。第 12 章で学んだように，固定した意見や考えを持つひとかたまりの人々として市民を捉えるのではなく，参加の経験を通じて，自らのあり方を変化させ続ける存在として，言い換えれば，参加のプロセスを通じて再構成される存在として，よりフレキシブルに捉える視点が重要です。

2.　科学技術への市民参加のリニューアル

（1）「責任ある研究・イノベーション」（RRI）と市民参加

　アップストリーム・エンゲージメントの考え方は，新たな科学技術の社会的影響を，利害関係者や一般市民の参加も得て事前に評価するという意味では，参加型テクノロジーアセスメント（TA）の中にも潜在的には含まれていたものでした。2010 年前後からは，こうした蓄積も踏まえつつ，科学技術の専門家や一般市民も含めた関係者が，研究やイノベーションの公正さを実現するために協働するプロセスを，より包括的で体系的な枠組みとして構想する試みが生まれてきます。その中で編み出されたのが，「責任ある研究・イノベーション」（RRI）という概念です[1]。

　提唱者の 1 人の定義によれば，RRI とは「社会の中のさまざまなアクターと，イノベーションの担い手たちとが互いに応答的になるような，透明性ある相互作用的なプロセス」のことです（von Schomberg, 2013）。そこでは「イノベーションのプロセスと，そこから生み出される製品と

1　RRI 概念と科学技術への市民参加との関係については，藤垣（2018）を参照。

が，（倫理的な）受容可能性，持続可能性，そして社会的な望ましさを満たすこと」，そして「科学技術の発展が社会の中に適切に埋め込まれること」が目指される，とされています。

この定義にも示されている通り，RRIの概念はプロセスと，そこから生み出されるプロダクト（製品，産物）の2つの側面から構成されます。それぞれの側面で具体的に何が重視されるかは，RRI概念が適用される国や地域，対象などによっても異なりますが，欧州の文脈では，次のような要素が取り上げられています。例えば，プロセスの次元では，本書でもこれまでに登場してきた，「TA」や「予防原則の適用」「利害関係者の参画」，そして「市民参加」などの概念が網羅されています。またプロダクトの次元では，上述の定義にも表れているように，基本的人権の尊重を中心とした倫理的な受容可能性，経済・社会・環境の3側面で構成される持続可能性，そして「生活の質」などの社会的望ましさの追求といった規準が挙げられます。

RRIという新たな枠組みの中で，科学技術への市民参加は，これらの規範的な規準を満たしたプロダクトを生み出すための包括的なプロセスの一環として位置づけられるようになっているのです。

（2）科学技術社会論における市民参加の再考

本書を通じて見てきたように，科学技術への市民参加の考え方や，それに基づく実践は，専門家中心の意思決定のあり方が問い直される中で生まれました。1990年代の英国で起こった「市民の科学理解（PUS）」から「科学技術への市民参加（PEST）」への転回（第2章）や，災害をめぐる「安全神話の崩壊」（第9章）は，その顕著な表れと言えます。いわば無条件の信頼を寄せられていた専門家による判断が，リスク社会の中で批判の俎上に乗せられることになったわけです。

科学技術への市民参加という枠組みが成立して，すでに約20年が経ちます。本書では，1990年代から2000年代にかけて成立した科学技術への市民参加の考え方をベースとして，制度化された（制度化を志向した）参加の場を中心に，科学技術への市民参加について学んできました。

表 15-1　科学技術への市民参加に対する新旧のアプローチ

	旧来の実在論的アプローチによる 市民参加像	新たな共生成的アプローチによる 市民参加像
1	市民は，参加の実践に先立って存在している	市民は，参加の実践を通じて立ち現れる
2	市民とは，自立した個人を単純に足し合わせたものである	市民とは，不均質な集合体である
3	参加は，既存のモデルや規範に沿って行われ，評価される	参加のあり方は，参加の実践そのものを通じて生み出される
4	参加とは標準化された手法やツールを用いた手続きである	参加とは科学技術や社会，政治の秩序と共に生成される集合体である
5	参加とは，市民会議のような単発のイベントのことである	参加とは，さまざまな市民の関与の場からなる生態系である
6	社会全体を代表するサンプルを集めることが，参加の成功の鍵である	再帰性と謙虚さが参加の成功の鍵である
7	参加の評価は，原因-結果の直線的なモデルで行いうる	参加の評価は，既成の直線的なモデルでは行えない
8	参加は，科学や民主主義とは別個のものである	参加は，科学や民主主義の一部である

出典：Chilvers and Kearns（2016：8-17）

　本書での学びを通じて，こうした枠組みの到達点とともに，課題や限界も明らかになってきました。「欠如モデル」批判から，科学技術への「対話」の重要性がクローズアップされ，そのことが科学技術への市民参加の概念の成立を促したように，今改めて，科学技術への市民参加のつくり直しが求められているとも言えるでしょう。前節の振り返りを踏まえるなら，参加の目的や参加者，取り上げられる問題の捉え方を固定的に捉えるのではなく，参加のプロセスの中で互いに再構成されるものとして理解することが特に重要です。

　ここで手がかりとなるのが，第12章でも触れられた，科学技術社会論における市民参加に関する近年の研究の展開です。**表 15-1** は，市民参加のつくり直し，問い直しをテーマとしたある研究の中で示された，科学

技術への市民参加に関する従来の考え方の限界と，それに代わるべき方向性です。

　それによれば，これまでの科学技術への市民参加は，ともすれば，その参加者の像を均質かつ固定的に捉えがちでした。これに対して，ここで強調されているのは，市民はあらかじめ存在するものではなく，参加の実践の中で生み出されるものであり，その市民がまた参加の実践を作り出していくという生成のプロセスです。そこでは，市民は均質な個人の寄せ集めではなく，不均質な部分からなる集合体として捉えられます。

　またここでは，標準化された手法を用いることにより，上述の均質的な「市民」の意見を政策決定などに反映する手続きこそが，市民参加であると考えられがちであったことも指摘されています。より具体的には，社会全体の縮図となる市民を集めて，コンセンサス会議や討論型世論調査のような単発のイベントを行うこと自体が，市民参加の本質であると捉えられる面があったということです。言ってみれば，市民参加は，科学や民主主義とは切り離されたテクニックとして捉えられてきたのではないか，という批判がここにはあります。

　それに対して，ここで提起されているのは，科学技術への市民参加が有する多面性を，より柔軟に捉える必要性です。参加の実践は，手法やテクニックに還元されるものではなく，それ自体が科学技術や社会，政治の秩序と相互作用しつつ生成されるものであると考えるほうが，より実態に即して市民参加を捉えられるのではないかということです。1回限りのイベントとして市民参加を捉え，無作為抽出によって包摂的な参加が実現するなどと考える発想から脱却し，市民参加の実践を，さまざまな関与の場が絡み合う「生態系」（「エコシステム」）として理解しつつ，さまざまな偶然性，不確実性に目を向ける再帰的で謙虚な姿勢が求められています。

　こうした視点の転換は，市民参加の評価のあり方にも変化を迫ります。これまでの市民参加の議論や取り組みにおいては，既存のモデルや規範を外部から当てはめるような評価がなされることも少なくありませんでした。代わりにここで示されているのは，いかなる参加が求められるか

の基準自体が，参加の実践を通じて生み出されるようなあり方です。そこでは，目的と手段，原因と結果が一対一で対応するような直線的な評価のモデルは，もはや適用できません。

（3）熟議民主主義論からの示唆

　科学技術への市民参加のあり方の新たな展開の方向性を考える上では，第 1 章で取り上げた熟議民主主義をめぐる議論も参考になります。熟議民主主義とは，一般の人々の話し合いに重点を置いた民主主義の新しい考え方で，本書で学んできた科学技術への市民参加の考え方や実践とも，互いに影響を与え合って展開してきました。第 1 章のコラムでも解説されているように，近年，この熟議民主主義をめぐる議論の中で「システム」への注目が高まっています。これは，従来の熟議民主主義の議論が，もっぱらミニ・パブリックスを典型とする個別具体的な「熟議」の場面に注目する傾向があったことに対する反省として生まれてきた理論的なアプローチ（熟議システム論）です。そこでは，より広く，社会の中に存在する，一見熟議的でないものも含む多様な活動に注目し，これらが相互に連関しあうシステム全体において行われるものとして熟議を捉えようという試みがなされています。そうした場には，コラムでも取り上げられていた，家庭内の会話などの日常生活の場面や，社会運動も含まれます。

　こうした捉え方は，前項で参照した，科学技術社会論における市民参加の問い直しの議論とも通底しています。そこでも，定式化，標準化された手法に基づいて行われる，個々の参加のイベントに照準するのではなく，多様な関与の場が互いに絡み合う生態系として市民参加を捉えるというアプローチが示されていました。これらは机上の空論ではなく，本書で紹介してきた，さまざまな実践例が抱える課題や限界の中に，こうした視点で科学技術への市民参加を捉え直す可能性を，すでに見て取ることができます。科学技術への市民参加のこれからのあり方は，そうした捉え直しの先にこそ展望できるでしょう。

3. 本書を通じての学びをどのように生かすか

　最後に，本書で学んできた科学技術への市民参加の考え方や実践のためのアプローチをどのように生かすことができるかを考えたいと思います。各々の専門分野における学習や研究の中での生かし方，実社会での仕事や活動の中での生かし方，そして研究や仕事以外も含めた市民・消費者としての生活の中での生かし方，という3つの切り口から考えてみたいと思います。

（1）専門分野における学習・研究の中で

　読者の中には，放送大学を始めとする大学院や大学などで，自分の専門分野の学習を進める一環として，本書を手にとられた方も多いことと思います。そのような方はぜひ，自らの専門分野の学習や研究と，科学技術への市民参加との接点を探し，本書で学んだ視点や考え方がどのように生かせるかを考えてみてください。

　まず，自分の専攻分野の研究開発やその成果の応用に関わる社会的な問題としてどのようなものが挙げられるか，できるかぎり多面的に考えてみてください。自然科学系でも，人文社会系でも，とくに基礎研究が中心の分野を専攻している方だと，実社会の問題と言われてもピンとこない場合も少なくないかもしれません。しかし，そのような分野でも研究費の大半は公的な資金（税金）によってまかなわれています。実社会の問題と接点の薄い，そうした研究に公的資金が用いられることは，どのような論理や制度で正当化されているのかといった問いを入り口にしてみることはできるでしょう。

　その上で，そうした社会的な問題をめぐる重要な意思決定がどのように行われており，そこに自分の専門分野の知識や技術がどのように用いられ，またどのような専門家が関与しているかといったことを考えてみましょう。同じ問題に関わる他の専門分野についても，可能な範囲で目配りしてみるといいでしょう。そして，こうした意思決定の場面において，本書で取り上げてきたような市民参加が求められる論点や領域がど

こにありそうか，ぜひ考えてみてください。すでに市民参加の取り組みが行われている場合は，それについて調べ，本書で学んだ視点を生かしてその意義や課題について考察してみるとよいでしょう。逆に，市民参加が必要と思われるにもかかわらず，その取り組みが活発でない場合には，その原因や，求められる市民参加の取り組みについて考えてみましょう。

　また人文社会系の分野の中には，市民参加の制度設計を行ったり，実態を調査したり，評価したりするのに役立つ分野もあります。筆者の背景は社会学ですが，本書で紹介した市民参加の取り組みについて分析，評価する上では，質的・量的な社会調査の手法を活用しています。

（2）日々の仕事や活動の中で

　次に，実社会の中でのより実践的な仕事や活動の中での生かし方について考えてみましょう。

　企業や役所に勤めている人や，ご自分で事業を経営されている人の中には，広い意味で，何らかの技術の利用や研究開発に関わっている人が少なくないはずです。特定分野の研究者や技術者として，組織の中で研究開発を担当しているようなケースは非常に分かりやすいですが，ここで注目すべきなのは，そうした明確な関わりに限られません。もう少し範囲を広げてみると，仕事の中で必要とされる企画立案や判断などが，科学技術に関わるリスクと本質的なつながりを有している，という人は決して珍しくないはずです。リスク社会である現代社会においては，あらゆる業種，職種の中にこういった業務が含まれています。それらは個別にレベルの差はあるでしょうが，相当程度の専門性を要求される業務であると思われます。今日のように専門分化が進んだ世の中では，我々の多くは，日々の業務の中で何らかの意味で専門家としての役割を求められていると言えます。

　こうした意味での専門家としての立場から，本書で学んだ科学技術への市民参加の考え方を生かす道もさまざまに考えられます。企業や役所に勤めている方であれば，職場ですでに，本書で紹介したような市民参加の制度や活動が存在しているという場合もあるでしょう。それらにつ

いて，導入された経緯や取り組みの内容を改めて調べ，市民参加として
どのような効果を上げているのかを評価し，改善すべき点を検討すると
いったことは，日々の仕事という文脈でまずできる生かし方です。

　身近に直接当てはまる活動が見当たらないという人は，自分の日々の
仕事や，他の部署なども含む組織全体で，本書で紹介した市民参加の考
え方や，そのための具体的な手法を生かせるところがないかを，ぜひ考
えてみてください。

　市民参加の視点を取り入れる余地があるのは，狭義の仕事だけではあ
りません。地域や子どもの学校などに関わって，組織を運営する側に回
ることもあるでしょう。そうした時に，関係する人たちの多様な関心事
を明らかにして，活動や組織運営に生かす方法を考える上でも，本書で
紹介した市民参加の考え方や方法が役に立つことと思います。

（3）市民としての日常生活の中で

　本書では，食をめぐるリスクの問題，原子力を含むエネルギーの問題，
情報セキュリティ，災害，都市計画，気候変動など，科学技術に関わる
社会的な諸問題について，とくに市民参加という側面に焦点を当てて取
り上げてきました。こうした学びを，何よりも，市民として日常生活を
送る中でリスクと向き合う際にこそ，役立てていただければと思います。

　ここで取り上げたような市民参加の取り組みに参加する機会があれ
ば，本書での学びは，直接的に生かされるでしょう。ただ，受動的な参
加者として議論などに加わるのではなく，そうした市民参加の場がどの
ように設計され，運営されているのかという，一歩引いた視点を持ちな
がら参加することで，より深い議論や経験が可能になることでしょう。

　そのような機会がすぐにない場合でも，日々の生活で直面する身近な
問題の中に，じつは科学技術をめぐるリスクの問題が色々な形で含まれ
ています。そうした問題について考え，家族や知人，友人と話し合う際
に，本書で得た視点をぜひ生かしてみてください。

　第1章でも述べたように，私たちは今，あらゆる危害や災難をリスク
という様式で捉える，言い換えれば決定に帰属する形で把握しようとす

るリスク社会の中で生きています。そうしたリスク社会において生活を送り，仕事をしたり，また研究や学習をしたりという日々の中で，本書を通じた学びの成果が，少しでも役に立つことを願っています。

🔴 研究課題

1　科学技術への市民参加に関する考え方や，実践のアプローチについて，本書で学んだ内容を自分の関心に沿って改めて整理してみましょう。
2　科学技術への市民参加のこれからの課題について，本章の内容も参考にしつつ，自分なりに考えてみましょう。
3　本書を通じての学びを，自分としてはどのように生かすことができるか，考えてみましょう。

引用文献

Chilvers, J. and Kearns, M. (eds.) (2016) *Remaking Participation : Science, Environment and Emergent Publics,* Routledge.

藤垣裕子（2018）『科学者の社会的責任』岩波書店.

von Schomberg, R. (2013) "A vision of responsible research and innovation," Richard Owen, R., Bessant, J. and Heintz, M. (eds.) *Responsible Innovation : Managing the Responsible Emergence of Science and Innovation in Society,* Wiley, pp. 51-74.

索引

●配列は英字はアルファベット順，それ以外は五十音順，＊は人名を示す。

分担執筆者紹介

（執筆の章順）

田村　哲樹（たむら・てつき）
・執筆章→1（コラム）

1970 年	高知県に生まれる（広島県で育つ）
1994 年	名古屋大学法学部政治学科卒業
1999 年	名古屋大学大学院法学研究科博士後期課程修了，博士（法学）
	名古屋大学大学院法学研究科講師，准教授を経て，2010 年より現職
現在	名古屋大学大学院法学研究科教授
専攻	政治学・政治理論
主な著書	『熟議の理由——民主主義の政治理論』（単著　勁草書房） 『政治理論とフェミニズムの間——国家・社会・家族』（単著　昭和堂） 『ここから始める政治理論』（共著　有斐閣） 『日常生活と政治——国家中心的政治像の再検討』（編著　岩波書店） 『政治学』（共著　勁草書房）

工藤　充（くどう・みつる）
・執筆章→7・12

2002 年	広島大学総合科学部総合科学科卒業
2005 年	奈良先端科学技術大学院大学情報科学研究科修士課程修了
2008 年	タスマニア大学環境ジャーナリズム学専攻修士課程修了
2014 年	豪州国立大学科学コミュニケーション論専攻博士課程修了 PhD
現在	大阪大学 CO デザインセンター特任講師
専攻	科学技術社会論，科学コミュニケーション論
主な論文	「海外のサイエンスコミュニケーション研究の動向」（『サイエンスコミュニケーション』第 9 巻第 2 号） "Engaging with policy practitioners to promote institutionalisation of public participation in science, technology and innovation policy"（共著　*Journal of Science Communication*, Vol. 17, No. 4）

矢守　克也 (やもり・かつや)

1963 年	愛知県に生まれる
1985 年	大阪大学人間科学部人間科学科卒業
1988 年	大阪大学大学院人間科学研究科博士後期課程単位取得退学，博士（人間科学）
	ヨハネス・ケプラー大学客員教授，ウィーン環境大学客員研究員などを経て 2009 年より現職
現在	京都大学防災研究所教授，同大学院情報学研究科教授
専攻	社会心理学，防災心理学
主な著書	*Disaster risk communication：A challenge from a social psychological perspective*（編著書　Springer）
	『アクションリサーチ・イン・アクション―共同当事者・時間・データ―』（単著　新曜社）
	『天地海人―防災・減災えっせい辞典』（単著　ナカニシヤ出版）
	『巨大災害のリスク・コミュニケーション―災害情報の新しいかたち』（単著　ミネルヴァ書房）
	『防災人間科学』（単著　東京大学出版会）

松浦　正浩 (まつうら・まさひろ)

·執筆章→ 10・11

1974 年	佐賀県に生まれる
1996 年	東京大学工学部土木工学科卒業
1998 年	マサチューセッツ工科大学都市計画修士課程修了
2006 年	マサチューセッツ工科大学 Ph.D.（都市・地域計画）
	三菱総合研究所研究員，東京大学公共政策大学院特任准教授などを経て 2016 年より現職
現在	明治大学専門職大学院ガバナンス研究科（公共政策大学院）専任教授
専攻	合意形成・都市計画
主な著書	『おとしどころの見つけ方――世界一やさしい交渉学入門』（単著　クロスメディア）
	『実践！交渉学：いかに合意形成を図るか』（単著　筑摩書房）
	『コンセンサス・ビルディング入門』（共訳　有斐閣）
	Joint Fact-Finding in Urban Planning and Environmental Disputes（共編著　Routledge/Earthscan）　など

編著者紹介

八木　絵香 (やぎ・えこう)

・執筆章→ 3・4・6・13・14

1972 年	宮崎県に生まれる
1995 年	早稲田大学人間科学部人間健康科学科卒業
2005 年	東北大学大学院工学研究科技術社会システム専攻修了，博士（工学）
	大阪大学コミュニケーションデザイン・センター特任講師，特任准教授，大阪大学 CO デザインセンター准教授を経て現職
現在	大阪大学 CO デザインセンター教授
専攻	科学技術社会論．ヒューマンファクター研究
主な著書	『続・対話の場をデザインする―安全な社会をつくるために必要なこと―』（単著　大阪大学出版会）
	『対話の場をデザインする―科学技術と社会のあいだをつなぐということ―』（単著　大阪大学出版会）
	『ポスト 3.11 の科学と政治』（分担執筆　ナカニシヤ出版）
	『心理学から考えるヒューマンファクターズ――安全で快適な新時代へ』（分担執筆　有斐閣）

三上　直之 （みかみ・なおゆき）

・執筆章→ 1・2・5・14・15

1973 年	千葉県に生まれる
1996 年	東京大学文学部社会学専修課程卒業
2007 年	東京大学大学院新領域創成科学研究科博士課程修了，博士（環境学）
	出版社勤務，北海道大学科学技術コミュニケーター養成ユニット（CoSTEP）特任准教授などを経て 2008 年から現職
現在	北海道大学高等教育推進機構 准教授，同大学大学院理学院 准教授
専攻	環境社会学・科学技術社会論
主な著書	『地域環境の再生と円卓会議——東京湾三番瀬を事例として』（単著　日本評論社）
	『「ゲノム編集作物」を話し合う』（共著　ひつじ書房）
	『萌芽的科学技術と市民——フードナノテクからの問い』（共編著　日本経済評論社）

放送大学大学院教材　8911037-1-2111（ラジオ）

リスク社会における市民参加

発　行　　2021 年 3 月 20 日　第 1 刷
編著者　　八木絵香・三上直之
発行所　　一般財団法人　放送大学教育振興会
　　　　　〒105-0001　東京都港区虎ノ門 1-14-1　郵政福祉琴平ビル
　　　　　電話 03（3502）2750

Printed in Japan　ISBN978-4-595-14150-8　C1377